Wolfgang Klausnitzer

Jesus und Muhammad

Wolfgang Klausnitzer

Jesus und Muhammad

Ihr Leben, ihre Botschaft

———

Eine Gegenüberstellung

FREIBURG · BASEL · WIEN

Alle Rechte vorbehalten – Printed in Germany
© Verlag Herder Freiburg im Breisgau 2007
www.herder.de
Umschlagkonzeption und -gestaltung:
Groothuis, Lohfert, Consorten | glcons.de
Satz: Satzweise Föhren
Druck und Bindung: fgb · freiburger graphische betriebe
www.fgb.de
Gedruckt auf umweltfreundlichem, chlorfrei gebleichtem Papier
ISBN 978-3-451-29669-7

Inhalt

Hinführung ___ 7

I Quellen ___ 13
   1. Jesus ___ 13
   2. Muhammad ___ 38

II Biographie ___ 47
   1. Geschichte der Leben-Jesu-Forschung ___ 47
   2. Abriss der Darstellungen Muhammads ___ 64
   3. Das Leben Jesu ___ 72
   4. Das Leben Muhammads ___ 88

III Abhängigkeiten vom jeweiligen Kontext ___ 107
   1. Jesus ___ 107
   2. Muhammad ___ 118

IV Botschaft ___ 127
   1. Jesus ___ 127
   2. Muhammad ___ 144

V Das Jesusbild des Koran ___ 157

Schlusswort ___ 171

Anmerkungen ___ 175
Literaturverzeichnis ___ 205
Personenregister ___ 209

Hinführung

Roman Heiligenthal berichtet folgende Geschichte, die er von Ernst Käsemann gehört hat, der sie wiederum als Erzählung aus einer kalvinistisch-reformierten Gemeinde in Holland überliefert[1]: Während der großen Sturmflut von 1953 droht ausgerechnet am Sabbat der Damm zu brechen. Die Polizei verständigt den Ortspfarrer der Gemeinde, die sich einer christlichen Glaubensausrichtung zugehörig fühlt, in der die Gebote Gottes, also auch die Heiligung des Sabbats, rigoros beachtet werden. Der Ortspfarrer gerät in einen religiösen Konflikt. »Darf er die ihm anvertraute Gemeinde zur notwendigen Arbeit (der Deichverstärkung; Anm. W. K.) rufen, wenn das den Sabbat entweiht? Darf er sie umgekehrt dem Untergang preisgeben, um den Sabbat zu ehren? Der Last persönlicher Verantwortung erliegend, beruft er den Kirchenvorstand zur Beratung und Entscheidung ein. Die Debatte läuft wie vorherzusehen: Wir leben, um Gottes Willen zu erfüllen. Der Allmacht (Gottes; Anm. W. K.) sind Wunder auch über Winde und Wellen allezeit möglich. Unsere Pflicht ist der Gehorsam, sei es zum Leben, sei es zum Sterben. Der Pfarrer versucht, vielleicht gegen die eigene Überzeugung, ein letztes: Hat nicht Jesus selbst gelegentlich das Gebot des Sabbats durchbrochen und den Menschen zum Herrn des Sabbats statt den Sabbat zum Herrn des Menschen erklärt. Darauf erhebt sich ein ehrwürdiger Greis: ›Herr Pfarrer, es hat mich stets bedrängt, was ich bisher nicht offen auszusprechen wagte. Nun muss ich es sagen. Ich habe schon immer das Gefühl gehabt, dass unser Herr Jesus ein bisschen liberal gewesen ist.‹«

Das ist eine bemerkenswerte Erzählung. In ihrer verqueren Überlieferungsgeschichte zeigt sie verblüffende Parallelen mit frühchristlichen Berichten. So tradiert z. B. Eusebius in seiner Kirchengeschichte, Papias von Hierapolis habe erzählt, er habe selber vom

Presbyter Johannes gehört, dass Markus, der »Hermeneut« des Petrus in Rom, die Predigt Petri genau, aber nicht der Reihenfolge nach, in seinem Evangelium notiert habe. Ein bestimmtes Faktum (die Reaktion der kalvinistischen Gemeinde, die Niederschrift des Markusevangeliums) wird durch verschiedene Berichterstatter weitergegeben und damit, so ist anzunehmen, spezifisch gefiltert. Aber darüber hinaus finden sich alle hermeneutischen Fragen zur Bedeutung der Historizität Jesu in nuce angesprochen.

- Was wissen wir eigentlich als historische Information über den irdischen Jesus?
- Ist das, was wir historisch wissen, überhaupt von Belang für den christlichen Glauben und/oder die kirchliche Dogmatik? Eine durchaus respektable theologische Schule hat sich jedenfalls wiedergefunden in dem berühmten Satz Rudolf Bultmanns[2]: »Das Historische interessiert mich nicht«. Übrigens hat auch Paulus nicht übermäßig stark auf dieses »Historische« Bezug genommen.
- Oder ist (gerade umgekehrt) das Wissen um Leben und Botschaft des historischen Jesus der unaufgebbare Referenzpunkt gerade des Christentums, das sich von Anfang an gegen eine (gnostische) Interpretation gewehrt hat[3], die proklamierte, der christliche Glaube beziehe sich auf einen un- und übergeschichtlichen Mythos?

Nach dem altkirchlichen, z. B. bei Paulus (Röm 10, 9) formulierten, Glaubensbekenntnis besteht der christliche Glaube in einer Gleichung: »Wenn du mit deinem Mund Jesus als den Kyrios bekennst und in deinem Herzen glaubst, dass Gott ihn von den Toten auferweckt hat, wirst du gerettet werden.« Das christliche Bekenntnis lautet: Jesus von Nazareth ist der Kyrios, der Herr. Der Titel »Kyrios« ist im NT eine Gottesprädikation. Der zweite Teil der Gleichung wird auch oft bezeichnet als Christos (der »Gesalbte«, der Messias) oder Sohn Gottes. So etwa in Mk 1, 1 (»Jesus der Christos, der Sohn Gottes«) oder Joh 20, 30 (»Jesus Christos, der Sohn Gottes«)[4]. Das heißt: Es gibt eine grundsätzliche Personenidentität zwischen Jesus und dem Auferstandenen, der so als Kyrios, Christos oder Sohn Gottes bestätigt ist. Weil diese Personenidentität durch die Auferstehung vermittelt wird, kann der Auferstandene *und* Lebendige aber durchaus ein Handeln verpflichtend machen, das der irdische Jesus (noch) vermeidet. Ein Beispiel ist die Heidenmission. Die zeitgenössische katholische Ekklesiologie beruft sich weithin auf diese grundlegende Unterscheidung von Taten des irdischen Jesus und Taten des auferstandenen Christos bzw. Kyrios.

Zur Terminologie:
- Der irdische Jesus
  Das ist die Zeitspanne der Existenz Jesu von seiner Geburt bis zu seinem Tod am Kreuz.

Davon zu unterscheiden – wenngleich in vielem deckungsgleich – ist:
- Der historische Jesus
  Dieser Terminus meint die Sammlung der aufgrund heutiger historisch-kritischer Forschung zugänglichen, gesicherten Daten zur Person und zu den Ereignissen und Umständen des Lebens und Sterbens Jesu. Wenn man will, kann man sagen: Der historische Jesus ist das historisch-kritisch gesicherte »Skelett« des irdischen Jesus.
- Aszendenzchristologie (bzw. Aufstiegs- oder Erhöhungschristologie, »Christologie von unten«)
  Darunter versteht man das religiöse oder theologische Nachdenken über den irdischen bzw. den historischen Jesus, also in einer Glaubensperspektive. Es geht darum, an der Gestalt Jesu seine universale Relevanz und seine Göttlichkeit (»Jesus ist der *Kyrios*«) zu erweisen. Die weitaus meisten theologischen Jesus-Bücher in der zweiten Hälfte des 20. Jahrhunderts sind in dieser aszendenzchristologischen Sichtweise geschrieben[5]. Das Problem ist, dass der Überstieg manchmal nicht so recht gelingt.
- Deszendenzchristologie (bzw. Abstiegschristologie, »Christologie von oben«)
  Diesen Ansatz hat in einer klassischen Weise durchexerziert Romano Guardini, Der Herr. Über Leben und Person Jesu Christi, Mainz (1937) [16]1997. Eine ähnliche Vorgehensweise wählt Joseph Ratzinger (Benedikt XVI.), Jesus von Nazareth. Erster Teil: Von der Taufe im Jordan bis zur Verklärung, Freiburg 2007. Der Weg des Nachdenkens über Jesus beginnt im Vollzug dieser Me-

thode mit der Glaubenslehre der kirchlichen Dogmatik, wie sie grundgelegt ist etwa am Beginn des Johannesevangeliums (Joh 1) oder in den Entscheidungen der Konzilien von Nikaia (325), Ephesus (431) und besonders Chalkedon (451), also im Punkt der Göttlichkeit, und versucht von dort aus, das wahre Verständnis Jesu als des menschgewordenen Gottessohnes zu erschließen. Auf eine mögliche Gefahr dieses Ansatzes hat wiederholt Karl Rahner hingewiesen[6]: Die Göttlichkeit wird zuweilen so stark betont, dass die Menschlichkeit Jesu Schaden nimmt. Im Ergebnis entsteht daraus eine »kryptogame« (im Verborgenen wirkende) christologische Häresie bzw. falsche Christologie, die in der Menschlichkeit Jesu nur eine Verkleidung Gottes und jedenfalls keine ernstzunehmende Wirklichkeit sieht[7].

In dieser Arbeit geht es *nicht* um eine Christologie, sondern zunächst um die Frage: Was können wir historisch gesichert über den irdischen Jesus und seine Botschaft sagen? Als Komplementärfigur – mit einer in gleicher Weise an diese gerichteten Frage – habe ich Muhammad (Mohammed) gewählt. Auch für ihn stellt sich die Frage nach seiner geschichtlichen Verortung. Die frühen islamischen Biographen haben sich ausdrücklich um die Zuverlässigkeit der von ihnen tradierten Erzählstoffe bemüht. Es handelt sich bei Muhammad (wie auch bei Jesus von Nazaret) nicht um einen übergeschichtlichen Mythos, sondern um tatsächlich geschehene Geschichte. In der Darstellung des Lebens des Propheten Muhammad schreibt der Biograph Ibn Ishaq, als er eine Episode aus dem Leben der Prophetengattin A'ischa schildert[8]: »Zuhri hat für mich den folgenden Bericht zusammengestellt, wobei er sich auf die Aussagen von Alqama ibn Waqqas, Sa'id ibn Dschubair, Urwa ibn Zubair und Ubaidallah ibn Abdallah stützte; alle haben ihm einzelne Teile davon erzählt, und der eine hatte mehr davon behalten als der andere. Auch Jahja ibn Abbad und Abdallah ibn Bakr, ersterer nach Aussagen seines Vaters, letzterer von Amra, der Tochter des Abdarrahman, schilderten mir A'ischas eigene Darstellung über die Angelegenheit mit der Verleumdung. Alles, was in ihren Bericht Eingang gefunden hat, stammt von diesen Männern, wobei sie sich gegenseitig ergänzen. Jeder von ihnen ist vertrauenswürdig und erzählte, was er von A'ischa selbst gehört hat.« Es handelt sich um die Darstellung der Verleumdung A'ischas, als sie bei einem Kriegszug hinter der Gruppe zurückblieb und erst am Morgen in Begleitung eines Bekannten wieder zum Heer stieß. Auffällig ist auch hier, dass die Wahrheit der Geschichte abgesichert wird durch eine Sukzessionskette zuverlässiger Zeugen. Das Ereignis ist für den Biographen wichtig, denn es wirft ein Schlaglicht auf den Propheten Muhammad (und zugleich auf seine Botschaft).

Jesus und Muhammad sind die Stifterpersönlichkeiten der beiden augenblicklich größten Weltreligionen. Ein Drittel aller heute lebenden Menschen sind Christen (in einer Vielzahl von Kirchen und Gemeinschaften, deren größte die katholische Kirche ist), über ein Sechstel sind Muslime (in verschiedenen Aufspaltungen, unter denen am bedeutendsten die Gruppen der Sunniten und der Schiiten sind). Die Hälfte aller aktuell lebenden Menschen bezieht sich also religiös auf einen der beiden. Beide gelten als Gründer von Offenbarungsreligionen. Trotzdem besteht ein entscheidender Unterschied.

Das christliche Bekenntnis lautet: *Jesus* ist der Christos, der Kyrios. Das heißt, dass in der Person Jesu von Nazaret Gott sich mitteilt. Ohne die geschichtliche Person Jesu fehlt dem Christentum der Inhalt.

Das islamische Bekenntnis lautet: *Muhammad* ist der Prophet Gottes, der Übermittler des Willens Gottes. So wichtig es ist, dass dieser Mann nach der Lehre des Islam im Koran die Urschrift des Willens Gottes unverfälscht den Menschen übermittelte, das Leben Muhammads und seine Person selbst sind nicht Inhalt des Glaubensbekenntnisses. Der Satz »Es gibt nur einen Gott und Muhammad ist sein Gesandter« benennt eine im Grunde kontingente geschichtliche Zusammengehörigkeit.

Im Christentum ist der Bote zur Botschaft selber geworden (nach dem Wort des Origenes, dass Jesus die *Autobasileia*, die Gottesherrschaft in Person sei), im Islam ist der Bote *nur* Bote und entscheidend ist die Botschaft, auch wenn Muhammad als der »lebendige Koran« gilt.

Eine Untersuchung des Lebens und der Person Muhammads wird daher im Islam nur dann subversiv, wenn durch sie die Gültigkeit und Glaubwürdigkeit der Botschaft selber berührt würden.

Eine Untersuchung des Lebens und der Person Jesu geht im Christentum sofort an den Kern der Sache.

Quellen

Jesus

- **Außerchristliche Zeugnisse**

Adolf von Harnack hat einmal geäußert, die Nachrichten, die wir aus außerchristlichen zeitgenössischen (oder wenigstens dem Leben Jesu zeitlich sehr nahestehenden) Quellen über Jesus von Nazaret überliefert bekommen hätten, passten auf eine Seite eines Kollegheftes. Eine aktenkundige Aufmerksamkeit der nichtchristlichen Öffentlichkeit im 1. Jahrhundert ist kaum vorhanden. Für die nichtchristlichen Chronisten im 1. oder 2. Jahrhundert spielt die »Sekte der Christen« keine Rolle.

Folgende Quellen kommen oder kämen in Frage[1]:
– Römisches Staatsarchiv
Justin der Märtyrer (Mitte des 2. Jahrhunderts) und Tertullian (2. Hälfte des 2. Jahrhunderts) berichten tatsächlich, dass in den kaiserlichen Archiven Roms die offizielle Registrierung von Josef und Maria (die Zensusakten unter Quirinius)[2], die Gerichtsakten über den Prozess Jesu[3] und ein eigener Bericht des Pontius Pilatus an Kaiser Tiberius[4] existierten und eingesehen werden könnten. Pontius Pilatus kommt übrigens bei Tertullian äußerst positiv weg. Tertullian sieht in ihm einen im Grunde etwas hilflosen und überforderten Beamten, der am Schluss seines Lebens zum Christen wurde. In der äthiopischen Kirche wird er sogar als Heiliger verehrt (Gedenktag 25. Juni).

Erhalten ist von diesen Akten nichts, wenn es denn diese Berichte tatsächlich je gegeben hat. Die heute überlieferte Pilatusliteratur geht mit Sicherheit nicht auf Pontius Pilatus zurück[5].

- Mara bar Sarapion (bzw. Serapion) (gest. nach 73 n. Chr.)
Es handelt sich hier um das wohl älteste pagane Zeugnis von Jesus. Der aus Samosata stammende syrische Stoiker Mara bar Sarapion schreibt nach 73 n. Chr. (allerdings ist die Datierung strittig) aus römischer Gefangenschaft von einem unbekannten Ort einen Brief an seinen Sohn[6]. Thema des Briefes sind verschiedene Mahnungen und Warnungen, die er angesichts einer möglichen Verurteilung (zum Tode?) seinem Sohn ans Herz legt. Vor allem empfiehlt er ihm die Weisheit als einzig erstrebenswerten Lebensinhalt. Die Weisheit sei ewig, auch wenn die Weisen in dieser gewalttätigen Welt (allerdings zum Schaden der jeweiligen Gesellschaft) verleumdet und verfolgt würden. Zum Beleg dieses Gedankens führt er Beispiele an: »Denn was hatten die Athener für einen Nutzen davon, dass sie Sokrates töteten, was ihnen (ja) mit Hunger und Pest vergolten wurde? Oder die Samier von der Verbrennung des Pythagoras, da ihr ganzes Land in einem Augenblick vom Sand verschüttet wurde? Oder die Juden von der Hinrichtung ihres weisen Königs, da ihnen von jener Zeit an das Reich weggenommen war? Denn gerechtermaßen nahm Gott Rache für jene drei Weisen: die Athener starben Hungers, die Samier wurden vom Meere bedeckt, die Juden umgebracht und aus ihrem Reich vertrieben leben allenthalben in der Zerstreuung. Sokrates ist nicht tot: wegen Platon, noch Pythagoras: wegen der Herastatue, noch der weise König: wegen der neuen Gesetze, die er gegeben hat.«

Der Text ist etwas schwierig. Die Angaben über Pythagoras, der von ihm offensichtlich als Steinmetz oder Bildhauer angesehen wird, die Samier und die Athener sind historisch ungenau. Wahrscheinlich hält Mara bar Sarapion Pythagoras den Bildhauer und Pythagoras den Philosophen für ein und dieselbe Person. Mit dem »weisen König« der Juden ist jedoch – so der Konsens der Forschung – eindeutig Jesus von Nazaret gemeint. Das kann auf eine christliche Quelle zurückgehen. Der Königstitel spielt eine Rolle in der Geburtsüberlieferung (Mt 2,2: die Weisen suchen den neugeborenen König der Juden) und in der Passionsdarstellung (Einzug in Jerusalem, Verspottungsszene, im johanneischen Pilatusverhör und beim Kreuzestitulus). In der Interpretation des Verfassers erscheint Jesus exemplarisch als *einer* von drei Weisen. Regional könnte ein Zusammenhang zum syrischen Urchristentum bestehen, in dem ungefähr zeitgleich (oder nur knapp zeitversetzt) zum Sarapionbrief das Matthäusevangelium verfasst wird. Matthäus schildert Jesus als den weisen »König der Juden«, der in den Antithesen der Bergpredigt neue Gesetze gibt. Auch im Matthäusevangelium ist die Katastrophe des Jahres 70 n. Chr. (Zerstörung Jerusalems) Strafe für die Hinrichtung Jesu. Allerdings ist Mara bar Sarapion sicher kein Christ und auch kein Jude (er spricht im Brief von »unseren Göttern«).

- Plinius der Jüngere (61-ca. 113)[7]

Gaius Plinius Caecilius Secundus wurde um 110–112 n. Chr. von Kaiser Trajan als kaiserlicher Legat (mit den rechtlichen Vollmachten eines Statthalters) in die Provinz Bithynien und Pontus in Kleinasien geschickt. Dort wurde er mit Anzeigen gegen Christen konfrontiert[8]. Als die Vorwürfe zunahmen, wandte er sich in dieser Frage an den Kaiser (Ep X, 96 f.): »An Verfahren gegen Christen habe ich noch nie teilgenommen. Darum weiß ich auch nicht, was und wieweit man hier zu strafen und zu untersuchen pflegt.«

Auf Christus selbst kommt Plinius in diesem Zusammenhang zweimal in einem kultischen Kontext zu sprechen:

a) Wer beschuldigt wurde, Christ zu sein, konnte diesen Vorwurf dadurch widerlegen, dass er den Götterstatuen und dem Bild des Kaisers huldigte, ihnen Weihrauch und Wein opferte und »Christus lästerte« (Christo male dicere), denn zu beiden ließen sich »bekanntermaßen« (dicuntur) wahre Christen nicht zwingen.

b) Einige Angezeigte beteuerten, schon lange keine Christen mehr zu sein, was sie durch Opferung und Lästerung bewiesen. Sie erzählten Plinius von der Harmlosigkeit ihres früheren Glaubens. Sie hätten sich gewöhnlich an einem festgesetzten Tag vor Sonnenaufgang versammelt, Christus »als ihrem Gott« (quasi Deo) im Wechsel Lob gesungen und sich mit einem Eid zur Unterlassung von Diebstahl, Raub, Ehebruch, Treulosigkeit und Unterschlagung verpflichtet.

An direktem Wissen über Jesus findet sich bei Plinius nicht viel. Er hält ihn für den Kultgott der Christen, der zugleich eine Art Gegengott zu den römischen Staatsgöttern darstellt. Überdies setzt er voraus, dass der im Kult Verehrte ein Mensch sei, dem »quasi Deo« Verehrung entgegengebracht werde.

- Tacitus (55/56 – ca. 120)

Zwischen 115 und 117 verfasst Publius Cornelius Tacitus die »Römischen Annalen«. Dort berichtet er über die Ursachen des Brandes Roms im Jahr 64 n. Chr., für den Kaiser Nero die Christen verantwortlich gemacht habe, um den Verdacht von sich selbst abzulenken[9]:

»Aber nicht durch menschliche Hilfeleistung, nicht durch die Spenden des Kaisers oder die Maßnahmen zur Beschwichtigung der Götter ließ sich das böse Gerücht unterdrücken, man glaubte vielmehr fest daran: befohlen worden sei der Brand. Daher schob Nero, um dem Gerede ein Ende zu machen, andere als Schuldige vor und belegte die mit den ausgesuchtesten Strafen, die, wegen ihrer Schandtaten verhasst, vom Volk Chrestianer genannt wurden. Der Mann, von dem sich dieser Name herleitet, Christus, war unter der Herrschaft des Tiberius auf Veranlassung des Prokurators Pontius Pilatus hingerichtet worden; und für den Augenblick unterdrückt, brach der unheilvolle Aberglaube wieder hervor, nicht nur in Judäa, dem Ursprungsland dieses Übels, sondern auch in Rom, wo aus der ganzen Welt alle Greuel und Scheußlichkeiten zusammenströmen und gefeiert werden.«

Die Notiz enthält einen historischen Irrtum. Pilatus war Präfekt, nicht Prokurator von Judäa. Tacitus gibt im Grunde zu Jesus (»Christus«) nur die Information, dass dieser unter Pontius Pilatus hingerichtet und Begründer einer aus Judäa stammenden religiösen Bewegung wurde, deren Anhänger (»Chrestianer genannt«) zur Zeit Neros in Rom aktiv waren.

- Suetonius (70 – ca. 130)

Der römische Schriftsteller Gaius Suetonius Tranquillus hat zwischen 117 und 122 in acht Bänden die Biographien der ersten zwölf römischen Kaiser von Caesar bis Domitian veröffentlicht[10]. Dort heißt es in der Lebensbeschreibung des Kaisers Claudius:

»Da die Juden unter ihrem Anführer Chrestus (impulsore

Chresto) beständig Unruhe stifteten, vertrieb er (= Claudius; Anm. W. K.) sie aus Rom.«

Das passt gut zu Apg 18, 2: Paulus kam von Athen nach Korinth »und fand dort einen Juden mit Namen Aquila, aus Pontus gebürtig; der war mit seiner Frau Priscilla kürzlich aus Italien gekommen, weil Kaiser Claudius allen Juden geboten hatte, Rom zu verlassen ...« Die Nachricht aus Apg 18, 2 scheint zu bestätigen, dass es sich in Rom tatsächlich um christologische Streitigkeiten in der jüdischen Gemeinde gehandelt hat, weil Aquila und Priscilla wenigstens in Korinth Anhänger Christi sind. »Chrestus« in der Notiz des Suetonius ist wahrscheinlich eine Verschreibung von Christus, denn Chrestus (der Nützliche, Tüchtige) ist zwar ein häufiger Sklavenname, aber als Name für einen Juden nicht belegt. Die später auftretende, von Chrestos abgeleitete Bezeichnung »Chrestianer« für die Christen war im 1. bis zum 3. Jahrhundert durchaus üblich. Tacitus (Römische Annalen 15, 44) gebraucht sie, Tertullian (Apologeticum 3, 5) weiß um sie: »Christianus wird, wenn man es deuten will, vom Salben abgeleitet. Doch auch wenn es fälschlich ›Chrestianus‹ von euch ausgesprochen wird – denn nicht einmal über den Namen seid ihr euch ganz klar ...« »Chrestus« wäre dann nicht die Bezeichnung einer tatsächlich aktuell in Rom agierenden Person, sondern der Hinweis auf das Objekt der Streitigkeiten. Das Claudiusedikt erging wohl im Jahr 49. Die auch in der Literatur erwähnte Jahreszahl 41 ist unwahrscheinlich[11].

– Die Thallusfragmente

Ein sehr indirektes Zeugnis findet sich bei dem römischen oder samaritanischen Autor Thallus oder Thallos, der eine umfängliche dreibändige Geschichte des östlichen Mittelmeerraums vom Trojanischen Krieg bis in seine Gegenwart (etwa das Jahr 52 n. Chr.) verfasst hatte, von der aber nur vier Fragmente bei anderen Autoren (als Zitate von ihm) überliefert sind[12]. Wir wissen nicht einmal, wann genau dieser Thallus gelebt hat. Auch seine Volkszugehörigkeit (Römer, Samaritaner, vielleicht sogar Grieche) ist unklar.

Jedenfalls erzählt der christliche Schriftsteller Julius Africanus (gestorben nach 240 n. Chr.) unter Bezugnahme auf Thallus von einer Sonnenfinsternis, die im Jahre 29 stattgefunden habe. Julius wehrt sich gegen die Meinung des Thallus, diese Sonnenfinsternis habe natürliche Ursachen gehabt; er stellt sie in den Zusammenhang seiner Darstellung der Ereignisse bei der Hinrichtung Jesu und erinnert daran, dass Jesus zum Passahfest, d. h. beim Frühlingsvollmond, gekreuzigt wurde. Bei Vollmond sei jedoch eine Sonnenfinsternis nicht möglich. Ob diese Sonnenfinsternis tatsächlich bei Thallus selbst ebenfalls im Zusammenhang der Kreuzigung Jesu diskutiert wurde oder ob Thallus überhaupt von Jesus gesprochen hat, wissen wir allerdings nicht.

– Jüdische Quellen
Der wichtigste jüdische Zeuge für die geschichtlichen Geschehnisse und sozialen Verhältnisse in Palästina zur Zeit Jesu ist Flavius Josephus. Der Priestersohn und Pharisäer Josephus (ca. 37/38 – 100 n. Chr.) war im jüdisch-römischen Krieg zunächst jüdischer Befehlshaber in Galiläa und geriet dann in römische Kriegsgefangenschaft. Nachdem der römische Oberbefehlshaber Vespasian Kaiser geworden war, wie es ihm Josephus zuvor prophezeit hatte, ließ er ihn frei. Josephus nahm den Namen Titus Flavius Josephus an und lebte als Schützling der Flavier in Rom. Zwei wichtige Geschichtswerke sind von ihm verfasst. Die erste Schrift heißt Bellum Iudaicum (»Jüdischer Krieg«), eine Geschichte des jüdisch-römischen Krieges von 66–74, die mit dem Jahr 73 (dem Fall von Masada) abbricht und in sieben Büchern und in griechischer Sprache 75–79 erscheint. Die aramäische Urfassung von etwa 75 ist nicht erhalten. In den Antiquitates Iudaicae (»Jüdische Altertümer«), die 93–94 griechisch veröffentlicht werden, beschreibt er in 20 Büchern die Geschichte des jüdischen Volkes von der Urzeit bis 66 n. Chr.

Zwei Erwähnungen Jesu finden sich in den »Jüdischen Altertümern«[13].

Flavius Josephus erzählt vom »Herrenbruder« Jakobus (Jüdische Altertümer 20,9,1):

»Er (gemeint ist der damalige Hohepriester Ananus [Hannas der Jüngere], der der Gruppe der Sadduzäer angehörte und rechtlich gar keine Kompetenz hatte, in der Interimszeit zwischen dem Tod des römischen Prokurators Festus und dem Eintreffen des Nachfolgers Albinus, eine solche Entscheidung herbeizuführen, wie Flavius Josephus vermerkt; Anm. W. K.) versammelte ... den hohen Rat zum Gericht und stellte vor dasselbe den Bruder des Jesus, der Christus genannt wird, mit Namen Jakobus, sowie noch einige andere, die er der Gesetzesübertretung anklagte und zur Steinigung führen ließ.« Im Grunde ist das die Bestätigung der schon im NT (Mk 6,3; Gal 1,19) berichteten Verwandtschaftsbeziehung des Jakobus zu Jesus.

Sehr diskutiert wird das »Testimonium Flavianum«, das Zeugnis des Flavius (Josephus), das sich ebenfalls in den »Jüdischen Altertümern« (Jüdische Altertümer 18,3,3) findet. Dort heißt es in allen heute existierenden Josephushandschriften (von denen allerdings keine vor dem 11. Jahrhundert entstanden ist):
»Um diese Zeit lebte Jesus, ein weiser Mensch, wenn man ihn überhaupt einen Menschen nennen darf. Er war nämlich der Vollbringer ganz unglaublicher Taten und der Lehrer aller Menschen, die mit Freuden die Wahrheit aufnahmen. So zog er viele Juden und auch Heiden an sich. Er war der Christus. Und obgleich ihn Pilatus auf Betreiben der Vornehmsten unseres Volkes zum Kreuzestod verurteilte, wurden doch seine früheren Anhänger ihm nicht untreu. Denn er erschien ihnen am dritten Tage wieder lebend, wie gottgesandte Propheten dies und tausend andere wunderbare Dinge von ihm vorherverkündigt hatten. Und noch bis auf den heutigen Tag besteht das Volk der Christen, die sich nach ihm nennen, fort.«
An diesem Text ist manches schwierig. Die Aussage, dass Jesus auch »heidnische« Jünger hatte, widerspricht allem, was wir sonst vom historischen Jesus wissen. Das Christusbekenntnis (»Er war der Christus«), die Aussage über die besondere Gottesnähe Jesu (»wenn man ihn überhaupt einen Menschen nennen darf«) und die Nachricht über die Auferstehung sind für einen Juden, der Josephus bis an sein Lebensende war, nicht vorstellbar. Offensichtlich enthält der Text zumindest christliche Interpolationen (wenn er nicht zur Gänze aus einer christlichen Quelle stammt). Wann ist diese Passage entstanden?
Eusebius von Caesarea erwähnt in seiner Kirchengeschichte zu Beginn des 4. Jahrhunderts dieses »Zeugnis« des Flavius Josephus[14].

Origenes dagegen schreibt in seiner Apologie gegen Kelsos (1. Hälfte des 3. Jahrhunderts), dass Josephus *nicht* an Christus glaubte[15]. Der Einschub muss also zwischen dem 3. und dem 4. Jahrhundert erfolgt sein.

Ist der Text *ganz* eine Interpolation oder ist er eine Überarbeitung eines Grundtextes, den Josephus ursprünglich selbst verfasst hatte? Das ist historisch schwierig zu beurteilen. Dass vielleicht doch ein neutraler Text des Josephus zur Hinrichtung Jesu vorlag, der dann christlich überarbeitet wurde, scheint durch die Aussage belegt, Jesus habe Juden *und* »Heiden« als Anhänger gehabt. Keine einzige christliche Quelle bestätigt diese Aussage, die aber gut zur Situation des Christentums (in Rom) zur Zeit des Flavius Josephus passt. Jedenfalls bringt Josephus (außer 20,9,1 und *vielleicht* in diesem Grundtext von 18,3,3) nirgendwo anders in den »Altertümern« eine Erwähnung von Jesus oder den Christen.

Die uns heute zugängliche griechische Fassung des »Jüdischen Krieges« (die aramäische Urfassung ist, wie gesagt, nicht erhalten) berichtet in der Darstellung der Vorgeschichte und des Ablaufes des Krieges nichts von Jesus oder von Christen. 1911 bis 1927 haben Alexander Berendts und Konrad Grass eine deutsche Übersetzung der *slawischen* Fassung der Bücher 1-4 des Jüdischen Krieges herausgegeben[16]. In dieser slawischen Fassung (genauer gesagt: in der altrussischen, entstanden im 11./12. Jahrhundert) gibt es vor allem im 2. Buch mehrere Passagen zu Jesus von Nazaret. Allerdings wird sein Name nicht genannt.

Die dort enthaltenen Informationen entsprechen im Wesentlichen dem Bericht der Evangelien, mit allerdings bemerkenswerten Nuancen. So wird gesagt, Jesus habe den Sabbat nicht gehalten. Er habe durchschnittlich 150 Schüler und viele Hörer aus dem Volk gehabt. Pilatus habe ihn nicht verurteilen wollen, da er seine schwer erkrankte Frau geheilt habe. Aber die Gesetzesgelehrten hätten Pilatus mit 30 *Talenten* (!) bestochen, und so habe Pilatus ihn den Juden zur Kreuzigung überlassen. Er sei hingerichtet worden, weil die jüdischen Führer Angst hatten, es könne ein Aufstand gegen die Römer ausbrechen, der zu Repressalien der Besatzungsmacht führen werde. Berendts und Grass hielten die Jesuspassagen für authentisch, d. h. von Flavius Josephus selbst verfasst. Eine Variante ist die Auffassung, dass die Zusätze der slawischen Ausgabe von einem Juden nach 73 n. Chr. in den aramäischen Text des »Jüdischen Krieges« eingefügt worden seien. Andere haben diese Deutung vehement bestritten und jede jüdische Autorenschaft, die auf eine frühe Zeit zurückgeführt werden könnte, abgelehnt. Im Grunde blieb die These von Berendts und Grass eine Minderheitenposition.

In der rabbinischen Tradition (von etwa 70–200 n. Chr.) wird Jesus polemisch gezeichnet[17]. Es wird in der Forschung kontrovers diskutiert, ob die wenigen Nachrichten über Jesus aus den ersten beiden Jahrhunderten einigermaßen zuverlässige (dann aber sehr wenige) historische Reminiszenzen enthalten (so Joseph Klausner) oder ob erst von späteren jüdischen Bearbeitern der Name Jesu in Berichte aus dieser Zeit eingefügt worden ist, die ursprünglich über ganz andere Personen handelten (so Johann Maier[18]). Aufschlussreich ist der Traktat Sanhedrin (bzw. Synhedrin) (Anfang des 2. Jahrhunderts?) aus dem Talmud[19]:

»Am Vorabend des Passahfestes henkte man Jesus. Vierzig Tage vorher hatte der Herold ausgerufen: Er wird zur Steinigung hinausgeführt, weil er Zauberei betrieben und Israel verführt und abtrünnig gemacht hat; wer etwas zu seiner Verteidigung zu sagen hat, der komme und bringe es vor. Da aber nichts zu seiner Verteidigung vorgebracht wurde, so henkte man ihn am Vorabend des Passahfestes.« Weiter wird erklärt, Jesus habe fünf (!) Jünger gehabt. Interessant ist, dass die Hinrichtung Jesu (im Einklang mit dem Bericht des Johannesevangeliums) auf den Vorabend des Passahfestes gelegt wird. Die Erwähnungen der Anstiftung zum Aufruhr und der Zauberei (so schon in der Beelzebulperikope: Mk 3,22) beschreiben aus jüdisch-polemischer Sicht Aspekte der Lehre und des Handelns Jesu[20]. Als Todesart werden genannt Steinigung und Kreuzigung (des Leichnams?). Die Suche nach Entlastungszeugen während eines Zeitraumes von 40 Tagen soll offensichtlich dem (christlichen) Vorwurf entgegnen, Jesus sei ein übereilter Prozess gemacht worden.

Ein eigentliches »Leben Jesu« sind die »Toledot Jeschu« bzw. »Tol(e)doth Jeschu« (Ursprünge, Anfänge oder Geschichte Jesu). Im

AT meint »Toledot« Stammbäume oder Geschlechtsregister. Wann dieses Buch verfasst wurde, ist unklar. Einige (z. B. Voltaire) datieren es – sicher zu Unrecht – auf das 1. Jahrhundert. Wahrscheinlich stammt es aus der nachtalmudischen Zeit, eventuell aus dem 3./ 4. Jahrhundert. Erwähnt wird es zum ersten Mal von Agobard von Lyon (gest. 840)[21]. Diese jüdische Geschichte des Lebens Jesu ist ein sehr bitteres und polemisches Buch. Jesus stamme, heißt es dort, aus einer illegitimen Verbindung von Maria und einem Mann namens Josef Panderi, einem Juden niedriger Abstammung. Diese Ansicht begegnet schon bei Kelsos, einem Philosophen, der um 178 eine Streitschrift gegen das Christentum veröffentlicht und von einem Panthera spricht. Bei Kelsos ist dieser Panthera allerdings ein römischer Soldat[22]. Weiter behauptet das Buch »Toledot Jeschu«, Jesus habe Zauberkünste gewirkt, sich als Messias ausgegeben und sei als falscher Prophet »gehängt« worden. Der Gärtner habe seinen Leichnam gestohlen. In der Aufklärung war die Schrift wegen ihrer Bestreitung der Gottheit Jesu sehr beliebt. Das gilt trotz des Faktums, dass dieses Buch die Wunder Jesu nicht – wie die Aufklärung – leugnet, sondern sie durch den Missbrauch des Gottesnamens oder durch Zauberei erklärt. Ob in dieser Schrift Erinnerungen an eine *zeitgenössische* jüdische Polemik gegen Jesus enthalten sind, ist möglich, jedenfalls nicht unwahrscheinlich. Sie wäre dann (ebenso wie die Talmudberichte) eine Gegenfolie zu der Darstellung der Evangelien.

Insgesamt geben also die außerbiblischen Quellen (soweit sie tatsächlich zeitgenössisch sind oder auf zeitgenössische Informationen zurückgehen) wenig her. Im Grunde sagen sie nur: Es hat ein Jesus, der Christus genannt wurde, gelebt. Auf ihn berufen sich bis heute seine Anhänger.

- Biblische Zeugnisse (zu einer Biographie Jesu)

In Frage kommen hauptsächlich nur die Evangelien, näherhin die Synoptiker Markus, Lukas und Matthäus. Das Johannesevangelium ist für Geschichtsinformationen eher sekundär bedeutsam. Es bietet unter den vier Evangelien eindeutig die am stärksten von der Auferstehung her gedeutete Darstellung Jesu von Nazaret, die noch dazu ganz bewusst von einer entschiedenen theologischen Vorentscheidung her interpretiert wird. Das zeigt schon der bekannte Johannes-Prolog (Joh 1, 1–18), in dem Jesus mittels der Kategorie des »Logos« (griechisch: Wort, Rede, Vernunftgrund) eingeführt wird. Dieser Begriff war in der damaligen (hellenistisch-)jüdischen und griechischen Philosophie wohl vertraut. In einigen Punkten überliefert das Johannesevangelium allerdings Informationen, die durchaus historisch sein könnten:

a) Jesu erste Jünger waren ehemalige Jünger des Täufers Johannes (Joh 1, 35–39).
b) Andreas, Petrus und Philippus kamen aus Betsaida (1, 44).
c) Jesus hat bestimmte politische Hoffnungen geweckt. Auch seine Hinrichtung scheint aufgrund politischer Motive (und/oder Befürchtungen) veranlasst worden zu sein. Das ist im Johannesevangelium präziser formuliert als in den anderen Evangelien (6, 15; 11, 47–53; 19, 12).
d) Das Johannesevangelium erzählt nicht von einem jüdischen Prozess gegen Jesus, sondern von einem Verhör vor dem Hohenrat, das dem Verfahren vor Pilatus erst den Weg bereitete (18, 19–27; 18, 28 – 19, 16).
e) Im Zeitablauf, den das Johannesevangelium von der Passion und der Kreuzigung gibt, starb Jesus vor dem Passahfest (18, 18; 19, 31).

Paulus oder auch die übrige neutestamentliche Briefliteratur handeln kaum über den irdischen Jesus. Von ganz wenigen Ausnahmen abgesehen erscheinen hier keine Aussagen von Jesus selbst (so genannte »Herrenworte«) oder Berichte über Jesus.

Allerdings hat das geschichtliche Interesse der Synoptiker eine Grenze, die es zu beachten gilt. Die Synoptiker (wie auch das Johannesevangelium) bieten kein Leben Jesu von der Geburt bis zum Tod. Im Mittelpunkt ihres Interesses steht das öffentliche Wirken Jesu von der Taufe durch Johannes bis zum Kreuz. Bei Mk ist dies ganz deutlich. Mt und Lk schicken zwar ihren Darstellungen eine so genannte »Kindheitsgeschichte« voraus und bringen damit ein gewisses biographisches Interesse zum Ausdruck, aber die Aufmerksamkeit ist dort fast ausschließlich auf die Geburt gerichtet. Im übrigen sind diese beiden Kindheitsgeschichten so stark von biblisch-theologischen Motiven durchsetzt, dass sie als historische Quellen kaum verwertet werden können. Gerade Auskünfte, die für eine Biographie wichtig wären, werden nicht gegeben, etwa Angaben zu seiner Erziehung, Jugend, Berufsausbildung, seinem Aussehen usw. Sie fehlen überhaupt grundsätzlich in den biblischen Quellen. Später werden sie indes reichlich nachgeliefert, vor allem in apokryphen Evangelien und Aposteakten, die sich intensiv mit diesen Themen beschäftigen (und deren »Informationen« von frühchristlichen Autoren seit dem 2. Jahrhundert übernommen werden)[23]. Das Faktum, dass diese apokryphen Schriften nicht in den Kanon aufgenommen wurden, lässt erkennen, was den ersten Christen an der Person Jesu wichtig war – und was nicht. In den apokryphen Evangelien wird berichtet über Jesu Äußeres, seine Kleidung, seine Ess- und Trinkgewohnheiten. Er sei in seiner Speiseaufnahme ein konsequenter Vegetarier gewesen und habe sich auch des Weingenusses enthalten, sagen einige (vor allem gnostisch oder von frühchristlichen radikalen Sekten geprägte) Apokryphen, während andere Schriften (wohl in Erinnerung an das letzte Abendmahl) beides bestreiten[24]. Die Auskünfte über Jesu Äußeres in diesen Schriften lehnen sich an alttestamentliche Bibelstellen an. So wird im Anschluss an Jes 53,2 f. (der Prophet beschreibt den Gottesknecht: »Er hatte keine schöne und edle Gestalt, ... ein Mann voller Schmerzen ...«) beteuert, dass er keine auffällige Erscheinung, ja hässlich gewesen sei. Unter Bezug auf Ex 2,2 (Mose war »ein schönes Kind« – und Mose gilt als Vorläufer und typologisch als Hinweis auf Jesus) wird dagegen in anderen Texten behauptet, er sei von eindrucksvollem Aussehen gewesen. Apokryphe Aposteakten nennen ihn mehrfach den »Schönen«[25]. Origenes streitet mit Kelsos über die äußere Erscheinung Jesu[26]. Diese Beschreibungen sind selbstverständlich allesamt ohne jeden historischen Wert.

Aus den Evangelien ein Itinerar, d. h. ein Verzeichnis der Reisen und der Aufenthaltsorte in der historischen Abfolge, oder eine Chronik Jesu abzuleiten ist nicht möglich. Eindeutig ist allerdings der Schwerpunkt seines Lebens und Wirkens in Galiläa, im Land am See Gennesaret. Die Synoptiker berichten, Jesus sei nur ein einziges Mal – zu seinem Leidenspassahfest – während seines öffentliches Auftretens nach Jerusalem gegangen. Auch das könnte ein künstlicher Rahmen sein. Eine Ausnahme bildet vielleicht der Passionsbericht. Er bietet konkrete Personennamen (Kajafas, Pilatus, Simon von Cyrene, Josef von Arimathäa, die Namen der Frauen unter dem Kreuz), topographische Angaben (Getsemani, Lithostroton, Golgota) und eine echte Folge von Ereignissen (letztes Mahl, Verhaftung, Verhör bzw. Prozess, Tod, Entdeckung des geöffneten Grabes) in *allen* Evangelien.

Insgesamt überliefern die drei synoptischen Evangelien ein recht geschlossenes Bild der Person Jesu und seiner Lehre. Er erscheint als ein Prediger der Endzeit, der durch Worte (Gleichnisse) und Taten (Wunder) die hereinbrechende Herrschaft Gottes verkündet, die sich als Gottes Zuwendung zu den Armen und Sündern darstellt. Wenn die Zwei-Quellen-Theorie der Entstehung der synoptischen Evangelien vorausgesetzt wird, erklärt sie auch die relative Geschlossenheit des synoptischen Jesus-Bildes. Die Theorie besagt in ihrer Grundform, dass Mk das älteste Evangelium war. Mk (oder ein leicht bearbeitetes Markusevangelium) liegt Mt und Lk als gemeinsame Quelle zugrunde. Eine weitere gemeinsame Quelle von Mt und Lk ist die wissenschaftlich postulierte Redenquelle »Q«, die sich aus den beiden Evangelien rekonstruieren lässt. Daneben enthalten Mt und Lk jeweils noch eigenständiges Sondergut. Das heißt: In den synoptischen Evangelien liegt ein Jesus-Bild vor, das aus vier unabhängigen Traditionen besteht. Es ist ausgesprochen bemerkenswert, dass das Jesus-Bild in allen diesen Schichten, die sehr alt sind, sachlich übereinstimmt. Diesem Geschichtsbild hat vor kurzem Klaus Berger[27] widersprochen. Er datiert Joh und Mk als die beiden frühesten Evangelien und bezeichnet das Jesus-Bild des Joh als komplementär zu dem der Synoptiker. Eine breite Zustimmung hat diese These nicht gefunden. Die überwiegende Mehrheit der Forscher bezieht sich für die Suche nach dem historischen Jesus vorrangig auf die Synoptiker.

- Christliche Schriften außerhalb des Kanons des Neuen Testaments

Als Quellentexte für eine Biographie kommen in Frage die Apostolischen Väter, das »Diatessaron« und die apokryphen Evangelien (unter Einschluss anderer apokrypher Schriften). Der griechische Begriff »apokryphos« (verborgen, versteckt, heimlich) erscheint wohl zum ersten Mal als literarische Bezeichnung im Zusammenhang mit gnostischen Werken. Dort bezeichnet er »geheime« Texte, die nur einem bestimmten Personenkreis zugänglich oder verständlich sind. Bei der Übernahme dieses Begriffs durch großkirchliche (patristische) Autoren wird er deshalb vielfach negativ besetzt zur Kennzeichnung »häretischer« Verlautbarungen. In der Literatur wird »apokryph« heute zumeist wertfrei verwendet, im Sinne von »nicht zum Kanon gehörig«. Der Kanon der 27 Schriften des NT hat sich in der Christentumsgeschichte etwa bis 400 n. Chr. durchgesetzt (zum ersten Mal werden alle 27 Schriften im Osterfestbrief des Athanasius von 367 genannt), obwohl noch etwa im Osten jahrhundertelang die Apokalypse und in der Bibelreflexion Martin Luthers z. B. der Jakobusbrief umstritten waren[28]. Entscheidend für die Aufnahme einer bestimmten Veröffentlichung in den Kanon war nicht immer das Alter. Das wohl ausschlaggebende Kriterium für die »Kanonizität« war die Verwendung in der Liturgie, d. h. im Gottesdienst der Gemeinden. Die im Rahmen dieses Prozesses ausgegrenzten Schriften des frühen Christentums heißen »neutestamentliche Apokryphen«.

Nicht zu den »Apokryphen« im technischen Sinn gehören frühe Texte der Urkirche, die seit der Neuzeit unter dem Namen »Apostolische Väter« zusammengefasst werden. Im Jahr 1672 wurde eine Sammlung veröffentlicht, die diesen Titel trug. In der ersten (1904) und in der zweiten Auflage (1924) der von Edgar Hennecke begründeten und von Wilhelm Schneemelcher weiter betreuten Quellensammlung »Neutestamentliche Apokryphen in deutscher Übersetzung« (2 Bde., 5. Auflage Tübingen 1987.1989) waren die Hauptwerke der »Apostolischen Väter« noch zu den »Apokryphen« gezählt worden. Ab der dritten Auflage sind sie dann nicht mehr in der Sammlung verzeichnet. Diese Beobachtung macht darauf aufmerksam, dass es sich bei diesen Bezeichnungen und Zuschreibungen wesentlich um wissenschaftliche Vereinbarungen handelt. Seit dem 19. Jahrhundert zählt man zu den »Apostolischen Vätern« vor allem den 1. Klemensbrief, die Ignatiusbriefe, den Polykarpbrief, die Didache (die Zwölf-

Apostel-Lehre), den Barnabasbrief, den 2. Klemensbrief, den Diognetbrief und den Hirten des Hermas[29]. Vereinzelt sind in diesen Schriften Worte Jesu oder Hinweise auf seine Person und sein Handeln enthalten, die nicht in den kanonischen Texten des NT zu finden sind.

Ende des 2. Jahrhunderts (vor 172 n. Chr.?) hat der syrische Theologe Tatian das so genannte »Diatessaron« verfasst, das in zahlreiche Sprachen (unter anderem auch in das Armenische, Georgische, Persische, Türkische und Arabische) übersetzt wurde und in der syrischen Kirche bis ins 5. Jahrhundert kanonische Geltung besaß[30]. Der syrische Text ist leider nicht erhalten. Aus Rekonstruktionsversuchen ergibt sich, dass Tatian in den Rahmen des Joh synoptische, aber auch apokryphe Passagen eingefügt hat[31]. Es handelt sich um eine harmonisierende Darstellung des Evangelienstoffes, die manche Widersprüche der kanonischen vier Evangelien vermittelt. Es ist unstrittig, dass das »Diatessaron« im arabischen Raum unter den Christen bis zu Muhammads Zeit verbreitet war (und durchaus die kanonischen Evangelien ersetzt hat). Tatian schloss sich am Ende seines Lebens der Bewegung der »Enkratiten« an, deren führender Vertreter er war. Sie bildeten eine asketische Gruppe und forderten von jedem Christen Enthaltsamkeit von Fleisch und Wein (Tatian hat offensichtlich sogar den Messwein durch Wasser ersetzt) und den Verzicht auf die Ehe.

Die im eigentlichen Sinn »neutestamentlichen Apokryphen« sind Schriften, die den literarischen Gattungen des NT folgen, also Evangelien, Apostelgeschichten, Briefe und Apokalypsen[32]. Als mögliche Quellentexte einer Biographie werden unter den neutestamentlichen Apokryphen vor allem apokryphe Evangelien herangezogen. Apokryphe Evangelien, also außerbiblische frühchristliche Schriften, die sich an die Gattung »Evangelium« anlehnen und durch Titel und Inhalt beanspruchen, den kanonischen Evangelien gleichwertig (oder sogar überlegen) zu sein oder diese ergänzen zu wollen (etwa mit Berichten über die Kindheit Jesu oder seine Passion und Auferstehung), sind entweder ältere (und fragmentarisch erhaltene) Evangelien, die wie die kanonischen Evangelien Jesustraditionen sammelten, oder Evangelien, die die kanonischen Evangelien erklären (und unter Umständen ergänzen) wollten, oder Evangelien, die entweder im Rückblick auf die späteren großkirchlichen Entscheidungen gruppenspezifische (»häretische«) Ansichten vertraten oder in ausdrücklicher Konkurrenz zu den kanonischen Evangelien eine andere (vor allem gnostisch begründete) Botschaft Jesu als die »eigentliche« Lehre des Christentums proklamierten. Zu dieser letzten Gruppe gehören etwa das »Evangelium der Wahrheit«, »des Philippus«, »der Maria (von Magdala)« oder »des Judas«. In der Regel werden hier gnostische Geheimlehren entfaltet. Jesus nimmt in diesen Schriften gewöhnlich einen Jünger (bzw. in der Gestalt Marias von Magdala eine Jüngerin) beiseite und polemisiert gegen die anderen Jünger, die nichts verstehen, sondern den (unerträglichen) Schöpfergott dieser Welt anrufen (anstelle des »anderen« guten Gottes jenseits des Universums). Die Materie, die das »göttliche« Energiepartikel in bestimmten auserwählten Menschen (zu denen Jesus und der jeweilige Lieblingsjünger zählen) gefangen hält, muss überwunden und verlassen werden, behaupten diese Schriften. Schon sehr früh wegen gnostischer Tendenzen verdächtigt und dann aus dem Kanon ausgegrenzt wurden das Thomasevangelium (Mitte des 2. Jahrhunderts wohl in Syrien zusammengestellt, einige Texte können durchaus bis ins 1. Jahrhundert zurückreichen; wiederentdeckt um 1945 in Nag Hammadi; der Text besteht aus 114 Logien Jesu), der Dialog des Erlösers (die Schrift ist teilweise stark beschädigt; eine Sammlung von fünf verschiedenen Quellen, ebenfalls in Nag Hammadi gefunden, die vermutlich im 2. Jahrhundert von einem Redaktor zusammengestellt wurden; Jesus erscheint mit dem Titel »Soter«, Erlöser)[33], das Ägypterevangelium (wird bei Klemens von Alexandria erwähnt und teilweise zitiert; es handelt sich um einen Dialog Jesu mit Salome; bei Origenes wird die Schrift schon abgelehnt; Entstehungsort und Zeit sind unklar, vielleicht erste Hälfte des 2. Jahrhunderts)[34], das Geheime Markusevangelium (wird in einem angeblichen Brief des Klemens von Alexandria an einen gewissen Theodor zitiert; vielleicht aus dem 2. Jahrhundert)[35], und das Petrusevangelium (Anfang/Mitte des 2. Jahrhunderts vielleicht in Syrien; wird von Origenes erwähnt, bei Eusebius als nicht anerkannt notiert[36]). Einige dieser Texte (das Ägypterevangelium, das

Geheime Markusevangelium, das Petrusevangelium) sind nur in Fragmenten erhalten.

Keinem heute bekannten Evangelium sind verschiedene Fragmente auf Papyri zuzuordnen[37].

Einige andere Fragmente werden gewöhnlich drei (manche Forscher sprechen nur von einem) judenchristlichen Evangelien zugeschrieben, die von christlichen Autoren Ende des 2./Anfang des 3. Jahrhunderts erwähnt werden, aber in ihrer Gesamtheit nicht erhalten sind, nämlich das Ebionäerevangelium (eine Harmonisierung der synoptischen Evangelien ohne Bezug auf Joh, Auslassung der Kindheitsgeschichte wegen der Ablehnung der Jungfrauengeburt, adoptianistisches Verständnis der Gottessohnschaft?)[38], das Hebräerevangelium (mit bewusster Herausstellung des Herrenbruders Jakobus, der beim Letzten Mahl Jesu zugegen ist, Jesus als Sohn des Geistes, der mit der Mutter Jesu identifiziert wird)[39] und das Nazoräerevangelium (als Weiterentwicklung des Mt?)[40].

Wegen ihrer Bedeutung für die Kindheitsgeschichte Jesu im Koran sind verschiedene Kindheitsevangelien zu nennen[41]. Eine (auch im Blick auf die Kindheitsgeschichte des Koran) besondere Rolle spielt das (so der neuzeitliche Titel) Protevangelium des Jakobus (ursprünglich hieß die Schrift wohl »Geburt der Maria«)[42]. Der Text findet sich in einem griechischen Papyrus des 3./4. Jahrhunderts, der die erweiterte Fassung eines griechischen Urtextes ist, in dem wohl auch ältere Stücke eingearbeitet sind. Der Autor gibt sich als »Herrenbruder« Jakobus aus. Dieser Urtext ist wohl in der 2. Hälfte des 2. Jahrhunderts in Ägypten verfasst worden. Das Legendengut ist dann in das Evangelium des Pseudo-Matthäus (im 5. oder erst im 8./9. Jahrhundert) eingegangen. Im Mittelpunkt steht Maria. Berichtet werden (unter Bezug auf alttestamentliche Motive) die wunderbare Geburt Marias als Tochter von Anna und Joachim, ihre Jugend im Tempel, die Übergabe an Josef, die Verkündigung während ihrer Anfertigung des Tempelvorhanges, die Verteidigung gegen den Vorwurf der Unzucht und die Bewahrung ihrer Jungfräulichkeit auch bei der Geburt Jesu. Viele dieser Motive erscheinen wieder im Koran.

Weiter gehört zu den Kindheitsevangelien das Kindheitsevangelium des Thomas[43]. Es ist in mehreren (durchaus voneinander abweichenden) Fassungen griechisch, lateinisch und in orientalischen Sprachen überliefert und stammt wohl vom Ende des 2. Jahrhunderts. Es erzählt in märchenhafter Form spektakuläre Wundergeschichten, die der Jesusknabe zwischen seinem fünften und zwölften Lebensjahr vollbracht haben soll. Das Kind Jesus muss nicht an Weisheit zunehmen (gegen Lk 2, 51), sondern zeigt sich von Anfang an als Träger des göttlichen Wissens in all seiner Fülle (und stürzt damit all seine menschlichen Lehrer in Verlegenheit).

Ein anderes Exempel bietet das Arabische Kindheitsevangelium[44]. Es stammt wohl im Kerntext aus dem syrischen Raum und ist im 5. Jahrhundert verfasst. Vollständig ist es nur in arabischer Sprache erhalten. Mirakelhaft wird u. a. die Kindheit Jesu in Ägypten erzählt.

In gewisser Weise gehören zu der Kindheitsgeschichte auch Texte der Marien-Literatur[45]. Die Informationen, die diese nicht im Kanon des NT enthaltenen Schriften zu einem *Leben* Jesu geben, werden von der heutigen Forschung als historisch nicht sehr zuverlässig betrachtet.

Etwas anders ist die Situation bei der Suche nach so genannten »Agrapha« (von dem griechischen Wort »agraphos« = ungeschrieben). »Agrapha« sind zunächst mündlich überlieferte und dann in frühchristlichen Schriften außerhalb des NT, d. h. bei den Apostolischen Vätern, in (im neutralen Sinn) apokryphen anderen Schriften oder in Kirchenvätern, *und* im NT außerhalb der Evangelien zitierte Jesusworte. Vereinzelt kommen als Quelle auch neutestamentliche Handschriften in Frage, die manchmal neben Textvarianten zusätzliche Worte Jesu enthalten. Manche Autoren ziehen auf der Suche nach »Agrapha« auch den Talmud und muslimische Autoren heran. Speziell in der muslimischen Mystik finden sich Aussprüche Jesu, die nicht in den Evangelien überliefert sind.

Die Worte Jesu wurden zunächst mündlich tradiert. Manches ist sicher verlorengegangen. Dass es solche »Agrapha« gab, scheint Apg 20, 35 zu beweisen. Hier zitiert Paulus ein »Herrenwort«: »Geben ist seliger als Nehmen«, das sich in den Evangelien nicht findet, sehr wohl aber bei vorchristlichen griechischen (!) Schriftstellern. Als weitere mögliche »Herrenworte« sind 1 Thess 4, 15–17 (»Denn dies sagen wir euch nach einem Wort des Herrn: Wir, die Lebenden, die noch übrig sind, wenn der Herr kommt, werden den Verstorbenen nichts voraushaben. Denn der Herr selbst wird vom Himmel herabkommen, wenn der Befehl ergeht, der Erzengel ruft und die Posaune Gottes erschallt. Zuerst werden die in Christus Verstorbenen erstehen; dann werden wir, die Lebenden, die noch übrig sind, zugleich mit ihnen auf den Wolken in die Luft entrückt, dem Herrn entgegen. Dann werden wir immer beim Herrn sein«) und 1 Kor 2,9 (»Wir verkündigen, wie es in der Schrift heißt, was kein Auge gesehen und kein Ohr gehört hat, was keinem Menschen in den Sinn gekommen ist: das Große, das Gott denen bereitet hat, die ihn lieben«) und Eph 5,14 (»Alles Erleuchtete aber ist Licht«) vermutet worden. Paulus spielt vereinzelt auf weitere »Herrenworte« an (etwa in Röm 13) oder zitiert sie ausdrücklich (1 Kor 7,10). Einiges wurde sekundär an den Text der kanonischen Evangelien angehängt. Die Perikope Joh 7,53 – 8,11 (Jesus und die Ehebrecherin) findet sich nicht in den ältesten Handschriften des Johannesevangeliums. Ein anderes Beispiel für ein Jesuswort, das nicht im heutigen NT steht, ist vielleicht die Perikope vom Mann, der am Sabbat arbeitete (in Kodex D anstelle von Lk 6,5): »An demselben Tag sah er einen Mann am Sabbat eine Arbeit tun. Da sagte er zu ihm: Mensch! Wenn du weißt, was du tust, bist du selig. Wenn du es aber nicht weißt, bist du verflucht oder ein Übertreter des Gesetzes.« Einen Klassiker der Forschung nach »Agrapha« hat Joachim Jeremias geschrieben[46].

Im Wesentlichen bieten diese Stellen, wenn sie überhaupt in der Forschung als echte Jesusworte anerkannt werden, kein neues Material, das das Jesus-Bild grundsätzlich in Frage stellt, das durch historische Rückfrage aus den Synoptikern zu gewinnen ist. Die beiden Veröffentlichungen von John Dominic Crossan (Was Jesus wirklich lehrte. Die authentischen Worte des historischen Jesus, München 1997) und Gerd Lüdemann (Jesus nach 2000 Jahren. Was er wirklich sagte und tat, Lüneburg 2000), die beanspruchen, kanonische *und* außerkanonische Literatur *gleichermaßen* bei der Rekonstruktion des Jesus-Bildes zu Rate zu ziehen, liefern keine zusätzlichen Informationen, die über das aus den Synoptikern zu gewinnende Jesus-

Bild hinausgehen (oder einen Fortschritt gegenüber der Liberalen Leben-Jesu-Forschung darstellen).

- Kriterien zur Entdeckung eines historischen Gesamtbildes

Die wichtigsten Quellen einer Biographie Jesu sind die synoptischen Evangelien. Allerdings ist es nicht möglich, die in ihnen überlieferte Darstellung wörtlich und ohne Übersetzung (geradezu im Sinne eines Polizeiprotokolls) zu übernehmen. Ein erstes Problem ist schon die Sprache. Der Jesusstoff, d. h. tradierte Handlungen und Worte, wurde zunächst mündlich weitergegeben. Jesus bediente sich seiner Muttersprache Aramäisch oder, genauer gesagt, des galiläischen Dialekts des Aramäischen (wobei durchaus darüber spekuliert werden kann, ob er auch das Griechische und das Hebräische beherrscht habe)[47]. An diesem Dialekt – charakterisiert durch eine ungenaue Artikulation der Kehllaute – konnten die Galiläer in Jerusalem erkannt werden (Mt 26,73: Petrus). Jesus hieß in seiner eigenen Sprache Jeschua, seine Mutter Mirjam. Jesus und Maria sind später vorgenommene Gräzisierungen. Die kanonischen Evangelien sind auf Griechisch abgefasst. In griechischer Übersetzung geht manchmal die Pointe des Aramäischen verloren. Auf Griechisch funktioniert z. B. das Wortspiel Mt 16,18 (»Du bist Petros, und auf dieser Petra werde ich ...«) nicht ganz; auf Aramäisch würde es gehen (»Du bist Kepha, und auf dieser Kepha werde ich ...«), *wenn* Mt 16,18 ein Wort des historischen Jesus ist. Hat Jesus selbst Griechisch gesprochen? Das ist nicht ausgeschlossen. In Galiläa war das Griechische, zumal in den beiden größten Städten Sepphoris und Tiberias, durchaus vertraut. Caesarea Philippi war eine griechische Siedlung, Betsaida (genauer: Betsaida Julias) war zweisprachig. Zwei der Zwölf tragen einen griechischen Namen: Andreas und Philippus. Andererseits hat Jesus die Wohnorte der Griechischsprechenden konsequent gemieden.

Trotz aller Probleme des Überlieferungsprozesses, der Sprache und der Übersetzung der ursprünglichen Rede Jesu vom Aramäischen ins Griechische, der theologischen Überhöhung des Jesusstoffes nach Ostern usw. bleiben die (synoptischen) Evangelien die entscheidende Quelle für unser Wissen um den historischen Jesus. Im Unterschied zu den letzten Jahrzehnten des 19. und der 1. Hälfte des

20. Jahrhunderts sind die Historiker und Exegeten heute zuversichtlicher, was ein historisches Wissen von Jesus betrifft.

Die Forschung der letzten 50 Jahre hat folgende Kennzeichen oder Kriterien zusammengestellt, die bei der Suche nach einem Gesamtbild des historischen Jesus weiterhelfen sollen[48]:

1) Das »Unähnlichkeitskriterium«
Eine Tradition ist dann auf Jesus zurückzuführen, wenn sie weder aus dem Judentum abgeleitet noch der Urchristenheit zugeschrieben werden kann. Ernst Käsemann hat gemeint, dies sei das einzig gültige und entscheidende Kriterium, das ein kritisch gesichertes Minimum garantiere. Nur das ist tatsächlich jesuanisch, was absolut originell und einzigartig ist. Ein Logion, das mit diesem Kriterium als sicher authentisch erklärt wird, ist Mt 8,22 (vgl. Lk 9,60) (»Laß die Toten ihre Toten begraben«). Es wendet sich gegen die Pietätspflicht im Judentum und in der hellenistischen Welt und ist auch nicht als christliche Gemeindebildung zu erklären. Man hat diesem Kriterium vorgeworfen, es sei antijudaisch oder es beruhe auf einem bestimmten christologischen Konzept der Einzigartigkeit Jesu[49]. In der Tat: Wenn man es absolut setzt, trennt man Jesus von seinen jüdischen Wurzeln und von seiner Zeitgeschichte. Es ist im Grunde ein sehr ungeschichtliches Kriterium, das auch – dogmatisch gesprochen – das Prinzip der Inkarnation nicht ernst nimmt. Wäre Jesus immer originell (im Sinne diese Kriteriums) gewesen, hätte er wahrscheinlich keinen einzigen Hörer in Galiläa gefunden. Wenn man dieses Kriterium auf irgendeinen anderen beliebigen Menschen der Geschichte oder einen Autor von heute anwenden würde, bliebe, vermute ich, in der Regel kaum etwas übrig. Andererseits ist es als Ausgangspunkt auf der Suche nach dem historischen Jesus durchaus hilfreich.

2) Das »Kohärenzkriterium«
Dieses Kriterium setzt das »Unähnlichkeitskriterium« fort. Wir sind dann auf der richtigen Spur, wenn überlieferte Worte Jesu durch sein (überliefertes) Tun gedeckt sind, wenn also Wort und Tat Jesu »kohärent« sind. Wenn Wortüberlieferungen, besonders fordernder Art (z.B. Besitzverzicht, Gewaltlosigkeit

usw.), bestehen, die mit einem von ihm berichteten, für ihn typischen Verhalten übereinstimmen, ist es sehr wahrscheinlich, dass sie auf den historischen Jesus zurückgehen. Eine absolute historische Sicherheit gibt dieses Kriterium allein allerdings nicht. Es ist ja von vornherein nicht auszuschließen, dass es in Jesu Verhalten und Lehre auch Entwicklungen gegeben haben mag (wenn man das Wort Widersprüche vermeiden will). In manchen fremdartigen und geradezu sperrigen (und eben nicht »kohärenten«) Jesusüberlieferungen kann durchaus Echtes enthalten sein.

3) Das »Kriterium der vielfachen Bezeugung«
Dieses Kriterium meint nicht, dass ein bestimmtes Handeln oder ein bestimmtes Wort oft im NT vorkommen muss. Die Abhängigkeit der Synoptiker voneinander führt zwangsläufig zu vielen Wiederholungen, die selber noch nichts beweisen. Das Kriterium der vielfachen Bezeugung zielt auf die Worte oder Situationen im Leben Jesu, die mehrfach und durch verschiedene literarische Gattungen (Streitgespräch, Gleichnis, Apophthegma o. ä.) überliefert wurden. Wichtig sind hier die Gleichnisse und die Apophthegmata (von dem griechischen Wort »apophthegma« = Ausspruch, Sinnspruch), d. h. (kurze) Aussprüche Jesu mit oder ohne erzählerischem Rahmen. Jesus war ein Virtuose im Erzählen von Gleichnissen und im Gebrauch von Apophthegmata. Diese knappen, pointierten, anekdotischen Aussprüche, die jeweils einer konkreten Person zugeschrieben werden, sind als literarische Form im Judentum vor Jesus nicht bezeugt. (In diesem Punkt ergibt sich eine Verbindung mit dem »Unähnlichkeitskriterium«.) Ein Beispiel: Das Bild des Reiches Gottes bzw. der Gottesherrschaft findet sich in allen Überlieferungsschichten der Evangelien bis hin zu Apokryphen (wie dem Thomasevangelium) und in allen literarischen Gattungen. Im Grunde ist dieses Kriterium mit dem vorausgehenden vergleichbar. Es ist seine Ausweitung.

4) Anstößige Überlieferungen

Das bezieht sich auf Worte Jesu, die als hart oder anstößig galten, und deswegen in der Tradierung korrigiert wurden oder in den Hintergrund traten. Sie gehören, so lautet die These, zum historischen Urgestein. Als Beispiel ist zu nennen Mk 2,27: »Der Sabbat ist um des Menschen willen geschaffen worden und nicht der Mensch um des Sabbats willen.« Mt und Lk haben dieses Wort – wegen seiner Anstößigkeit für die Juden? – nicht mehr überliefert. Andere Beispiele sind das Wort Jesu vom Schwurverbot, das in der frühen Christentumsgeschichte Schwierigkeiten bereitete und später nie richtig durchgesetzt wurde, oder seine Stellungnahme zur Unauflöslichkeit der Ehe, die innerhalb der Evangelien (von Mk 10,11 f. zu Mt 5,32: Unzuchtsklausel) schon etwas abgeschwächt wird und so ihre Spitze verliert. Das gilt aber auch von bestimmten Situationen, die als problematisch empfunden wurden. Genannt werden die Taufe durch Johannes den Täufer, der Vorwurf der Juden, er paktiere mit dem Teufel, und der Verrat und die Flucht der Jünger. Anstößig für die spätere Tendenz, Jesus möglichst positiv darzustellen, ist auch die Erzählung, dass seine Verwandten ihn ablehnten oder ihn für verrückt hielten (Mk 3,21). Allerdings könnte an dieser Stelle auch ein religionsgeschichtliches Motiv der Ablehnung des Propheten oder Gesandten Gottes greifen: Der Vater Zarathustras wollte ihn töten, wird berichtet. Auch Muhammad wird in seiner Heimatstadt Mekka abgelehnt und verfolgt. Dieses Kriterium allein ist sicher ebenfalls schwierig. Die Evangelien sind im Licht der Ostererfahrungen geschrieben. Bestimmte Sätze Jesu, die in der späteren, nachneutestamentlichen Überlieferung nicht wirksam geworden sind, könnten auch den Sinn haben, die absolute, einzigartige, geradezu übermenschliche Rolle Jesu zu unterstreichen – nach dem Motto: Ein Mensch, der so etwas fordert und lebt, muss der Sohn Gottes sein. Oder: Wenn einer der Sohn Gottes ist, dann muss er aus dem allgemein-menschlichen Rahmen fallen.

5) Der Kreuzestod als Ausgangspunkt der Deutung des Lebens und der Botschaft Jesu
Dieses Kriterium ist die Zuspitzung des gerade genannten Kriteriums und geht aus von dem allergewissesten Faktum im Leben Jesu, dem Kreuzestod. Warum ist hingerichtet worden? Das Leben Jesu muss also Züge an sich tragen, die dieses Ende erklären. Das heißt: Offensichtlich hat Jesus einen Anspruch erhoben und eine Kritik vorgetragen, die provoziert haben[50]. Autoren, die dieses Kriterium – als Zuspitzung des vorausgehenden Kriteriums – ins Gespräch gebracht haben, finden diesen provokanten Anspruch vor allem in den Gleichnissen und in der Bergpredigt.

6) Alter der Überlieferung
Hier wird versucht, den historischen Jesus in den ältesten Textschichten der Synoptiker, d.h. in einem Urpassionsbericht, in einem Ur-Markusevangelium oder in der Logienquelle Q zu finden. Allerdings ist kein einziger dieser postulierten Grundtexte erhalten. So ist dieses Kriterium wieder auf die anderen Kriterien angewiesen, denn die Bestimmung des Umfangs der Logienquelle z.B. muss durch die Anwendung eines Kriterieninstrumentariums in einem wissenschaftlichen Schlussverfahren geschehen.

Ein weiteres Kriterium, das allerdings sehr empfänglich ist für subjektive Einträge, ist:
7) Die Sprache Jesu
Zum Sprachstil Jesu, wird gesagt, gehörten ganz wesentlich die Gleichnisse. Detaillierter werden dazu gerechnet Paradoxien (Kamel und Nadelöhr), das so genannte »Passivum divinum«, d.h. die Umschreibung des Gottesnamens (aus Respekt vor Gott) durch eine passivische Satzkonstruktion (Mt 5,21: »Ihr habt gehört, dass zu den Alten *gesagt worden ist*: ›Du sollst nicht töten‹«), das aramäische »Amen« (manchmal doppelt gesetzt) als Bekräftigung *vor* dem Satz, die Gebetsanrede »Abba« (aramäisch für »Papa« bzw. »Vati«) (Mk 14,36), die Zusammenstellung von Gegenwart und eschatologischer Zukunft (im

Sinne des Liedtextes »Jetzt ist die Zeit, jetzt ist die Stunde ...«) (z. B. Lk 12, 8: »Wer sich zu mir bekennt vor den Menschen, zu dem wird sich der Menschensohn bekennen vor den Engeln Gottes«) und der sogenannte »antithetische Parallelismus«, d. h. das Nebeneinanderstellen von Antithesen, die parallel konstruiert sind. Auch dieses Kriterium darf nicht ausschließlich oder absolut gesetzt werden. Das Passivum divinum ist auch sonst im jüdischen Sprachgebrauch und im zeitgenössischen Judentum üblich. Eine klassische Stelle für den antithetischen Parallelismus ist Mt 16, 18 f. (»auf diesen Felsen werde ich meine Kirche bauen, und die Mächte der Unterwelt werden sie nicht überwältigen. ... was du auf Erden binden wirst, das wird auch im Himmel gebunden sein, und was du auf Erden lösen wirst, das wird auch im Himmel gelöst sein«). Aber gerade diese Perikope wird von der evangelischen Exegese weithin der Gemeindebildung zugeschrieben.

8) Das Kriterium der »historischen Plausibilität«
In Reaktion auf das »Differenzkriterium« wird seit einigen Jahrzehnten das entgegengesetzte Kriterium vorgeschlagen: Historisch ist in den Quellen dasjenige, das als Wirkung der Person und der Lehre Jesu verstanden werden und gleichzeitig nur in einem jüdischen Kontext entstanden sein kann. Jesus wird hier nicht im Widerspruch zu seiner jüdischen Umgebung, sondern in ihr profiliert.

Zusammenfassend lässt sich sagen: Jedes einzelne dieser Kriterien ist, für sich allein genommen, mehr oder weniger problematisch. Natürlich war Jesus ein Jude und hat auch in einer jüdischen Vorstellungswelt gelebt und gepredigt. Seine Anhänger, die allesamt Juden waren, fanden zu seinen Lebzeiten genügend Ansatzpunkte in seiner Persönlichkeit, die sie mit ihrer jüdischen Weltdeutung vereinbaren konnten, sonst hätten sie sich ihm kaum angeschlossen. Trotzdem hat sich Jesus zumindest von den damals tonangebenden jüdischen religiösen Gruppen und Schulen unterschieden, denn sonst wäre er nicht hingerichtet und damit ausgegrenzt worden. Ein Durchblick durch die wissenschaftliche Literatur zeigt, dass zumindest in der angelsächsischen Exegese heute die Tendenz vorherrscht, in den Evangelien einen hohen Bestand historischer Information zu entdecken. Die deutschsprachige Exegese ist allerdings weithin immer noch (wenigstens unterschwellig) von dem ideologischen Vorurteil der Bultmannthese geprägt, dass die Beweislast bei denen liege, die von der historischen Echtheit einer Überlieferung reden. Diese These setzt also die prinzipielle Unechtheit wenigstens implizit voraus. Aber solange die Wahrheit dieser Prämisse selbst nicht bewiesen ist, bleibt auch die Plausibilität der Bultmannthese unbewiesen.

Muhammad

Zunächst eine Vorbemerkung zur Sprache! Arabisch gehört zu den semitischen Sprachen (wie auch das Hebräische und das Aramäische/Syrische). Die arabische Sprache hat im Islam einen zentralen Stellenwert. Während die Muttersprache Jesu, das Aramäische, sehr schnell im Christentum durch die griechische Umgangssprache ersetzt wurde[51], in der Paulus seine Briefe schreibt und mit der die Evangelisten die Worte Jesu überliefern, gilt das Arabische im Islam als *die* Wortgestalt des Offenbarung Gottes. In der Liturgie ist es vorgeschrieben, den Koran auf arabisch (und nicht muttersprachlich) zu rezitieren. Viele arabische Laute gibt es im Deutschen (oder in anderen europäischen) Sprachen nicht. Für die Übertragung aus der arabischen in die lateinische Schrift gibt es verschiedene Systeme, die zu unterschiedlichen Resultaten (und zu einer verwirrenden Vielfalt an Schreibweisen) führen. In Deutschland erfolgt die Umschrift gewöhnlich (aber eben auch nicht immer) nach den von der Deutschen Morgenländischen Gesellschaft ausgearbeiteten Regeln, wobei jeder arabische Buchstabe durch einen einzigen lateinischen Buchstaben wiedergegeben wird. In der Arbeit bemühe ich mich, die manchmal üblichen Transkriptionen, die ein eigenes Studium erfordern und künstliche Buchstaben wie ğ oder š benutzen, durch Umschriften zu ersetzen, die der deutschen Aussprache möglichst nahe kommen (also dsch oder sch). Weil es keine einheitliche Transkribierung des Arabischen in den europäischen Sprachen gibt, finden sich zuweilen auch andere Schreibweisen der zitierten Namen, vor allem in Büchern, die aus dem Englischen oder Französischen ins Deutsche übersetzt worden sind. Betont wird jeweils die letzte Silbe des Wortes, wenn sie aus einem langen Vokal oder Diphtong und einem schließenden Konsonanten besteht (etwa Islám, Hunáin), andernfalls die vorletzte Silbe, wenn sie (bei mehr als zweisilbigen Wörtern) einen langen Vokal oder einen Diphthong hat oder mit einem Konsonanten schließt (z. B. Muhámmad)[52].

Die Eigennamen stellen ein eigenes Problem dar. Die Araber besaßen verschiedene Namen, deren man sich eher zufällig bediente. Jedes Individuum hatte natürlich einen eigenen Namen (Muhammad, Abdallah, Ali). Um zu unterscheiden, fügte man den Namen des Vaters und das Wort ibn (Sohn des) oder bint (Tochter des) hinzu: Muhammad ibn Abdallah; Fatima bint Muhammad. Manchmal steht die Bezeichnung mit dem Namen des (ältesten) Sohnes dabei: Abu Ali (Vater des Ali) oder Umm Umar (Mutter des Umar). Dem Stammesnamen geht manchmal das Wort Banu voraus (Söhne des). Der Stamm, der über Mekka herrschte, hieß Banu Koraisch, die Koraisch. Oft wird bei den Stämmen auch der Artikel al (oder at-, ar-, az- usw.) angefügt: al-Koraisch; at-Tamini.

Die Funktion, die Muhammad (arabisch: »einer der gelobt wird«, »der Gelobte«[53]) im Islam einnimmt, unterscheidet sich von der, die Jesus Christus im Christentum besitzt. Der manchmal gebräuchliche (aber heute eher seltene) Name Mohammedaner für die Muslime wird von diesen selbst abgelehnt. Im Islam ist Muhammad zum einen der maßgebliche Prophet, den Allah für die Verkündigung seiner Offenbarung ausgewählt hat (und dem nach muslimischer Auffassung diese Verkündigung – im Unterschied zu den Propheten vor ihm – auch geschichtswirksam gelungen ist); zum anderen ist er Vorbild und Norm für die Gestaltung rechten Lebens (woraus oft auch die Vorbildfunktion für die politisch-religiöse Leitung der Glaubensgemeinschaft abgeleitet wird). Daraus ergibt sich von Anfang an ein großes Interesse am Leben Muhammads, das nicht spezifisch historisch, sondern durchaus theologisch motiviert ist. Welche Quellen für eine Biographie kommen in Frage[54]?

- Die biographischen Darstellungen

Gewöhnlich werden vier Biographien genannt. Die älteste stammt aus dem 8. Jahrhundert.

– Muhammad ibn Ishaq (um 704–767 [oder 768]), Sirat rasul allah (Ein Leben des Propheten), hrsg. und kommentiert v. ʿAbd al-Malik ibn Hisham

Das ist die Standardbiographie Muhammads. Das Werk ist in seiner ursprünglichen Gestalt nicht erhalten, sondern nur in der Bearbeitung des Ibn Hisham (gest. vielleicht 834), der, wie er selbst schreibt, manches Anstößige weggelassen (Ibn Hisham streicht etwa die Episode der »Satanischen Verse«, die Tabari aus Ibn Ishaq übernimmt) und einiges Neue hinzugefügt hat, aber stets angibt, was aus seiner Vorlage und was von ihm selbst stammt.

Deutsch: Ibn Ishaq, Das Leben des Propheten (Bibliothek arabischer Klassiker 1), aus dem Arabischen übertragen und bearbeitet v. Gernot Rotter, Stuttgart ³1986.

– Muhammad ibn Umar al-Waqidi (gest. 823), Kitab al-maghazi[55]

Es handelt sich hier um eine Geschichte der Kriegszüge des Propheten seit 622, die sich zum großen Teil gegen die Mekkaner richteten. Für die Zeit in Medina ist das Buch eine wichtige Quelle.

– Muhammad ibn Saʿd (gest. 845), Kitab al-tabaqat al-kabir[56]

Ibn Saʿd ist der Sekretär von al-Waqidi gewesen. Tabaqat kann man mit »Generationen« oder »Klassen« (= verschiedene Personengruppen?) übersetzen. Sein Buch, das die Biographien Muhammads, seiner Gefährten und ihrer »Nachfolger« (d. h. der Führungsfiguren des Islam) beschreibt, lässt sich von der Qualität her durchaus mit dem Werk von Ibn Ishaq vergleichen. Ein Kapitel ist auch den Frauen (angefangen bei den Frauen des Propheten) gewidmet. Das ganze Werk wird mit einer umfangreichen Biographie Muhammads eingeleitet. Damit bietet Ibn Saʿd die älteste, vollständig in ihrer ursprünglichen Form erhaltene Biographie des Propheten, der als »der Auserwählte« (Gesandte Gottes) (al-mustafa) dargestellt wird.

– Muhammad ibn Djarir at-Tabari (gest. 923), Ta'rikh al-rusul wa-al-muluk[57]
Ta'rikh meint in etwa Annalen. Es ist eine Art Weltgeschichte (angefangen mit der Schöpfung) der Gottesboten (Propheten) und der weltlichen Herrscher, die insgesamt einen Kontext des Lebens Muhammads bilden. Vom Jahr der Auswanderung nach Medina (622) bis 915 ist das Buch als Jahreschronik (deshalb Annalen) aufgebaut. Tabari hat manchmal vollständigere Exzerpte aus Ibn Ishaq, die Ibn Hisham ergänzen.
Eine chronologische Kompilation dieser Texte bietet: Martin Lings, Muhammad. Sein Leben nach den frühesten Quellen, Kandern 2000.

Diese Biographien berichten von Szenen des Lebens, aber auch von den politisch-diplomatischen Aktivitäten und den militärischen Unternehmungen des Propheten (so besonders Waqidi, der im Grunde fast eine Kriegsgeschichte liefert). Es gibt Lücken in diesen Biographien. So erfahren wir sehr wenig Genaueres von dem Leben Muhammads, bevor er im Alter von 40 Jahren die Offenbarungen erhielt. Um Muhammads Geburt, Kindheit und Jugend ranken sich Legenden, die auch getreu überliefert werden, meist mit dem Zusatz: »Man erzählt, dass ...«, aber es gibt kaum zuverlässiges Material. Auch die ersten Prophetenjahre (seit etwa 610) sind noch wenig detailliert überliefert. In dieser Zeit war er eine relativ unbekannte Figur und wenige machten sich die Mühe, über seine Predigt und sein Handeln etwas aufzuschreiben. Aber in den letzten zehn Jahren seines Lebens – nach der Emigration nach Medina – waren sich seine Anhänger bewusst, dass vor ihren Augen Geschichte gemacht wurde. Alle Ereignisse dieser Zeit werden deshalb minutiös und ausführlich festgehalten.

Ein gewisser Standard der Geschichtsschreibung ist mit diesen Biographien durchaus erreicht. Obwohl alle vier Anhänger Muhammads sind, sind sie doch keine unkritischen Hagiographen. Ibn Ishaq, Ibn Saᶜd und Tabari berichten Geschichten, die nicht unbedingt schmeichelhaft für Muhammad sind. Muhammads Frau A'ischa war sehr freimütig und ihre unverblümten Äußerungen über ihren Mann sind genau aufgezeichnet. Die Biographen bemühen sich deutlich, ihre Quellen anzugeben. Wenn die Quellen etwa zwei unterschiedliche Berichte zu ein und demselben Ereignis liefern, dann werden *beide* überliefert, auch wenn sie sich widersprechen. Am Schluss steht: »Gott weiß es« o.ä., um anzuzeigen, dass das menschliche Wissen im Unterschied zum göttlichen fehlbar bleibt. Diese Historiker werten und gewichten nicht selber; sie bemühen sich – auf ihre Weise – um historische Wahrheiten, indem sie sich als schlichte Chronisten dessen verstehen, was erzählt wird. Festzuhalten bleibt, dass die genannten Biographien alle erst rund 200 bis fast 300 Jahre nach dem Tod Muhammads ihre endgültige schriftliche Fassung erhalten haben. Das früheste Material wurde zwar von Ibn Ishaq um 750 (also etwa 120 Jahre nach dem Tod des Propheten) niedergeschrieben, aber diese Fassung ist nur in Exzerpten und in rezensierten Versionen erhalten.

- Die mündlichen Überlieferungen

Die oben genannten vier Autoren beziehen sich auf *mündliche* Überlieferungen, die von den ersten Gefährten des Propheten späteren Generationen weitergegeben wurden. Diese mündliche Überlieferung bietet Aussprüche, Anweisungen und Entscheidungen Muhammads (= Sunna: Brauch des Propheten), berichtet von seinem Verhalten in bestimmten Situationen, von Rechtsurteilen und von der Führung der Gemeinde. Sie ist mündlich oder schriftlich festgehalten in den so genannten Hadithen. Ein Hadith ist ein Bericht oder eine Erzählung, die durch bestimmte Gewährsleute garantiert wird. In jedem Hadith (= überlieferter Augen- und Ohrenzeugenbericht) wird eine Szene oder ein Spruch aus dem Leben Muhammads festgehalten und überliefert. Der »Sitz im Leben« dieser Erzählungen sind Probleme in den Gemeinden, die nicht mit dem Rekurs auf den Koran allein gelöst werden konnten. Seit dem 8. Jahrhundert beginnen Rechtsgelehrte, die Hadithen zur Klärung solcher Rechtsfragen einzusetzen. Da nach Meinung der Sunniten die Offenbarung mit dem Tod Muhammads abgeschlossen ist, haben die Hadithen die Funktion, eine bestimmte Praxis im Leben des Propheten abzusichern. Jedes (vollständige) Hadith beginnt deshalb mit einer »isnad«, einer Kette bzw. Sukzession von glaubwürdigen Tradenten: »Ich, Person A, hörte einmal Person B erzählen, der es selbst von

Person C gehört hatte usw., wie er eines Tages an dem konkreten Ort war, als der Prophet kam und sagte ...«

Die Hadithen waren einerseits für die Entwicklung der Gemeinde notwendig. Angesichts der Vielfalt dieser Erzählungen gab es andererseits im 9. und frühen 10. Jahrhundert Versuche, die umlaufenden Hadithen in kanonische Sammlungen zusammenzufassen (und sie damit kritisch zu sichten und zu gewichten). Sechs gelten als besonders autoritativ. Sie werden folgenden Redaktoren zugeordnet:
1. al-Bukhari (oder al-Buhari) (810–870)[58]
2. Muslim (817/821–875)
3. Abu Dawud (817–888)
4. Tirmidhi (815–915)
5. Nasa'i (830–915)
6. Ibn Madja (824–886)

Die beiden ersten (und ältesten) Sammlungen gelten auch als die zuverlässigsten. Die Redaktoren waren in der Regel in der Quellenkritik von einem Negativkriterium ausgegangen. Alle Hadithen, die dem Koran in irgendeiner Form zu widersprechen schienen, wurden ausgeschlossen. Die übrig bleibenden teilte die muslimische Tradition in drei Gruppen ein:
1. echte bzw. authentische, weil die Tradentenkette keine Mängel erkennen lässt (sahih),
2. attraktive, aber nicht ganz sicher authentische bzw. einwandfrei zuverlässige (hasan),
3. schwache, bei denen manches gegen ihre Authentizität spricht (da'if).

Im Islam bilden diese Überlieferungen die entscheidende Quelle für die Shari'a, das Heilige Gesetz des Islam. Es wird allerdings in der westlichen Islamforschung durchaus kontrovers diskutiert, inwieweit diese Erzählungen historisch zuverlässige Informationen über das Leben Muhammads enthalten. Festzuhalten bleibt jedenfalls, dass auch sie erst im 9. Jahrhundert kritisch zusammengestellt worden sind.

Quellen

- Der Koran

Die wichtigste Quelle zu Muhammad ist jedoch der Koran[59], sofern man ihn zusammen mit den Hadithen betrachtet. Für gläubige Muslime ist der Koran die getreue Wiedergabe einer gleichsam übergeschichtlichen Urschrift (bzw. Matrix), die von Ewigkeit her bei Gott ist. Andererseits ist der Koran Muhammad nicht als fertiges Buch überliefert worden. Er behauptete, er habe 23 Jahre lang (seit etwa 609/610) Botschaften von Gott (vermittelt durch den Erzengel Gabriel) erhalten. Dabei ist durchaus eine Entwicklung festzuhalten, etwa im Wechsel von Mekka nach Medina. Der Koran selbst berichtet eine Änderung der Gebetsrichtung, die Muhammad in Medina vollzieht (Sure 2, 142–152). Manche Offenbarungen beziehen sich auf konkrete Lebenssituationen des Propheten, die auf diese Weise (in Verbindung mit Nachrichten der Tradition) profiliert werden können. Der Name Muhammad, der in vorislamischer Zeit nicht sicher nachgewiesen ist, wird im Koran allerdings nur an vier Stellen (in so genannten medinischen Suren: 3, 144; 33, 40; 47, 2; 48, 29) erwähnt.

Die heutige Ausgabe des Koran ist (nach der muslimischen Tradition) um das Jahr 650 zusammengestellt worden[60]. Das Wort Koran stammt nach der gängigen Auffassung vom Verbum »qara'a«, lesen, vortragen. »Qur'an« ist also die Rezitation, das Vorlesen oder das Lesebuch[61]. Der Koran besteht aus 114 Suren (= Kapiteln). Die Herausgeber stellten nach dem »Prinzip der abnehmenden Länge« in der Regel (mit wenigen Ausnahmen) die längeren Suren an den Anfang und die kürzeren an den Schluss, unabhängig von ihrer Chronologie im Leben Muhammads. Aus dem Rahmen fallen Sure 1 (Fatiha), ein kurzer Text, der ein Gebet ist (und im Islam die Rolle spielt, die das christliche Vaterunser innehat)[62], und die Suren 113 und 114, die der Sache nach apotropäische Sprüche gegen Verzauberungen bieten. Der logische Abschluss ist Sure 112: »Im Namen des barmherzigen und gnädigen Gottes. 1 Sag: Er ist Gott, ein Einziger, 2 Gott, durch und durch (er selbst) (?) (w. der Kompakte) (oder: der Nothelfer [?], w. der, an den man sich [mit seinen Nöten und Sorgen] wendet, genauer: den man angeht?). 3 Er hat weder gezeugt, noch ist er gezeugt worden. 4 Und keiner ist ihm ebenbürtig.« Alle aussortierten Textstücke wurden damals verbrannt[63]. Die

Muslime zitieren nicht (wie die westlichen Orientalisten) nach der Nummer der Sure und dem Vers, sondern nach dem Namen der Sure. So heißt Sure 1: »Die Eröffnung«, Sure 2: »Die Kuh«, Sure 112: »Der Glaube ohne Vorbehalt« usw.[64]

Die Botschaften befassen sich mit bestimmten Situationen in Mekka oder Medina. Gott scheint zuweilen manchen Kritikern Muhammads zu antworten. So ist der Koran – jedenfalls in einigen Suren (Sure 8 spielt vielleicht auf die Schlacht von Badr an, Sure 33 bezieht sich wohl auf den »Grabenkrieg«) – fast eine Art zeitgenössischer Kommentar zu Muhammads Wirken und eine wichtige Quelle für die Biographie des Propheten. 29 Suren fangen mit rätselhaften Buchstabengruppen an, z. B. Sure 11 ('lr) oder Sure 26 (tsm)[65]. Möglicherweise (so eine Theorie) beziehen diese sich auf die ursprünglichen Besitzer (oder Tradenten) der betreffenden Suren. Die islamische Mystik (die allerdings von der Mehrheit durchaus beargwöhnt wird) rekurriert manchmal auf sie[66].

Biographie

Geschichte der Leben-Jesu-Forschung

»Es ist der Leben-Jesu-Forschung merkwürdig ergangen. Sie zog aus, um den historischen Jesus zu finden, und meinte, sie könnte ihn dann, wie er ist, als Lehrer und Heiland in unsere Zeit hineinstellen. Sie löste die Bande, mit denen er seit Jahrhunderten an den Felsen der Kirchenlehre gefesselt war, und freute sich, als wieder Leben und Bewegung in die Gestalt kam und sie den historischen Menschen Jesus auf sich zukommen sah. Aber er blieb nicht stehen, sondern ging an unserer Zeit vorüber und kehrte in die seinige zurück. Das eben befremdete und erschreckte die Theologie der letzten Jahrzehnte, dass sie ihn mit allem Deuten und aller Gewalttat in unserer Zeit nicht festhalten konnte, sondern ihn ziehen lassen musste.«

Mit diesen Sätzen beginnt Albert Schweitzer sein Resümee der Leben-Jesu-Forschung des 19. Jahrhunderts[1]. Diese Beschreibung ist gleichzeitig die Erklärung ihres Scheiterns. Sie war unter falschen Voraussetzungen angetreten. Die Leben-Jesu-Forschung ist ein Kind der Aufklärung, präziser: der Aufklärung in ihrer deutschen Variante. Die von ihr vorgenommene Trennung zwischen Jesus und den Evangelien erfolgte nicht aus dem wissenschaftlich-methodischen Bewusstsein, dass die Evangelien Glaubensschriften sind und als solche gelesen sein wollen, sondern aus dem Verdacht, dass Jesus, wie er uns in den Evangelien geschildert wird, nicht derselbe sei wie der historische Jesus. Es komme darauf an, so hieß die Devise, ihn aus den Fängen des »Dogmas« zu befreien und ihn darzustellen, wie er *wirklich* gewesen sei. Was auch immer von der vielbeschworenen Voraussetzungslosigkeit der Wissenschaft zu sagen ist: Die Jesus-Bilder mindestens des 19. Jahrhunderts sind jedenfalls nicht voraussetzungslos und tragen in hohem Maße subjektive Züge. Viele fanden im vermeintlichen historischen Jesus das Bild wieder, das sie sich selbst von ihm gemacht hatten.

In der Jesus-Literatur kann man zwei Hauptgruppen unterscheiden. Auf der einen Seite sind zu nennen die literarischen Darstellungen Jesu. Eine Zusammenfassung bietet Karl-Josef Kuschel, Jesus im Spiegel der Weltliteratur. Eine Jahrhundertbilanz in Texten und Einführungen, Düsseldorf 1999. Zur zweiten und größeren Hauptgruppe gehören die eigentlich wissenschaftlichen Darstellungen. Ein umfassendes Resümée haben Albert Schweitzer (für das 19. Jahrhundert) und (daran anschließend) Walter P. Weaver, The Historical Jesus in the Twentieth Century, Harrisburgh 1999, vorgelegt. Manchmal verschwimmen allerdings die Grenzen, so dass vorgeblich »wissenschaftliche« Werke de facto Romane sind[2].

In der historisch-kritischen Leben-Jesu-Forschung lassen sich drei »Suchbewegungen« benennen[3]:

1) Anfang und Weichenstellung bis zur Liberalen Theologie
Diese Phase hat Schweitzer beschrieben. Sie beginnt mit Hermann Samuel Reimarus, Professor für orientalische Sprachen in Hamburg (gest. 1768). Lessing hatte von 1774 bis 1778, in sieben Fragmenten das Manuskript des Reimarus – ohne dessen Namen zu nennen – veröffentlicht. Besonders wichtig sind das 6. und 7. Fragment »Über die Auferstehungsgeschichte« und »Von dem Zwecke Jesu und seiner Jünger«[4]. Für Reimarus, der von der englischen Aufklärung des 17. und 18. Jahrhunderts beeinflusst war, ist es klar, dass es keine Wunder gibt. Das ist das erste Grundaxiom seiner Darstellung. Das zweite Grundaxiom ist der grundsätzliche Unterschied zwischen der Verkündigung Jesu und dem Christusglauben der Jünger. Für Reimarus ist der Auferstehungsbericht ein Kriminalfall mit Leichendiebstahl und Betrug der Jünger. Jesus ist ein Volksbetrüger, der sich auch selber getäuscht hatte und am Kreuz seinen Irrtum erkennt.

Eine grundsätzlich neue Position erreicht die Leben-Jesu-Forschung mit David Friedrich Strauß (gest. 1874): Das Leben Jesu, 2 Bde, Tübingen 1835.1836; 3. verb. Aufl. Tübingen 1838.1839. Strauß ist – über Ferdinand Christian Baur – ein Jünger Hegels. In seinem Buch entfaltet er folgende Theorie: Der Jesus der Evangelien sei nicht historisch. Die Evangelisten hätten seine Gestalt mit Material ausgeschmückt, das im AT und in der Religionsgeschichte vorlag. Das sei der »philosophische« oder »evangelische« »Mythos«. Der Mythos repräsentiert eine Idee oder eine Vorstellung, drückt auch eine Wahrheit aus, aber nicht eine Wahrheit, die sich in der Geschichte konkretisiert, sondern die sich in der Idee abbildet. Die Idee des NT sei der Gedanke des Gottmenschen, der Einheit von göttlichem und menschlichem Bewusstsein. Sie sei von den Evangelisten auf Jesus bezogen worden. Das bedeute aber nicht, dass Jesus die einzig mögliche Form der Verwirklichung der Idee sei. Im Gegenteil: Die Idee bilde sich grundsätzlich *nie* völlig in einem einzelnen Individuum aus, sondern nur in der Menschheit insgesamt. Wenn dies erkannt sei, könne man von Jesus absehen. Er ist im Grunde nur eine Hilfskonstruktion, mit der das Prinzip erkannt wird. In anderen Worten: Über Jesus sei – mittels des Mythos – eine Idee gestülpt worden. Diese Idee interessiert Strauß. Herauszuarbeiten, ob es einen historischen Kern in den Evangelien gab, interessiert ihn nicht.

Bei anderen Schülern Hegels, den so genannten »Linkshegelianern«, wird dieser Gedanke aufgegriffen und radikalisiert.

Für Bruno Bauer (gest. 1882) steht fest[5]: Vielleicht hat einmal ein Mensch mit Namen »Jesus« im 1. Jahrhundert gelebt. Das ist jedoch nicht sicher. Aber dieser »Jesus« hat nichts mit dem zu tun, was in den Evangelien steht. Die paulinischen Briefe als die frühesten Schriften des Christentums seien im 2. Jahrhundert entstanden. Die Evangelisten, die noch später anzusetzen seien, hätten in Alexandria und Rom die in der Luft liegende Sehnsucht nach einem Erlösermessias rein literarisch bearbeitet und sich einen »Jesus«, der in Palästina gewirkt habe, phantasiert.

Ähnlich argumentiert Arthur Drews[6]. Der Professor für Philosophie an der Technischen Hochschule Karlsruhe ist der Auffassung, dass ein historischer Jesus mit Sicherheit nicht existiert habe. Seine These ist: Alle Personen, die den »Jesus« der Evangelien umgeben, und er selber sind Erfindungen – modelliert nach den Mythen, Göttern und Halbgöttern der zeitgenössischen Religionenwelt. »Jesus« sei ein vorchristlicher Kultgott einer hebräischen Sekte, die von Ägypten beeinflußt worden sei, »Petrus« sei die Wiedergabe des listenreichen griechischen Meeresgottes Proteus usw. Heute wird diese Meinung, dass es einen historischen Jesus nie gegeben habe, nur noch vereinzelt vertreten. In neuerer Zeit hat sie z. B. George A. Wells in mehreren Büchern wieder vorgelegt[7].

Neben dieser Linie in der Leben-Jesu-Forschung (von Strauß zu Drews), gab es den Versuch, echte »Biographien« zu schreiben, die z. T. einen beträchtlichen Umfang hatten. Weil die Autoren viel Phantasie einbrachten, spricht man von Jesus-Romanen. Zwei Beispiele:

Carl Friedrich Bahrdt (gest. 1792), Ausführung des Plans und Zwecks Jesu, In Briefen an Wahrheit suchende Leser, 11 Bde. (!), Berlin 1784–1792 = 3000 Seiten (!);

Karl Heinrich Venturini (gest. 1849), Natürliche Geschichte des großen Propheten von Nazareth, 4 Bde., Bethlehem (= Kopenhagen) [1]1800–1802; [2]1806 = 2700 Seiten (!).

Beide vertreten die Auffassung, Jesus sei Mitglied des Essener-Ordens gewesen, habe in seinem Auftrag gewirkt und habe eine Vernunftreligion angestrebt. Venturini ist wohl auch der erste, der eine Liebesromanze in seine Darstellung einbaut. Jesus sei mit Maria von Bethanien liiert gewesen. Neuere Bemühungen dieser Art konzentrieren sich eher auf Maria von Magdala.

Der bekannteste Autor dieser Richtung ist Ernest Renan, La vie de Jésus, Paris 1863. Zu Lebzeiten des Autors erschienen in den Jahren bis 1892 dreiundzwanzig Auflagen dieses Werkes. Renan rechnet für die öffentliche Wirksamkeit Jesu mit achtzehn Monaten und zeichnet eine innere Entwicklung.

Am Anfang (erster Akt) steht für ihn der milde Jesus, der in Galiläa das Reich Gottes auf Erden realisieren möchte. Er sammelt eine Gruppe von Männern und Frauen um sich, alle jung wie er, alle voller Idealismus wie er. Wohin er kam, war ein Fest. Renan beschreibt das auch: Die Landschaft blüht auf, der Himmel öffnet sich, Lachen und Freundschaft beherrschen die Szene!

Zweiter Akt: Durch seinen Jerusalemaufenthalt – und die dort erfahrene Ablehnung – verliert Jesus aber die Unbefangenheit des Anfangs. Seine Rede wird hart. Er verkündet das drohende Reich der Apokalypse. Das Szenario wird dunkel. Jesus begreift, dass er für seine Predigt in den Tod gehen muss. Eine merkwürdige Sehnsucht nach dem Martyrium ergreift ihn.

Im dritten Akt – in der Passion – wird die Bühne immer düsterer. Alle verlassen ihn. Jesus stirbt. Am Schluss spekuliert Renan, ob Jesus am Kreuz nicht vielleicht ein Bedauern gespürt habe über ein verpfuschtes Leben, eine Familie, die er nie hatte[8].

Die einzige Lichtgestalt in dem Desaster ist Maria von Magdala, deren Schmerz so groß ist, dass sie den Geliebten vor dem Grab herbeihalluziniert. Im Grunde ist das Ganze eine tragische Liebesgeschichte, ein Melodram ohne Happy-end.

Die methodische Grundlage und damit die Voraussetzungen der Liberalen Leben-Jesu-Forschung schuf die literarische Erforschung der ältesten Quellen zu Jesus.

Ferdinand Christian Baur (gest. 1860), der Begründer der jüngeren evangelischen Tübinger Schule und Verfechter der umstrittenen These, dass sich die christliche Großkirche aus der Synthese zweier ursprünglich in scharfem Gegensatz zueinander stehender Richtungen gebildet habe, nämlich der judenchristlichen mit Petrus als Haupt (»Petruspartei«) und der heidenchristlichen mit Paulus als Anführer (»Pauluspartei«), behauptete den zeitlichen Vorrang und damit eine größere geschichtliche Zuverlässigkeit der Synoptiker, d. h. des Matthäus-, Markus- und Lukasevangeliums, vor dem Johannesevangelium

Heinrich Julius Holtzmann (gest. 1910)[9] setzte die von Gottlob Wilke und Christian Hermann Weiße entwickelte Zwei-Quellen-Theorie im wissenschaftlichen Diskurs durch. Das Markusevangelium, das bisher im Schatten des Interesses gestanden hatte, und eine erst durch die Wissenschaft rekonstruierte Quelle von »Sprüchen« (Logien) Jesu, die Logienquelle Q, galten nun als die ältesten und im Wesentlichen vertrauenswürdigen Quellentexte für den historischen Jesus. Für Holtzmann bot Mk eine plausible Biographie, wenigstens in groben Zügen[10]. Zunächst habe Jesus in Galiläa gewirkt. Dort habe sich auch sein messianisches Bewusstsein gebildet. Der Wendepunkt sei dann in Mk beschrieben, als Jesus sich den Jüngern bei Caesarea Philippi als Messias zu erkennen gegeben habe. Die aus der Logienquelle gezogenen authentischen Worte Jesu wurden dann in den biographischen Rahmen eingefügt, den das Markusevangelium schildert.

Zu Beginn des 20. Jahrhunderts geriet die literarisch sehr fruchtbare Tätigkeit der Liberalen Leben-Jesu-Forschung in die Krise. Vier Faktoren spielten hier eine Rolle.

- In seiner zusammenfassenden Darstellung der Ergebnisse dieser Forschung wies Albert Schweitzer (gest. 1965) detailliert nach, wie sehr die in diesen Studien entfalteten Jesus-Bilder der jeweilige Widerschein der konkreten humanistischen Überzeugungen der betreffenden Autoren waren. Die Verfasser teilten die Wertevorstellungen des aufgeklärten ausgehenden 19. Jahrhunderts vom Fortschritt des moralischen Bewusstseins in der Geschichte, vom unbedingten Wert des Individuums, von der rationalen Erklärbarkeit aller Phänomene und vom Vorrang der wissenschaftlich geprägten abendländischen Kultur und fanden in Jesu Person genau die Eigenschaften wieder, die ihnen und ihrer Zeit als höchstes anzustrebendes ethisches Ideal galten. In anderen Worten: Der »Jesus« dieser Autoren war nicht der historische Jesus, sondern eine Projektion des 19. (und 20.) Jahrhunderts[11].
- Die Fremdheit Jesu, speziell im Gegenüber zum 19. Jahrhundert, hat das grundlegende Buch von Johannes Weiß (gest. 1914), Die Predigt Jesu vom Reiche Gottes (Göttingen ¹1892; ²1900), hervorgehoben. Er war der erste, der ausdrücklich und systematisch die These vertrat, dass das »Reich Gottes« in der Verkündigung Jesu etwas konsequent Eschatologisches, Endzeitliches sei. Jesus habe das Reich Gottes nicht gestiftet. Es werde sich auch innerhalb der Weltgeschichte nicht herausbilden. Das Reich Gottes trete ein mit der nach Jesu Meinung unmittelbar bevorstehenden Ankunft des Menschensohnes – und mit diesem Eingreifen Gottes sei dann die Weltgeschichte an ihr Ende gelangt[12].
- William Wrede (gest. 1906) (Das Messiasgeheimnis in den Evangelien. Zugleich ein Beitrag zum Verständnis des Markusevangeliums, Göttingen 1901) zerstörte das Vertrauen in die Geschichtlichkeit des Markusevangeliums. Er vertrat die These,

das Evangelium des Markus habe ein theologisches Programm durchsetzen wollen. Jesus selbst habe sich nicht als Messias verstanden. Erst die christliche Gemeinde habe den Auferstandenen als Messias bekannt. Der Evangelist habe nun dieses nachösterliche Bekenntnis in seiner Darstellung in das Leben des irdischen Jesus eingetragen. Den Widerspruch zwischen dem (unmessianischen) Auftreten Jesu und dem (seiner Deutung nach schon von Anfang an bestehenden) Messiasanspruch habe der Evangelist mittels der Auskunft überbrückt, Jesus habe seinen Jüngern befohlen, ihn nicht in der Öffentlichkeit als »Messias« zu proklamieren (»Messiasgeheimnis«). Wrede stellte das Markusevangelium also als eine Schrift heraus, die eine bestimmte theologische Aussage illustrieren wollte. Damit war auch dieses Evangelium nicht mehr eine in den Grundzügen zuverlässige Quelle zu einer Biographie Jesu, sondern – wie die anderen Evangelien auch – einzureihen unter die übrigen Zeugnisse des nachösterlichen Christusbildes.

- Karl Ludwig Schmidt (gest. 1956) (Der Rahmen der Geschichte Jesu. Literarkritische Untersuchungen zur ältesten Jesusüberlieferung, Berlin 1919), neben Martin Dibelius und Rudolf Bultmann der Begründer der Formgeschichtlichen Methode, arbeitete heraus, dass die Jesus-Überlieferung aus »kleinen Einheiten« bestand, die vor allem durch die Bedürfnisse der jeweiligen Gemeinde geprägt waren. Die Evangelisten und konkret der Verfasser des Markusevangeliums hätten dann aus diesen vorgegebenen Einheiten eine chronologisch und geographisch strukturierte Geschichte geschaffen. Wenn diese Hypothese akzeptiert ist (und sie begann sehr bald ihren Siegeszug in der Exegese), ist es nicht mehr möglich, aus der Reihenfolge der Perikopen im Markusevangelium oder in einem anderen Evangelium psychologisch eine Entwicklung der Persönlichkeit Jesu oder seines theologischen Selbstverständnisses herauszuarbeiten.

Als Ergebnis dieser wissenschaftlichen Einsichten entstand weithin eine Zurückhaltung, ja Skepsis gegenüber der Möglichkeit, eine Biographie bzw. ein Leben Jesu schreiben.

Rudolf Bultmann (gest. 1967) hat dann aus dieser historischen Not eine theologische Tugend gemacht. Der Befund, dass ein historisches Wissen von Jesus nicht möglich sei, stört Bultmann nicht. Die ihm vorausgehende religionsgeschichtliche Forschung hatte erklärt, dass Jesus religiös und theologisch ins Judentum gehöre. Bekannt geworden ist der Satz von Julius Wellhausen (gest. 1918)[13]: »Jesus war kein Christ, sondern Jude.« Das Christentum beginnt also erst mit Ostern. In der Tat gibt es ja im NT durchaus einen Überlieferungsstrang, der an einem historischen Wissen über den irdischen Jesus zumindest nicht ausdrücklich interessiert ist. Paulus z. B. hat den irdischen Jesus nie gesehen und überliefert auch, abgesehen von einigen wenigen »Herrenworten« (etwa 1 Kor 11, 23–25) und dem Hinweis auf die Geburt Jesu »von einer Frau« (Gal 4, 4), wenig historische Informationen. In 2 Kor 5, 16 (»Auch wenn wir früher Christus nach menschlichen Maßstäben eingeschätzt haben, jetzt schätzen wir ihn nicht mehr so ein«) scheint er zu bestreiten, dass es von theologischer Bedeutung ist, von Jesus ein Wissen um seine familiär-menschlichen Bindungen, seine Volkszugehörigkeit und seine menschlichen Handlungen und Worte zu haben. Allerdings ist die Stelle nicht ganz eindeutig. Bultmann folgert jedoch aus ihr (und meint dabei sogar, Paulus auf seiner Seite zu haben), dass die Lehre des irdischen Jesus für die christliche Theologie wenig wichtig ist. Seine Gesamtdarstellung des NT beginnt mit dem Satz[14]: »Die Verkündigung Jesu gehört zu den Voraussetzungen der Theologie des NT und ist nicht ein Teil dieser selbst.«

Das Ergebnis des Einflusses, den die Exegese Bultmanns ausübte, war das fast allgemeine Verschwinden von Veröffentlichungen über den historischen Jesus. Werner Georg Kümmel stellt im Rückblick fest[15], dass seit dem Ende des 1. Weltkrieges bis in die Mitte der 50er Jahre des 20. Jahrhunderts die Jesusforschung in Deutschland »stark zurückgetreten, freilich keineswegs ganz aufgegeben worden war«. Das zeigt sich konkret in der Produktion von Jesus-Büchern. Ähnliches kann auch von England gesagt werden. Eine gewisse Ausnahme stellen die USA dar.

2) Die »neue Frage« nach dem historischen Jesus
In den 50er Jahren des 20. Jahrhunderts änderte sich die Situation grundlegend. Den Anfang einer neuen Suche nach dem historischen Jesus kann man ansetzen mit dem berühmten Vortrag »Das Problem des historischen Jesus«, den der Bultmannschüler Ernst Käsemann am 20. Oktober 1953 auf der Tagung »alter Marburger«, d.h. vor Schülern und theologischen Mitstreitern Bultmanns, der in Marburg dozierte, in Ingenheim gehalten hatte[16]. Die Position Bultmanns, die in gewisser Weise einen Befreiungsschlag gegenüber der Liberalen Leben-Jesu-Forschung darstellte, hatte zwei Probleme. Einerseits gestand Bultmann durchaus zu, dass die nachösterliche Christologie, also die Art und Weise, wie die Jüngergemeinde Jesus im NT deutete, durchaus einen (für ihn »impliziten«) Anhalt daran gefunden hatte, wie der irdische (und historische) Jesus durch sein Auftreten und seine Verkündigung und zumal durch seinen Anruf an die Jünger zu einer Entscheidung ihm gegenüber eine bestimmte Vollmacht zum Ausdruck gebracht hatte. Allerdings maß er diesem »historischen« Phänomen keine wesentliche Bedeutung zu. Andererseits unterschied er (damit zusammenhängend) zwischen einer sachlichen und einer historischen Kontinuität der Verkündigung Jesu und des Christuskerygmas. Die sachliche Kontinuität bestehe darin, dass beide vor die Entscheidung stellen und eine neue Existenz ermöglichen. Da ein unmittelbarer Zugang zu den historischen Fakten nicht möglich sei und die wenigen historischen Kenntnisse, die wir von der Verkündigung Jesu haben, in mythologischer Sprache überliefert seien, die sowieso »entmythologisiert« werden müsse, sei eine historische Kontinuität nicht möglich. Sie ist nach Bultmanns Meinung aber auch nicht notwendig. Die sachliche Kontinuität genüge durchaus. Sie erwachse daraus, dass der heute Glaubende durch die Annahme des Christuskerygmas in Gewährung und Aneignung zu einem neuen Selbstverständnis komme.

Ernst Käsemann hat dieser Unterscheidung zwischen sachlicher und historischer Kontinuität entschieden widersprochen. In der Tat ist nicht recht einsichtig, wie die eine ohne die andere erreichbar und vor allen Dingen auch in einer kommunizierbaren Weise (1 Petr 3,15) begründbar ist. Der Anstoß, den Käsemann gab, verdichtet sich in drei Themen.

- Die alte Liberale Leben-Jesu-Forschung hat den historischen Jesus in einem radikalen Gegensatz zu der Verkündigung der frühen Jüngergemeinde und der Kirche gesetzt. Die »neue« Forschung geht von der Verkündigung des NT und der Kirche aus und fragt, ob die Aussagen zum auferstandenen und erhöhten Christus einen Anhalt oder Grund im Auftreten und in der Lehre des historischen Jesus haben. Diese »Rückfrage nach dem historischen Jesus« nimmt das neutestamentliche Zeugnis ernst, das sich durchgängig auf eine irdische Gestalt beruft und in allen Evangelien von ihr erzählt. Die Identität des irdischen Jesus und des auferweckten/erhöhten Herrn bzw. Christus ist in *allen* neutestamentlichen Schriften vorausgesetzt. Paulus hat aus dieser Gleichsetzung eine Kurzformel des christlichen Glaubens gemacht (Röm 10,9: »Wenn du mit deinem Mund bekennst: ›Jesus ist der Herr‹ und in deinem Herzen glaubst: ›Gott hat ihn von den Toten auferweckt‹, so wirst du gerettet werden«).
- Es wächst die Zuversicht, dass ein historisch-kritisch gesicherter Grundbestand der Jesus-Überlieferung gefunden werden kann. Ernst Käsemann war der Meinung, dass dieses historische Fundament vor allem durch den religions- und traditionsgeschichtlichen Vergleich des überlieferten Jesus-Stoffes gefunden werden könne. Das ist das bekannte »Differenzkriterium« bzw. das »Kriterium der Unähnlichkeit«. Im Grunde war das ein Kriterium, das schon Bultmann benutzt hatte. Er hatte es allerdings nur auf die »Logien«, d.h. kurze Redepassagen, angewandt, um das Charakteristische der Verkündigung Jesu herauszuarbeiten. Für Bultmann waren diejenigen »Logien« der Rede-Überlieferung auf Jesus zurückzuführen, die sich nicht auf Volksweisheit und -frömmigkeit und auf Traditionen der Schriftgelehrten, der rabbinischen Zeit und der jüdischen Apokalyptik zurückführen ließen. (Zusammengefasst heißt das allerdings: All das ist unzweifelhaft jesuanisch, was sich nicht auf das zeitgenössische Judentum gründen lässt. Jesus wird also radikal von seiner jüdischen Herkunft getrennt.) Käsemann hat das Kriterium Bultmanns auf die Evangelienüberlieferung insgesamt ausgeweitet.

- Das Christuskerygma des NT beschreibt ihn mit christologischen Titeln wie Menschensohn, Messias oder Sohn Gottes. In der Liberalen Leben-Jesu-Forschung war es zu keinem Konsens darüber gekommen, welche dieser Titel Jesu auf sich selbst bezogen und in welchem Sinn er sie selbst verstanden hatte, wenn daran festgehalten wurde, dass sie Bestandteil seiner eigenen Verkündigung waren. Die Forschung der Nach-Bultmann-Zeit konzentrierte sich auf die Untersuchung seines Auftretens und seiner Verkündigung, um zu entdecken, ob eventuell ein impliziter christologischer Anspruch von ihm erhoben wurde, so dass die nachösterliche Christologie verständlich gemacht werden konnte[17]. Bultmann selbst hatte ja von einer impliziten Christologie in Jesu Auftreten und Verkündigung im Blick auf den Ruf zur Entscheidung seiner Person gegenüber gesprochen. Seit den 50er Jahren des 20. Jahrhunderts beschreiben die Autoren jeweils Merkmale des Verhaltens und der Predigt Jesu, die sie für historisch halten und die ihn besonders auszeichnen.

Ernst Käsemann (Der Ruf der Freiheit, Tübingen [5]1972) nennt die Gesetzeskritik Jesu, die die Fundamente *aller* antiken Religiosität und *jedes* religiösen Rituals und Formalismus in Frage stellt. Jesus verkünde den »Ruf der Freiheit«.

Günther Bornkamm (Jesus von Nazareth, Stuttgart 1956; [15]1995) hebt die Unmittelbarkeit und Souveränität Jesu hervor, durch die er sich von den zeitgenössischen Strömungen der Apokalyptik und der Kasuistik der Gesetzeslehrer unterscheide. »Jeder Rabbi ist Exeget der Schrift. Dies gibt seinem Amt Autorität, die sich am vorgegebenen Buchstaben der Schrift und der nicht minder autoritativen Auslegung der ›Väter‹ auszuweisen hat. So ist ihre Autorität immer eine abgeleitete. Jesu Lehre dagegen ist niemals nur die Auslegung eines autoritativ vorgegebenen heiligen Textes, auch da nicht, wo Schriftworte zitiert werden. Immer ist die Wirklichkeit Gottes und die Autorität seines Willens unmittelbar da und wird so zum Ereignis. Diese Unmittelbarkeit, mit der er lehrt, hat im zeitgenössischen Judentum keine Entsprechung. Sie gilt in solchem Maße, dass er an dem unmittelbar gegenwärtigen Willen Gottes sogar den Wortlaut des Gesetzes zu messen wagt.«

Ernst Fuchs (Die Frage nach dem historischen Jesus, in: Zeitschrift für Theologie und Kirche 53 [1956] 210–229) sieht als hervorstechend und unterscheidend in Jesu Verhalten die Inanspruchnahme der Liebe Gottes für die Sünder. Das drücke Jesus auch durch die Gleichnisse aus.

Herbert Braun (Der Sinn der neutestamentlichen Christologie, in: Zeitschrift für Theologie und Kirche 54 [1957] 341–377) meint, dass in Jesus auf paradoxe Weise zwei scheinbare Gegensätze vermittelt und zur Einheit gebracht werden, nämlich die radikalisierte Tora, also das jüdische Gesetz, und die radikale Gnade.

Gerhard Ebeling (Jesus und Glaube, in: Zeitschrift für Theologie und Kirche 55 (1958) 64–110) hebt besonders »Jesu Glauben« hervor. Dieser Glaube gebe ihm Teilhabe an Gottes Allmacht. »Alles ist möglich dem, der glaubt.« Das Ganze gemahnt sehr an Martin Luther, wenn Ebeling (unter Bezug auf Mk 5,36) schreibt: »allein der Glaube ... vermag zu heilen, zu retten: monon pisteue« (deutsch: glaube nur)!

Diese »neue« Frage nach dem historischen Jesus hatte ein herausragendes Interesse. Sie war bestrebt, die Besonderheit Jesu deutlich zu machen und dadurch ein Verständnis dafür zu ermöglichen, wie der Prozess der Christologisierung beginnen konnte. Das Problem dieses Ansatzes war allerdings, dass das Spezifikum Jesu durch Abgrenzung gefunden wurde. Jesus war dort besonders er selbst, wo er der frühchristlichen Gemeinde (einschließlich später als »häretisch« ausgegliederter Gruppen) und dem Judentum entgegenstand. Gegen diesen Trend bildete sich eine Bewegung heraus, die für das 20. Jahrhundert entscheidende Markierungen gesetzt hat, nämlich die jüdische Beschäftigung mit Jesus. Pinchas E. Lapide hat festgestellt, dass von etwa 1950 bis 1976 im Judentum mehr Bücher über Jesus veröffentlicht wurden als in den vorausgehenden Jahrhunderten zusammen. Er spricht von einer »Jesuswelle« und nennt 187 hebräische Veröffentlichungen seit der Staatsgründung Israels[18]. Jesus wird allerdings schon früher von jüdischen Autoren als Jude entdeckt.

Zu den ersten jüdischen Jesusforschern gehört Claude Goldsmid Montefiore (The Synoptic Gospels, 2 Bände, London 1909; ²1927). Er vergleicht Jesus mit den großen jüdischen Propheten. Die alten Propheten hätten sich gegen den Opferkult gewandt, insoweit er sich auf die äußerliche Erfüllung von Regeln und Vorschriften beschränkte. Ähnlich kritisiere Jesus formalisierte und veräußerlichte Riten (Sabbat, Speisegebote, Reinheitsgebote). Er spreche von der kommenden Gottesherrschaft und dem Gericht, dass ihr vorausgehe. In prophetischer Manier, in der sich Jesus zunächst verstanden habe (nach Montefiore kam Jesus erst allmählich zu der Einsicht, dass er der Messias sei), habe er ethische Forderungen verkündet, die für ihn die Eintrittsbedingungen zur Gottesherrschaft darstellten. Nach Montefiores Auffassung hat Jesus keine neue Religion gründen wollen. Das war schon deswegen für ihn nicht vorstellbar, da er ein Weltende als unmittelbar bevorstehend verkündete. »Er war, und wollte bleiben, ein Jude. ... Er setzte das Werk des Amos, des Hosea und des Jesaja fort. Seine Gottesherrschaft ... war ein reformiertes Judentum.« Montefiore schrieb Jesus ein hohes Maß an Originalität zu. Er hielt ihn auch für einen Propheten.

Joseph Klausner (Jesus von Nazareth. Seine Zeit, sein Leben und seine Lehre, hebräisch Jerusalem 1922; deutsch Berlin 1934; 2. Auflage deutsch Jerusalem 1952) hat eine in jeder Beziehung bahnbrechende Monographie geschrieben. Es ist das erste wissenschaftliche Werk von einem jüdischen Autor, das sich ausschließlich mit Jesus beschäftigt. Die geringe Zahl alter Jesuszeugnisse im Talmud erklärt Klausner mit dem Umstand, dass das frühe Christentum nur wenig in das Bewusstsein des (zeitgenössischen) Judentums getreten sei. Erst später, als das Christentum einflussreicher wurde, hätten sich die Stellungnahmen verschärft. Diese späteren jüdischen Zeugnisse seien aber quellenmäßig nicht als Aussagen über den historischen Jesus, sondern als Ausdruck der jüdischen Reaktion auf die christliche Lehre in den folgenden Jahrhunderten von Bedeutung. In seinem Buch will er ein Grundproblem lösen: Jesus war ein Jude; dennoch bestand seine spätere Gefolgschaft vornehmlich aus Nichtjuden. Warum hat Israel Jesus abgelehnt? In der Überlieferung des jüdischen Talmud (= der Schriften jüdischer Gesetzeslehrer nach 70 n. Chr.) findet Klausner in polemischer Seitenverkehrtheit Hinweise auf Jesu Auftreten, die ihrerseits in den Evangelien in einer positiven Weise gesehen werden. Er nennt insbesondere die Vorwürfe der Zauberei (Jesus hat Wunder gewirkt und Heilungen vollbracht), der Verführung Israels und der Sammlung von (fünf) Jüngern (er hat Menschen an sich gezogen), der Verhöhnung der Worte des Weisen (er hat eine originale Lehre vorgelegt) und der Hinrichtung nach der Art eines Verbrechers (Kreuzigung). Die Talmudüberlieferung einer unehelichen Geburt hält er für unangemessen und unwürdig. Für Klausner kam Jesus durch die Taufe von der Hand des Täufers Johannes zu der Vorstellung, er sei der erwartete Messias. Diese Einsicht habe er allmählich den Jüngern mitgeteilt. Mit dem Einzug in Jerusalem habe er sich auch der Volksmenge geoffenbart. Bis zu seinem Tod blieb Jesus in der Sicht Klausners ein Jude. Das zeige seine Lehre, wie sie in der Bergpredigt überliefert werde. So kommt Klausner zu einem paradoxen Ergebnis: Jesus ist für ihn der Extremste und Jüdischste aller Juden. Er personifiziere ein übersteigertes, radikales Judentum. Mit seinem Plädoyer für den Verzicht auf Besitz, seinen Seligpreisungen für die Armen und der Entgegensetzung des reichen Mannes und des armen Lazarus nähere er sich dem Kommunismus (!). Für das jüdische Denken bedeute Jesus eine große und gefährliche Phantasterei. Im Grunde hat Jesus in Klausners Sicht den nationalen Standpunkt Israels zerstört, weil er durch seine religiös-ethische Perspektive die Grenzen des Nationalgefühls durchbrach. Deswegen musste sich Israel Jesus verweigern. Für den Juden von heute ist nach Klausners Auffassung Jesus nicht Gott oder der Sohn Gottes, aber auch nicht der Messias oder ein Prophet oder ein pharisäischer Rabbi. Er sei ein großer Morallehrer (»ein Lehrer hoher Sittlichkeit«) (auch wenn seine ethischen Vorschriften, die im Angesicht des Kommens des Gottesreiches formuliert werden, nicht genügen, darauf eine Gesellschaft oder eine Kultur zu bauen) und ein Künstler in der Artikulation von Gleichnissen (»ein Gleichnisredner ersten Ranges«).

Einen sehr eigenwilligen, aber immer wieder aufgegriffenen Beitrag lieferte Robert Eisler. Sein Buch mit dem griechischen Titel »Iesous basileus ou basileusas« (2 Bände, Heidelberg 1929.1930), der auf deutsch etwa lautet: »Jesus ein König, der nicht als König geherrscht hat«, greift einerseits auf die These des Reimarus zurück, Jesus habe ein weltliches Königreich gründen wollen. Andererseits radikalisiert Eisler diese Position und kombiniert sie mit einer psychischen Entwicklungshypothese. Zunächst habe Jesus in der ersten Hälfte seines Lebens eine gewaltfreie Lehre vertreten. Spätestens beim Einzug in Jerusalem habe sich Jesus dann anders präsentiert. Die Tempelreinigung sei der Versuch gewesen, mit Gewalt den Tempel zu besetzen. Die Jesusbewegung steht also in dieser Sicht den Zeloten nahe. Sein Tod sei durch diesen Konflikt mit der römischen Besatzungsmacht verursacht worden. Die These von Eisler wirkt weiter bei dem Sozialisten Karl Kautsky (gest. 1938), der Jesus als sozialrevolutionären »Rebell« gegen das damals herrschende Gesellschaftssystem gezeichnet hat. In den 60er Jahren des 20. Jahrhunderts hat Samuel G. F. Brandon (Jesus and the Zealots. A Study of the Political Factor in Primitive Christianity, Manchester 1967) diese These wiederbelebt mit der Behauptung, Jesus sei ein Revolutionär gewesen, der sich primär gegen die priesterliche Aristokratie gewendet habe. Er sei den Tod eines Zeloten gestorben. Das Markusevangelium habe nach dem Sieg des Titus über die Juden diese politisch gefährliche Erinnerung bewusst vertuschen wollen.

Der bei manchen jüdischen Religionsphilosophen und Literaten des 20. Jahrhunderts (Martin Buber, Schalom Ben-Chorin, Pinchas E. Lapide) nachweisbare Versuch, Jesus als typischen jüdischen Glaubenden und einen Lehrer des Judentums zu reklamieren, der voll und ganz im Rahmen der mosaischen und rabbinischen Gesetzgebung verstanden werden müsse, der diesen Kontext aber auch nie überschritten habe, wird von jüdischen Wissenschaftlern sekundiert. David Flussner (Jesus in Selbstzeugnissen und Bilddokumenten, Hamburg 1968) und Geza Vermes (Jesus the Jew. A Historian's Reading of the Gospels, London 1973) verwerfen aus diesem Vorverständnis eines nur in jüdischen Kategorien zu begreifenden Jesus konsequent alle Erzählungen des NT, die einen Verstoß Jesu gegen das jüdische Gesetz berichten (etwa das Ährenraufen am Sabbat in Mk 2,23–27 oder die Aufhebung des Unterschieds von reinen und unreinen Speisen in Mk 7,15), als nachträgliche Gemeindebildung oder erklären sie als Missverständnis der Überlieferung. Für Flussner ist Jesus ein gesetzestreuer Jude, dessen Verkündigung (das Liebesgebot, die Überwindung des Vergeltungsgedankens, die Erwartung der Herrschaft Gottes) in all ihren Elementen der jüdischen

Tradition entstammt. Vermes situiert Jesus eher in dem charismatisch geprägten Milieu Galiläas, in dem bei Zeitgenossen durchaus Parallelen zu Jesu Auftreten und Lehre zu finden seien.

In diesem Zusammenhang ist auch der bekannte Kommentar von Paul Billerbeck zum NT aus Talmud und Midrasch zu sehen: Hermann L. Strack – Paul Billerbeck, Kommentar zum Neuen Testament aus Talmud und Midrasch, 6 Bde., München 1922–1928 (und weitere Auflagen) (Bd. 1–4), fortgeführt 1956.1961 (Bd. 5–6)[19].

3) Die »dritte Suche« nach dem historischen Jesus
Mit dem Ende der Bultmannschule (einschließlich der Reaktion Käsemanns) beginnt eine neue Phase der Leben-Jesu-Forschung, die bis heute andauert. In der Forschung hat sich für sie der englische Name der »Third Quest« (der »dritten Suche« nach der Liberalen Leben-Jesu-Forschung und dem zweiten »Quest«, der mit Käsemann anfängt) eingebürgert. Dieser neue Ansatz ist vor allem dadurch gekennzeichnet, dass außerbiblische Quellen verstärkt herangezogen werden, um ein Bild Jesu zu gewinnen. In anderen Punkten herrscht eine große Methoden- und Interessenvielfalt. Ein weiterer gemeinsamer Nenner ist, im Unterschied zum »Differenzkriterium« Käsemanns, die Überzeugung, dass Jesus vor allem durch seinen jüdischen Hintergrund verstandlich werde. Man könnte dies ein »historisches Plausibilitätskriterium« nennen: Historisch wahrscheinlich dürfte all dies bei Jesus sein, was im zeitgenössisch-jüdischen Kontext (aber auch im Blick auf die Herausbildung des frühen Christentums) plausibel ist. Folgende Schwerpunkte lassen sich benennen:

Eine Richtung hat ein sozialgeschichtliches Interesse. Ein Initiator dieser Forschung ist wohl Heinz Schürmann (Jesus – Gestalt und Geheimnis, Paderborn 1994). Einflussreich geworden ist Gerd Theißen (Soziologie der Jesusbewegung. Ein Beitrag zur Entstehungsgeschichte des Urchristentums, München 1977; Studien zur Soziologie des Urchristentums, Tübingen 1979). Die Autoren verweisen darauf, dass die »Jesusbewegung« viele Parallelen zu anderen Gruppen im Judentum und in anderen Kulturen aufweist, die ebenfalls auf einen radikalen Wandel der Weltwirklichkeit hoffen. Jedesmal seien diese Gruppen von einer charismatischen Gestalt beherrscht worden, deren Lebens- und Predigtstil Niederschlag gefunden habe im Auftreten der Gemeinschaft, die sich auf diese Person berufen habe. So lassen sich aus dem Leben der urchristlichen Wanderprediger Rückschlüsse ziehen auf die Person Jesu.

Andere Autoren nehmen in christlicher Perspektive die jüdische Jesus-Forschung auf. Es wird darauf hingewiesen, dass es das Anliegen Jesu gewesen sei, das jüdische Volk zu sammeln (Ed P. Sanders, Jesus and Judaism, Philadelphia 1985). Da die ersten Anhänger Jesu nach Ostern Juden gewesen seien, bestehe auch eine größere Identität und Kontinuität zwischen dem irdischen Jesus und dem »kerygmatischen« Christus als z. B. die Liberale Leben-Jesu-Forschung zugestanden habe. Die besondere Stellung Jesu nach Ostern sei nämlich zunächst mit jüdisch-biblischen Bildern beschrieben worden. Eine Extremposition vertritt John D. Crossan (Der historische Jesus, München 1994). Für ihn gehört keines der biblischen Evangelien zu den primären Quellen. Diese ältesten Quellen seien festgehalten in den außerkanonischen, d. h. nicht unter die Bücher des NT aufgenommenen, Schriften, also z. B. die älteste Schicht des Thomas-Evangeliums, das Egerton-Evangelium und das Hebräer-Evangelium. Dazu zählt er noch die Logien-Quelle und eine Rekonstruktion aus dem Petrus-Evangelium. Anerkannt wird zunehmend der historische Wert der (zu rekonstruierenden) Logien-Quelle und des so genannten Thomas-Evangeliums. Eher eine Minderheit stellen Forscher dar, die versuchen, Jesus als einen Prediger zu interpretieren, der keine eschatologischen Vorstellungen, sondern eher hellenistische Lebensweisheit verkündet habe. Die überwiegende Mehrheit der Exegeten teilt immer noch die Meinung von Johannes Weiß, dass Jesus nur von der eschatologischen Vorstellungswelt her verstanden werden könne.

Dieser Überblick hat gezeigt, dass es eine Vielzahl von Jesus-Bildern und Darstellungen des Lebens Jesu gibt. Jede durchgeführte Biographie enthält angesichts dieser Situation ein erhebliches Maß an subjektiver Wahl, der man sich – auch wenn man noch so objektiv, »sine ira et studio« vorgehen will – kaum entziehen kann (Schweitzer!). Gerade in der Darstellung Jesu ist jede Aussage geprägt von einem entschiedenen »erkenntnisleitenden Interesse«. Aber das ist bei

Muhammad, wenn auch nicht so ausdifferenziert, durchaus vergleichbar.

Abriss der Darstellungen Muhammads[20]

Ein biographisches Interesse an der Person Muhammads besteht im Islam schon sehr früh, wenn auch die schriftliche Fixierung erst etwa 125 Jahre nach dem Tod des Propheten beginnt. Vorher gab es mündliche Traditionen, vor allem aus der letzten Dekade des Lebens Muhammads, die manchmal auch als sich widersprechende überliefert wurden, weil man nicht in der Lage war, die historisch richtige zu finden (»Gott weiß es«). Diese frühen islamischen Biographien sind heute noch die Klassiker innerhalb der Darstellung Muhammads im Islam.

Die christlichen Bilder Muhammads lassen sich in drei Gruppen aufteilen, die in etwa auch drei Phasen der christlichen Reaktion auf den arabischen Propheten entsprechen[21]. Die erste Phase ist die polemische Ablehnung, die zweite Phase, die vorsichtig eingeleitet wird von Petrus Venerabilis und in der Aufklärung ihre ersten Vertreter findet, würdigt durchaus Muhammad, aber eben gerade nicht in der Weise, wie er sich selbst verstand, nämlich als religiöser Gesandter Gottes, sondern mit anderen Kategorien, und die dritte Phase nimmt gerade diesen religiösen Anspruch (allerdings in der Regel unter westlich-wissenschaftlichen Maßstäben) ernst. Es finden sich jedoch in der dritten Phase durchaus auch Vertreter der ersten und zweiten Gruppe.

1) Polemische Ablehnung[22]
Im Christentum wurde mit dem Aufkommen des Islam nicht ein wissenschaftlich-historischer Zugang auf Muhammad gesucht. Angesichts der Zeitumstände (einschließlich der Bildungssituation in den christlichen Ländern vom 7. Jahrhundert bis zum Frühmittelalter) war dieser gar nicht möglich. Man muss auch unterscheiden zwischen christlichen Darstellungen, die in muslimischen oder in christlichen Ländern, die sich in Nachbarschaft zu muslimischen Gebieten befanden (wie etwa Byzanz), entstanden sind, und Be-

schreibungen, die in weiter entfernten christlichen Regionen verfertigt wurden. Der ostsyrische Katholikos Timotheos I. (gest. 823) erkennt in einem Glaubensdisput mit einem muslimischen Gesprächspartner Muhammad als einen Propheten im Sinne des AT an, der sich mit Abraham vergleichen lasse. Er habe (wie Abraham das Volk Israel) sein Volk (= die Araber) von der Verehrung der Götzen des Polytheismus zum Glauben an den einen Gott geführt. Bei allen notwendigen Differenzierungen ist allerdings die Grundtendenz der christlichen Reaktion auf den Islam eindeutig. Für manche christliche Autoren in muslimischen Ländern und im byzantinischen Reich, die ein eher pragmatisches Verhältnis zum Islam anstrebten, war der Prophet eine von Gott gesandte Geißel oder Strafe (etwa für die Streitigkeiten der Christen untereinander). Einige dieser Autoren besaßen beträchtliche Kenntnisse des Koran oder der Hadith-Überlieferung, die sie gegen den Islam verwendeten (etwa Sure 33, 36–40 mit dem Bericht, dass Muhammad die Frau seines Adoptivsohnes diesem wegheiratet). Aggressiver wird der Ton in Spanien im 9. Jahrhundert. In diesem Zusammenhang entstehen auch mittelalterliche Muhammadlegenden, die in altfranzösischen Dichtungen (»Chansons de geste«, Heldenlieder) (etwa dem »Rolandlied«, entstanden zwischen 1098 und 1110) ihren literarischen Niederschlag finden und in denen die Muslime geradezu als Polytheisten und als Verehrer eines »Gottes« Muhammad erscheinen. Noch einmal polemisch zugespitzter (wenn auch jetzt in West- und Zentraleuropa zumindest im Blick auf das Gottesbild allmählich historisch und sachlich zutreffender) sind die Darstellungen, die aufgrund der durch die Kreuzzüge entstandenen Kontakte entstehen. Folgende Vorwürfe und Anschuldigungen wurden gegen Muhammad (und den Islam) formuliert: a) Die von Muhammad vorgelegte Lehre sei falsch bzw. eine Verkehrung der Wahrheit. Er habe sich ohne göttliche Ermächtigung selbst zum Propheten gemacht und sei deshalb ein Scharlatan und ein Plagiator jüdisch-christlicher Ideen, die er nicht richtig verstanden habe. Für manche Autoren ist der Islam die Wiederaufnahme der nestorianischen (oder der arianischen) Häresie. Das Fehlen von Wundern, auf die Muhammad sich berufen könne, zeige, dass seine Religion nicht auf Gott zurückgeführt werden könne. b) Der Islam sei eine Religion des Schwertes und der Gewalt, die allein durch menschliche Instrumente ausgebreitet werde, während das Christentum die Religion des Friedens sei, die durch die Kraft des Wortes verbreitet werde. (Es mutet allerdings etwas eigenartig an, dass dieselben Autoren, die zum Kreuzzug gegen den Islam aufriefen, glauben konnten, ihre Religion sei die Religion der Gewaltlosigkeit, die der Gegner aber eine des Schwertes.) c) Ein weiterer Standardvorwurf christlicher Polemik ist die Beschreibung des Islam als einer Religion der sinnlichen Genusssucht und Muhammads als eines Menschen, der die Gesetze der Ethik aufgehoben habe. Als Argumente wurden oft die Vielehe und die (populäre) muslimische Auffassung des Paradieses herangezogen. d) Bei manchen Autoren erschien deshalb Muhammad gar als die Verkörperung des Antichrist. In diesen Zusammenhang gehört der Vorwurf des (absichtsvollen) Betruges und der Täuschung. Noch für Martin Luther in seiner »Heerpredigt gegen die Türken« (1529) war Muhammad (bzw. »der Türke«, d.h. die konkrete Gestalt des Islam im osmanischen Reich) neben dem Antichrist im Westen (= dem Papst) der Antichrist im Osten. Seine Religion sei nichts Eigenständiges, sondern eine Verdrehung jüdischer und christlicher Originale (bzw. ein Abfall vom Christentum), vermischt mit der polytheistischen Urreligion der arabischen Stämme. Unter den christlichen Autoren, die sich in dieser Weise mit Muhammad auseinandersetzen, sind vor allem zu nennen im Osten Johannes Damascenus (gest. vor 754), Bartholomäus von Edessa (im 9. Jahrhundert), Euthymios Zigabenos (11./12. Jahrhundert) (aus Konstantinopel) und (der oströmische Kaiser und spätere Mönch) Johannes Kantazukenos (gest. 1383) und im Westen (der Florentiner Dominikaner) Ricoldus de Monte Crucis (gest. 1320), (Kardinal) Nikolaus von Kues (gest. 1464)[23], (der Dominikaner und Kardinal) Juan de Torquemada (gest. 1468) und Johannes Andreas (der im 15. Jahrhundert in Spanien vom Islam zum Christentum konvertiert war). Dante (gest. 1321) schildert in seinem 28. Höllengesang in der »Göttlichen Komödie« (Divina Commedia) Muhammad im neunten Höllenschlund als »seminator di scandalo e di scisma« in Nachbarschaft zu den Häretikern. Auch in der Reformationszeit finden sich polemische Vorhaltungen gegen Muhammad in allen christlichen Lagern.

Diese christliche Polemik findet einen merkwürdigen Widerhall in der (aufgeklärten) islamischen Welt. Von dem karmatischen Feldherrn Abu Tahir (im 10. Jahrhundert) wird die Äußerung überliefert[24]:

»In dieser Welt haben drei Individuen die Menschen verführt, ein Hirte (= Mose), ein Arzt (= Jesus) und ein Kameltreiber (= Muhammad). Und dieser Kameltreiber ist der schlimmste Falschspieler, der schlimmste Gaukler von den dreien gewesen.«

Daraus entstand dann in der europäischen Aufklärung (Ende des 17. Jahrhunderts, zurückdatiert auf 1598) die polemische Schrift: De tribus impostoribus Anno MDIIC. Von den drei Betrügern 1598, hrsg. und eingel. von Gerhard Bartsch, Berlin 1960. Die These des Pamphletes lautet: Muhammad ist in der Tat ein Betrüger, wie es die christlich-jüdische Polemik behauptet. Aber (gleiches Recht für alle!) viele der Argumente gegen Muhammad treffen auch Mose und Jesus. Deswegen seien alle *drei* Betrüger.

2) Eine neue Sicht: Muhammad als herausragender Mensch[25]
Eine andere Sicht Muhammads zeichnet sich noch sehr in Umrissen ab bei Petrus Venerabilis (im 12. Jahrhundert Abt von Cluny)[26]. Einerseits findet sich bei ihm immer noch Polemik gegen Muhammad (»dieser gottlose, gänzlich verworfene Mensch«), andererseits veranlasst er die erste vollständige lateinische Übersetzung des Koran, die der englische Gelehrte Robert von Ketton verfertigt und 1143 abschließt[27]. An der Schwelle zur Aufklärung finden sich im Christentum die alten Vorbehalte. Der englische Orientalist Humphrey Prideaux, The True Nature of Imposture. Fitly Displayed in the Life of Mahomet, London (1697) [7]1708, erklärt den Islam als bloße Imitation des Christentums und als ein Beispiel dafür, in welche Dummheit *alle* Religionen, das Christentum eingeschlossen, versinken, wenn sie nicht fest auf den Grundlagen der Vernunft stehen. Muhammad wird als Betrüger und Verbrecher gezeichnet. Prideaux stand auch im Abwehrkampf gegen deistische Auffassungen des zeitgenössischen Christentums, die er als Leugnung der Trinitätslehre erkannte. Muhammad war für ihn das Vorbild solcher »deistischer« Lehren. Mit der Diskreditierung des Propheten zielte Prideaux also auch auf seine eigene Zeit.

Diese Einschätzung verkehrt sich dann in der Aufklärung allmählich in ihr Gegenteil.
- Henri (Comte) de Boulainvilliers, La Vie de Mahomet, London 1730, schildert Muhammad geradezu als Vorläufer der Aufklärung. Er habe die These des Deismus vertreten, Gott habe die Welt geschaffen, um sie dann sich selber zu überlassen. Muhammad habe sein Volk zivilisiert und eine »vernünftige« Religion ins Leben gerufen. Im Wesen sei er ein *militärisches* Genie wie Alexander der Große und Julius Cäsar gewesen.
- Voltaire (eigentlich François-Marie Arouet), Essaie sur l'histoire générale et sur les mœurs et l'esprit des nations depuis Charlemagne jusqu'à nos jours, 3 Bde., Genf 1756 (überarbeitet: Amsterdam 1763/1764), verteidigt Muhammad als scharfsinnigen politischen Denker und Begründer einer rationalen Religion (und zeichnet ihn trotzdem als einen zynischen Betrüger[28]). Voltaires Muhammadbild in seinem »Essaie sur les mœurs« ist deutlich von Boulainvilliers abhängig. Er erscheint als Gesetzgeber, Eroberer, Herrscher und Priester in einem und als ein Großer der Geschichte. Damit war in der französischen Aufklärung (und später in der deutschen) Muhammads Reputation (als Aufklärer, Vertreter einer »vernünftigen« Religion ohne Wunder und Aberglauben, Gesetzgeber und Staatsmann) festgeschrieben. Noch Ende des 19. Jahrhunderts zitiert Muhammad Taufiq al-Bakri (gest. 1932), der Führer der mystischen Ordensgemeinschaften in Ägypten, in der programmatischen Schrift »Die Zukunft gehört dem Islam« (arabisch: Kairo 1892) ausführlich Autoren der französischen Aufklärung, um die Fortschrittlichkeit des Islam und seinen Modellcharakter für die künftige Weltzivilisation zu demonstrieren.
- Thomas Carlyle hielt 1840 im Zusammenhang der romantischen (und in England speziell der viktorianischen) Entdeckung der Bedeutung des (großen) einzelnen Menschen für den Verlauf der Geschichte einen öffentlichen Vortrag »Der Held als Prophet«, in dem er Muhammad als *aufrichtig* gläubigen Menschen und als religiöses Genie zeichnete (so hatte ihn auch Goethe in seinem Gedicht »Mahomets Gesang« [1773] gesehen)[29].

- Edward Gibbon, Decline and Fall of the Roman Empire (erschienen zwischen 1776 und 1788; deutsch: Geschichte des allmählichen Sinkens und endlichen Untergangs des Römischen Weltreiches, Leipzig 1862–1863; jetzt Taschenbuchausgabe: Verfall und Untergang des römischen Imperiums. Bis zum Ende des Reiches im Westen, 6 Bde., München 2003) stellt in den Kapiteln 50–52 (mit dem Titel: »Der Sieg des Islam«) Muhammad ebenfalls als Gesetzgeber und Gründer eines Weltreiches dar. Er sei ein eigenständiges und herausragendes Genie der Religion und der Ethik gewesen, dessen historische Größe darin liege, dass er den arabischen Stämmen den strengen Monotheismus überliefert habe, der in der Geschichte des Islam in der von Muhammad proklamierten Fassung ursprünglich erhalten geblieben sei. Gibbon ist wohl der erste bedeutende Historiker, der Muhammad in den vom Fortschrittsoptimismus der Aufklärung bestimmten welthistorischen Rahmen einordnet.

3) Die wissenschaftliche Beschäftigung

Die wissenschaftliche Auseinandersetzung mit Muhammad – fern von der Genie- oder Heldenverehrung des 19. Jahrhunderts – ist dann das Ergebnis der 2. Hälfte des 19. Jahrhunderts und vor allem des 20. Jahrhunderts. Die erste historisch-kritische Darstellung Muhammads ist: Gustav Weil, Mohammed der Prophet, sein Leben und seine Lehre, aus handschriftlichen Quellen und aus dem Koran geschöpft und dargestellt, Stuttgart 1843. Die moderne westliche Leben-Muhammads-Forschung erhielt auch einen wesentlichen Impuls durch die Herausgabe der Biographie von Ibn Ishaq (in der Bearbeitung von Ibn Hisham) im Jahr 1858, die der Orientalist Ferdinand Wüstenfeld verantwortet hatte (Kitab sirat rasul, hrsg. v. Ferdinand Wüstenfeld, Göttingen 1858; Nachdruck: Frankfurt 1961). Hilfreich zum Verständnis des Neuansatzes ist die Schilderung der Situation des Mittelalters (und der frühen Neuzeit), die Richard W. Southern vorgelegt hat[30]. Er beschreibt auf der einen Seite den Hintergrund, von dem sich die Forschung des 19. und 20. Jahrhunderts dann absetzt, macht aber andererseits durch Querverweise immer wieder deutlich, wie sich manche Themen früherer

Jahrhunderte auch in der Gegenwart noch halten und aufgegriffen werden. Gustav Pfannmüller hat einen Überblick über die christliche Muhammad-Literatur von der Frühzeit bis zur Zeit des Ersten Weltkrieges zusammengestellt[31]. Eine knappe Skizze der wichtigsten Werke, die die kritische Muhammad-Forschung seit Gustav Weil maßgeblich beeinflusst haben, gibt Hartmut Bobzin[32].

Unter den neueren Arbeiten im 20. Jahrhundert sind vor allem zu nennen[33]:

a) Frants Buhl, Das Leben Muhammeds, Leipzig 1930 (Nachdruck: Darmstadt ³1961):
Der dänische Forscher verfasste seine Monographie zuerst 1903. 1930 erschien sie in deutscher Übersetzung. Besonders hervorzuheben ist die ausführliche Einleitung, in der die arabische Umwelt des Propheten und die Vielgestaltigkeit der muslimischen Überlieferung vorgestellt werden.

b) Tor Andrae, Mohammed, sein Leben und sein Glaube, Göttingen 1932 (Nachdruck: Hildesheim 1977):
Es handelt sich um eine Studie aus dem Schwedischen, die auch ins Italienische (1934), Englische (London 1936; New York 1958) und Französische (1945) übersetzt wurde. Der Verfasser versucht, Muhammad (religions-)psychologisch und (religions-)geschichtlich zu verstehen. Er weist auf zahlreiche Verbindungen zum syrischen Asketentum hin.

c) Régis Blachère, Le Problème de Mahomet. Essai de biographie critique du fondateur de l'Islam, Paris 1952:
Er zeigt die Problematik vieler in der populären Muhammaddarstellung rezipierten und vorgetragenen Aussagen durch Hinweise auf die Forschungssituation und die unbefriedigende Quellenlage auf. Patricia Crone – Michael Cook, Hagarism. The Making of the Islamic World, Cambridge 1977, haben diese Sichtweise zu der provokanten Forderung zugespitzt, eine Rekonstruktion der Entstehung des Islam ausschließlich aufgrund außerislamischer Quellen vorzunehmen.

d) William Montgomery Watt: Muhammad at Mecca, Oxford 1953[34]; Muhammad at Medina, Oxford 1956[35]:
Der Autor geht von der Überzeugung aus, dass das reiche muslimische Quellenmaterial zu großen Teilen zuverlässig sei. For-

mal bemerkenswert ist, dass das erste Buch 192 Seiten und das zweite 418 Seiten umfasst. Das entspricht auch der Quellenlage. Beide Werke wurden in weiteren Auflagen herausgegeben.

e) Maurice Gaudefroy-Demombynes, Mahomet, Paris 1957:
Der Verfasser hat eine sehr umfängliche Arbeit (rund 700 Seiten) geschrieben. Der gesellschaftlich-religiöse Hintergrund wird sehr knapp skizziert. Ausführlich werden Leben und Lehre dargestellt.

f) Maxime Rodinson, Mohammed, Luzern 1975 (Paris 1961; London 1988):
Eine ursprünglich auf Französisch verfasste Arbeit, die im Deutschen manchmal an ihrer Übersetzung leidet. Rodinson stellt Muhammad als einen vielschichtigen, widersprüchlichen Menschen dar, der die Welt verwandelt hat. Er konzentriert sich vor allem auf den Politiker und Staatsmann und interessiert sich (als bekennender Atheist) besonders für die Einordnung des Propheten in die soziale Entwicklung Arabiens.

g) Rudi Paret, Mohammed und der Koran. Geschichte und Verkündigung des arabischen Propheten, Stuttgart (1957) ⁹1985:
Paret hat ein hilfreiches Studienbuch geschrieben, das mehrere Auflagen erfahren hat.

h) Karen Armstrong, Muhammad. Religionsstifter und Staatsmann (englischer Originaltitel: Muhammad. A Western Attempt to Understand Islam, London 1991), München 1993[36]:
Es handelt sich um eine sehr populär gehaltene Darstellung, die leicht lesbar, wenn auch wissenschaftlich kaum zitierbar ist. Die Autorin hat ein gewisses Ressentiment gegen ihre eigene christlich-katholische Herkunft und stellt Muhammad als komplexen, leidenschaftlichen Menschen dar, der eine Religion des *Friedens* (Islam = Ergebung in den Willen Gottes) (im Gegensatz zum Christentum) propagiert habe.

i) Adel Theodor Khoury, Wer war Muhammad? Lebensgeschichte und prophetischer Anspruch (HerTB 1719), Freiburg 1990:
Eine um Sachlichkeit bemühte knappe Darstellung!

j) Hartmut Bobzin, Mohammed, München 2000:
Der ausgewiesene Kenner der Koranforschung und der Rezeptionsgeschichte des Islam in Europa behandelt nicht nur das

Leben Muhammads, sondern auch die Geschichte der abendländischen Muhammaddarstellung und -forschung.

Das Leben Jesu

Das Problem, das die Autoren der ersten Phase der Leben-Jesu-Forschung sahen, lag in der von ihnen unterstellten Differenz zwischen dem »wirklichen« Jesus von Nazaret und der kirchlich-dogmatischen Darstellung seiner Person in der Christentumsgeschichte. In der Konsequenz entfalteten sie allerdings ein Jesusbild, das sich dem kritischen Beobachter als eine Projektion des 19. Jahrhunderts (mit seinen Wertvorstellungen und Idealen) präsentiert und kaum noch etwas mit dem historischen Jesus zu tun hat. Für die Autoren des NT und für die glaubenden Christen aller Zeiten ist die Identität des historischen Jesus mit dem Christus des Glaubens die Zusammenfassung (und die Kurzformel) ihres Glaubensbekenntnisses. Aus diesem Grund ist die historisch-kritische Vergewisserung über die Fakten des Lebens des irdischen Jesus *ein* wesentlicher (aber eben beileibe nicht der einzige) Inhalt des christlichen Glaubens. Diese Vorbemerkung scheint vielleicht wichtig, wenn manchem Leser bzw. mancher Leserin die knappe Auflistung der historisch wohl gesicherten Fakten des Lebens Jesu zu wenig die von allen christlichen Quellen und nicht zuletzt von den Jüngern und Jüngerinnen Jesu selbst bezeugte überwältigende Überzeugungskraft und Wirkmächtigkeit seiner Persönlichkeit thematisiert. Die ersten christlichen Märtyrer und Märtyrerinnen sind für eine Christologie (und damit für eine bestimmte Deutung der Person Jesu) und nicht für die Verteidigung historischer Informationen zu seinem Leben gestorben. Aber diese Christologie beruht nach christlichem Verständnis wesentlich auch auf historischen Fakten. Das scheint nach dem Ende der Bultmann-Schule heute wieder ein weitgehender Konsens der christlichen Theologie zu sein. Folgende Punkte können als historisch gesichert gelten:

Nazaret und Galiläa

Jesus hat die weitaus längste Zeit seines Lebens in Nazaret verbracht. In den Evangelien heißt es öfters »der Nazarener« (Mk 1,24; 10,47; 14,67; 16,6; Mt 2,23 u.ö.). Mk 6,1 nennt Nazaret »seine Heimatstadt«. Lk 4,16 (der griechische Text verwendet die seltene Namensform »Nazara«) spricht von ihr als der Stadt, in der Jesus »aufgewachsen war«. Im AT und bei Josephus wird der Ort nicht erwähnt. Er war unbedeutend. Nazaret liegt im Siedlungsgebiet des altisraelitischen Stammes Zabulon. Die nächstliegende größere Stadt war das etwa 6 km entfernt liegende Sepphoris, eine hellenistisch-jüdische Stadt, deren Bevölkerung zu Beginn des jüdisch-römischen Krieges die Römer unterstützte. In den Evangelien wird Nazaret eine polis (griechisch: Stadt) genannt (Mt 2,23; Lk 1,26 u.ö.). Das sagt allerdings noch nichts über die Größe aus. Es besaß auch eine Synagoge (Mk 6,2). Für das Zustandekommen einer Synagogengemeinde waren mindestens zehn Männer notwendig. Aus der Auskunft, dass in Nazaret eine Synagoge war, lässt sich also nicht schließen, dass es eine bedeutende Wohnbevölkerung beherbergte.

Für die anfängliche Einschätzung Jesu war bedeutsam, dass Nazaret in Galiläa lag, also nicht im jüdischen Kernland. Der Prophet Jesaja (Jes 8,23) nennt es noch das »Galiläa der Heiden«. 105–104 v.Chr. wurde es von den Makkabäern erobert und allmählich wieder rejudaisiert. Zur Zeit Jesu stand es unter starkem hellenistischen Einfluss aufgrund heidnischer Städte in seiner Nachbarschaft und in seinem Inneren. Offensichtlich gab es aber auch eine ziemliche Spannung zwischen der hellenistisch-jüdischen Stadtbevölkerung und der traditionell-jüdischen Landbevölkerung, die ihre Existenz am Rande des jüdischen Kernlandes eher als bedroht empfand. Im Kernland selbst wurden die Juden aus Galiläa abschätzig beurteilt. Das Johannesevangelium lässt das noch erkennen. Der »echte Israelit« Natanael reagiert spontan, als ihm Philippus erzählt, Jesus aus Nazaret sei der, »über den Mose im Gesetz und auch die Propheten geschrieben haben«, also der Messias (Joh 1,46): »Aus Nazaret? Kann von dort etwas Gutes kommen?« Der Pharisäer Nikodemus muss sich im Hohenrat belehren lassen: »Lies doch nach: Der Prophet kommt nicht aus Galiläa« (Joh 7,52).

Jesus war der erstgeborene Sohn der Maria. Die Frauen der damaligen Zeit wurden mit zwölf bis dreizehn Jahren verheiratet, die Männer waren im Durchschnitt etwa acht Jahre älter. Das wird wohl auch für Josef zutreffen. Josef wird in den Evangelien nur innerhalb der Kindheitsgeschichten erwähnt. Die Vermutung, dass er früh verstarb, hat einiges für sich. Maria könnte dann mit ihrem Sohn in eine andere Familie der Verwandtschaft aufgenommen worden sein, wie dies vergleichbar nach dem frühen Tod des Vaters Muhammads mit seiner Mutter und ihm geschah. Die Namen der vier »Herrenbrüder« Jakobus, Joses bzw. Josef, Judas und Simon (Mk 6,3; Mt 13,55), samt und sonders die Namen jüdischer Patriarchen, lassen auf eine Familie schließen, die im jüdischen Glauben verwurzelt ist. Sind die »Herrenbrüder« leibliche Brüder? Mk 6,3 und Mt 13,56 reden auch von »Schwestern« (nur hier im NT). Helvidius, ein gebildeter Laie in Rom, der sich auf Tertullian (gest. nach 220 n. Chr.) berief (und in dieser Frage eine Kontroverse mit Hieronymus ausfocht), war in einer um 380 verfassten Streitschrift der Meinung, dass dies so sei. In der griechischen Patristik (mit Klemens von Alexandria, Origenes, Epiphanius von Salamis), die auch im Westen (Hilarius von Poitiers, Ambrosius) einen Niederschlag findet, kam die These auf, es handle sich um Kinder Josefs aus einer früheren Ehe. Diese Information stammt aus dem so genannten Protevangelium des Jakobus und aus der (späteren, wohl um 400 in Ägypten entstandenen) »Geschichte von Josef dem Zimmermann«. In der Ostkirche ist diese Erklärung heute noch verbreitet. Seit Hieronymus hat sich in der katholischen Tradition die Auffassung durchgesetzt, dass es sich nicht um Söhne (und Töchter) Marias gehandelt habe, sondern um Cousins (und Cousinen) Jesu. Jesus und seine Mutter seien nach dem Tod Josefs in den größeren Sippenverband aufgenommen worden. Von der Bedeutung des griechischen Wortes »adelphos« (Bruder, Blutsverwandter, Nächster) her ist das durchaus möglich. Andererseits gibt es jedoch ein eigenes griechisches Wort für Cousin. Die Gleichsetzung Bruder = Cousin ist im Aramäischen schon deswegen denkbar, da ein entsprechendes aramäisches Wort für Vetter fehlt[37].

Über die Zeit in Nazaret schweigen sich die Evangelien aus. Im Alltag übte Jesus einen Beruf aus. Für seinen Beruf und den Beruf

Josefs wird dasselbe griechische Wort verwendet: »tekton«. Mk 6,3: »Ist dieser nicht der tekton?« Mt 13,55: »Ist dieser nicht der Sohn des tekton?« Lk hat keine Berufsbezeichnung. Was ist ein »tekton«? In der griechischen Übersetzung des AT (Septuaginta) und im klassischen Griechisch ist »tekton« allgemein die Bezeichnung eines Handwerkers (und nicht bloß des Zimmermanns), der v. a. Häuser baut, aber auch die dazu notwendigen Werkzeuge herstellt. Da Nazaret in unmittelbarer Nachbarschaft zu der hellenistisch geprägten Stadt Sepphoris liegt, die von Herodes Antipas (4 v. – 39 n. Chr.) bis 19 n. Chr. zu seiner Hauptstadt ausgebaut wurde, wird darüber spekuliert, ob nicht Jesus durch seinen Beruf in Kontakt mit der hellenistischen Kultur geraten war. Historisch sicher wissen wir dazu nichts.

Wie lange lebte Jesus in Nazaret? Nach Mt 2 (vgl. Lk 1,5) fällt die Geburt Jesu in die Regierungszeit des Königs Herodes (des Großen) und des Kaisers Augustus (Lk 2,1). Augustus hat von 27 v. – 14 n. Chr. geherrscht. Herodes allerdings ist 4 v. Chr. gestorben. Wenn die Angabe stimmt, dass Jesus während der Regierungszeit des Herodes geboren wurde, dann hat sich der Mönch Dionysius Exiguus verrechnet, als er im Jahr 525 auf Geheiß von Papst Johannes I. den Ostertermin festlegte und für die Geburt Jesu das Jahr 753 nach der Gründung Roms (»ab urbe condita«) festgelegt hatte. Wie weit in Mt 2 historische Erinnerungen an außergewöhnliche Sternenphänomene (7 v. Chr. wurde dreimal eine große Konjunktion von Jupiter und Saturn im Sternzeichen der Fische beobachtet; chinesische Astronomen berichten in Aufzeichnungen von dem Erscheinen eines Kometen, der für längere Zeit gesehen wurde, im März 5 v. Chr. und im April 4 v. Chr.) verarbeitet sind, wird diskutiert. Das genaue Geburtsjahr Jesu lässt sich nicht eindeutig ermitteln, aber ein Termin in den letzten Regierungsjahren des Herodes ist historisch nicht unwahrscheinlich.

Nach Lk 3,1 tritt Johannes der Täufer »im 15. Jahr der Regierung des Kaiser Tiberius« auf. Das wäre, je nachdem wie man rechnet, zwischen dem 1. Oktober 27 bis Ende September 28 (das neue Jahr im römischen Kalender begann jeweils am 1. Oktober) oder vom 19. August 28 bis 18. August 29 (Tiberius hat den Thron am 19. August 14 bestiegen). Tiberius war allerdings (wohl seit Oktober

12) schon drei Jahre Mitregent des Augustus, aber nur im Osten des römischen Reiches. Wenn man diese Zeit mitzählt, käme man sogar auf das Jahr 26 als den Beginn der Predigt von Johannes dem Täufer. Allerdings wäre eine solche Zählung, die die Jahre der Mitregentschaft als Regierungszeit rechnet, eher ungewöhnlich. Das Datum, das Lk 3,1 bietet, ist deshalb interessant, weil Lk 3,21 das Auftreten des Täufers Johannes in zeitlichem Zusammenhang mit dem Beginn des öffentlichen Wirkens Jesu sieht. Vom Beginn der Tätigkeit Jesu hören wir, dass er bei seinem ersten öffentlichen Auftreten »etwa 30 Jahre« alt war (Lk 3,23). Die Angabe kann theologisch motiviert sein. In 2 Sam 5,4 ist David, der Prototyp des Messias, 30 Jahre alt, als er König wurde. Auch andere biblische Personen wie Josef (Gen 41,46) und Ezechiel (Ez 1,1) beginnen im Alter von 30 Jahren ihre »öffentliche« Laufbahn. Das Johannesevangelium, das wohl unhistorisch an den Beginn der öffentlichen Wirksamkeit Jesu die Tempelreinigung stellt, lässt die Juden davon sprechen, dass am Tempel nun 46 Jahre gebaut worden sei (Joh 2,20). Josephus berichtet, Herodes habe den Tempel in seinem 18. Jahr, d.h. 20 oder 19 v.Chr., begonnen. Die Episode, von der Joh 2,13–22 erzählt, hätte dann 27 oder 28 stattgefunden. (Allerdings hat Josephus auch eine zweite, vielleicht im Überlieferungsprozess verdorbene Notiz, dass der Tempelbau im 15. Jahr des Herodes begonnen habe.) Man liegt jedenfalls nicht falsch, wenn man annimmt, dass Jesus, der nach Johannes dem Täufer in der Öffentlichkeit auftrat, zu Beginn seiner öffentlichen Tätigkeit etwa Anfang bis Mitte der 30 war.

Die Zeit für die öffentliche Predigt Jesu ist kurz. Das Johannesevangelium erwähnt mindestens drei Passahfeste (Joh 2,13; 6,4; 11,55), vielleicht sogar ein viertes (Joh 5,1). Es scheint also einen Zeitraum der öffentlichen Wirksamkeit Jesu von etwa drei Jahren vorauszusetzen. Die Synoptiker scheinen mit nur einem Jahr (ein Passahfest) zu rechnen. Der Mittelpunkt der Predigt und des Wirkens Jesu lag in Galiläa, genauer am Nordufer des Sees Gennesaret. Wichtige Orte, in denen er agiert, sind Kapernaum, Magdala, Chorazim und Betsaida, die sich allesamt in der Nähe dieses Sees befinden. Andere Orte, an die in der historischen Erinnerung, soweit sie aus den Synoptikern rekonstruierbar ist, bestimmte Aussagen oder Handlungen von ihm gebunden sind, liegen ebenfalls in Galiläa

(Nazaret, Kana) oder in der unmittelbaren Nachbarschaft (Tyros, Sidon, Caesarea Philippi, Dekapolis). Am Ende seines Lebens zogen Jesus und seine Jünger nach Jerusalem, wo sich einige wenige dramatische Situationen abspielen. Verschiedene Ortsnamen und Plätze in und bei Jerusalem werden genannt. Es ist historisch recht sicher, dass sich mit Namen wie Betfage und Betanien (Mk 11,1), mit dem Ölberg (Mk 13,3), mit Getsemani (Mk 14,32), mit dem Prätorium (Amtssitz des römischen Präfekten) des Pilatus (Mk 15,16) und Golgata (Mk 15,22) konkrete Erinnerungen verbinden. Jesu eigentliches Wirkfeld ist nicht Nazaret, sondern das Gebiet am West- und Nordufer des Sees Gennesaret, ein Wohnort von Bauern und Fischern.

Verkündigung und Wunder

Jesus war kein ausschließlicher Verkünder des reinen Wortes. Neben seinem Predigen und seinem Vergebungszuspruch, stehen 1) sein eigentümlicher Umgang mit den Menschen, speziell seine Mahlgemeinschaften, und 2) sein Helfen und Heilen. Wir sprechen im zweiten Fall von Wundern. Dass Jesus »Wunder« gewirkt hat, kann wohl nicht bestritten werden. Schon Kelsos hat darauf hingewiesen, dass Jesus damit (nach dem Verständnis der damaligen Zeit) eigentlich nichts Besonderes getan hat. Das erste Jahrhundert ist eine Zeit, in der generell Thaumaturgen (Wunderheiler und -täter) verstärkt auftreten. Man spricht von einer »Renaissance des Wunderglaubens« (Gerd Theißen). Im Hellenismus knüpft man an Pythagoras an, von dem Wunder überliefert waren. In dieser Tradition steht Apollonios von Tyana (ca. 3–97 n.Chr.). Im Judentum waren die Propheten Elia und Elischa als Thaumaturgen bekannt. Simon Magus in Samaria wird in der Apg erwähnt (Apg 8,9). Später ist die Rede von zwei wundertätigen Rabbinen, Hanina ben Dosa (gest. 100 n.Chr.) und Eliezer ben Hyrkanos (gest. 130 n.Chr.). Was Jesus und in welcher Weise er es konkret getan hat, ist schwierig historisch auszumachen. Er hat sicher nicht als regelmäßiger Wunderheiler gewirkt. Der Akzent liegt woanders. Vielleicht hat er auch insgesamt sehr wenig Wunder getan. Aber so schwierig das für uns heute vielleicht ist: Es scheint historisch, aus den Evangelien *und* aus der jüdischen (Talmud!) und heidnischen Polemik (Kelsos!), festzustehen, dass er einige unerklärliche Handlungen vollbracht hat (»Wunder«) *und* dass er Exorzismen vollzogen hat. Der Unterschied der Wunder Jesu in den Evangelien zu allen anderen zeitgenössischen Wundergeschichten ist, dass sie in den (synoptischen) Evangelien mit dem Glauben an *ihn* verbunden sind. Auch das scheint eine historische Information zu sein. Wir hören nämlich zweimal davon, dass Jesus dort Wunder nicht wirken kann, wo dieser Glaube fehlt. Die entsprechenden Berichte finden sich in Mk 6, 1–6a: Ein erfolgloses Auftreten Jesu in Nazaret, und Mk 8, 11–13: Die Forderung nach einem unwiderleglichen Zeichen, die von *Gegnern* erhoben wird, und die Jesus abschlägt.

Jünger und Nachfolge

Jesus hat eine Gruppe von Menschen um sich geschart, einen inneren Kern von Jüngern. Auch das ist nichts Außergewöhnliches in der Zeitgeschichte. Jüdische Schriftgelehrte der Zeit (Hillel, Schammai) sammeln Jünger. Es gibt Philosophenschulen in der Antike. Religionssoziologen von heute vertreten die These, dass es dieser innere Kern, die »Wandercharismatiker«, in besonderem Maße war, der nach dem Tod Jesu die Kontinuität der Jesusverkündigung garantierte. Was ist hier historisch? Die Berufungsgeschichten (Mk 1, 16–20; Mt 4, 18–22; Joh 1, 35–51) sind als »ideale Szene« (Bultmann) gestaltet. Insofern sind sicher auch theologische Motive wirksam geworden. Es fällt auf, dass in diesen Geschichten die Initiative immer bei Jesus liegt. Im rabbinisch-jüdischen Lehrer-Schüler-Verhältnis suchte sich regelmäßig der Schüler einen Rabbi aus, von dem er am meisten zu lernen erhoffte. Es hing dann zwar vom jeweiligen Rabbi ab, ob dieser ihn annehmen wollte, aber den ersten Schritt hatte stets der Schüler zu tun. Es war auch durchaus üblich zu wechseln. In den neutestamentlichen Berufungsgeschichten beruft stets Jesus. Im AT findet das eine Parallele nur bei den Propheten (Elia beruft den Elischa: 1 Kön 19, 19–21). Wir wissen nicht, ob Jesus für eine begrenzte Zeit allein – ohne Jünger – gewirkt hat. Einige seiner

Jünger gehörten wohl ursprünglich dem Kreis der Johannesjünger an. Den Jüngerkreis hat er in Galiläa gesammelt. Die Jüngerschar pflegte einen eigenen Lebensstil. Es scheint auf Jesus selber zurückzugehen, dass er Mittellosigkeit vorgeschrieben hat (Mk 6, 8–11; Mt 10, 5–15; Lk 9, 2–5; 10, 2–12). Dazu gibt es Parallelen. Buddha, der Fürstensohn, verzichtet auf seinen Besitz und bettelt. Antisthenes, ein Schüler des Sokrates, soll – wird überliefert – nur einen Stab, einen Sack und einen einzigen Mantel besessen haben. Die »Mönche« von Qumran hatten sich zur Armut und zum Verzicht auf persönlichen Besitz verpflichtet.

Jesus selber hat offensichtlich ehelos gelebt. Alle Versuche, ihn in einer Liaison darzustellen, sind nicht sehr überzeugend. Ehelosigkeit war im zeitgenössischen Judentum (Ausnahme: Qumran) anstößig. Im rabbinischen Judentum wurde ein Eheloser von der Ordination zum Rabbi ausgeschlossen. Von den Jüngern des irdischen Jesus wissen wir, dass Simon (Petrus) in Kafarnaum verheiratet war und dort wohnte. Mk 1, 29–31 berichtet von der Heilung der Schwiegermutter des Simon. Die Lebenssituation der anderen kennen wir nicht. Paulus (1 Kor 9, 5) informiert uns, dass wenigstens einige der Jünger Jesu nach seinem Tod in Begleitung ihrer Frauen auf Missionsreise gingen. Nach dem Bericht der Evangelien umgeben die Jünger als Gruppe das Wirken Jesu. Sie begleiten ihn, werden von ihm ausgesandt, zeigen sich begriffsstutzig und unzuverlässig, und werden deshalb von ihm getadelt (so oft bei Mk), sie sind die besonderen Adressaten seiner Botschaft und werden von ihm ermuntert (so in der Regel bei Lk). Es ist allerdings schwer, über einen einzelnen Jünger und sein Verhältnis zu Jesus etwas auszumachen. Wir haben viele Namen, aber keine deutlichen Gesichter. Zu der Gruppe, die Jesus begleitete, gehörten auch Frauen. In Lk 8, 2 f. haben wir eine Namensliste: »Maria von Magdala, Johanna (die Frau des Chuzas, eines Beamten des Herodes), Susanna ...« Mk 15, 41 und Lk 8, 3 sprechen von vielen anderen. In den Frauenlisten der Evangelien wird jeweils Maria von Magdala an *erster* Stelle genannt (Mk 15, 40; 15, 47; 16, 1; Lk 8, 2; 24, 10). Ihre Person ist allerdings mit einer interpretationsgeschichtlichen Hypothek belastet. Seit Gregor dem Großen wurde sie mit der Sünderin von Lk 7, 36–50 identifiziert und ging als Büßerin in die Liturgie ein. Maria von

Magdala wurde von einer schweren Krankheit befreit, »von sieben Dämonen«. Mit dem Leben einer Sünderin hat das nichts zu tun. Nach dem Bericht von zwei Evangelien war sie die erste, die eine Vision des Auferstandenen hatte (Joh 20, 11–18; Mt 28, 9). Sie stand auch unter dem Kreuz, war also eine außerordentlich wichtige Zeugin des Lebens, Leidens, Sterbens und der Auferstehung Jesu. Magdala ist ein Ort am See Gennesaret; es liegt in Galiläa. Die in den Evangelien erwähnten Frauen, die Jesus begleiten, stammten wohl alle aus Galiläa.

Das gilt auch von weitaus den meisten Jüngern, mit vielleicht wenigen Ausnahmen. Rudolf Schnackenburg hat darüber spekuliert, ob eventuell der »Lieblingsjünger« im Johannesevangelium, der dort nie mit Namen genannt wird und wohl auch nicht einer der Zwölf ist, aus Jerusalem stammte. Dann wäre er einer der ganz wenigen ursprünglichen Jünger und Jüngerinnen Jesu, der nicht aus Galiläa stammt. Eine weitere nicht unwahrscheinliche Ausnahme könnte Judas Iskariot sein. Aber darüber wissen wir zu wenig. Die Stelle Joh 7, 3 (»Zieh nach Judäa, damit auch deine Jünger deine Werke sehen …«) ist als Beleg für einen größeren Anteil von Jüngern und Jüngerinnen aus dem jüdischen Kernland etwas dünn, so lange wir keine Namen wissen. Wenn man genau sein will, dann stammen allerdings Simon Petrus, Andreas und Philippus nicht direkt aus Galiläa, denn Betsaida, ihr Herkunftsort, liegt – östlich des Jordan – knapp außerhalb von Galiläa, in der Gaulanitis (trotz Joh 12, 21, der Betsaida in Galiläa sein lässt).

Die bekannteste Gruppe der Jesusjünger sind die Zwölf. Bei Mk 3, 14; 6, 7; 9, 35; 10, 32; 11, 11; 14, 17: die »Zwölf«, hoi dodeka; bei Mt die zwölf Jünger (Mt 10, 1) oder einmal die zwölf Apostel (Mt 10, 2); bei Lk die zwölf Apostel: Lk 6, 13; 9, 10; 17, 5; 22, 14 – im lukanischen Geschichtswerk wurden sie zu einer Institution, zu der nachgewählt wird (Apg 1, 12–26; vgl. Apk 21, 14). Paulus unterscheidet zwischen den Zwölfen und »allen Aposteln« (1 Kor 15, 5 und 1 Kor 15, 7), offenkundig einer größeren Gruppe. Wann ist der Zwölferkreis gebildet worden? Einige Autoren sagen, der Zwölferkreis sei erst in der nachösterlichen Situation als Gremium der Gemeindeleitung und im Zustand intensiver Parusieerwartung (bis zur Hinrichtung der Söhne des Zebedäus, die in den Apostellisten überliefert werden, der »Zebedaiden«, und der Flucht des Petrus aus Jerusalem) entstanden[38]. Als Beleg für diese These wird angegeben: Die fast völlige Ignorierung der Zwölf in der Logienquelle, ihr frühes Verschwinden aus dem Bewusstsein der christlichen Gemeinden, die Unstimmigkeiten in den neutestamentlichen Namenslisten und die Stelle 1 Kor 15,5, wo von »den Zwölfen« die Rede ist (obwohl nach dem Verrat des Judas und vor der Wahl des Matthias ja nur elf Jünger anwesend gewesen sein konnten). Die Zwölf seien in Wirklichkeit ein Gremium gewesen, das sich durch die Erscheinung des Auferstandenen konstituiert habe. Der Fall des Judas sei die spektakuläre Apostasie eines Mitgliedes der frühen Gemeinde, der zum bleibenden Gedenken in das irdische Leben Jesu nachträglich eingetragen worden sei. Die weitaus größte Gruppe der Autoren vertritt demgegenüber die These, dass Jesus selber den Zwölferkreis konstituiert habe. Für Joachim Gnilka ist die Gestalt des Judas, der konstant »einer von den Zwölfen« (Mk 14,10.20.43; Mt 26,14) genannt wird, ein gewichtiges Argument dafür, dass der Zwölferkreis tatsächlich von Jesus selber stammt[39]. Allerdings: Der Typus des Verräters aus dem ersten Jüngerkreis findet sich auch bei anderen religiösen Stifterfiguren wie bei Buddha. Bei Muhammad ist in Medina die Rede von den »Heuchlern«.

Innerhalb des NT sind vier Namenslisten der Zwölf überliefert, drei bei den Synoptikern (Mk 3,16–19; Mt 10,2–4; Lk 6,14–16) und eine in der Apg 1,13 (dort 1,11: Ihr Männer von *Galiläa*); im Johannesevangelium ist dann keine Liste mehr zu finden. Die Namen der Zwölf stimmen in all diesen Listen im wesentlichen überein. In den beiden lukanischen Listen fehlt Thaddäus. Dafür ist ein Judas, der (Sohn, Bruder?) des Jakobus, erwähnt.

In allen Zwölferlisten steht Simon Petrus – wie auch sonst in anderen Jüngerlisten im NT (*einzige* Ausnahme: Gal 2,9) – stets an erster Stelle. Simon Petrus ist auch der einzige der Zwölf, dessen Persönlichkeit ein wenig deutlich wird.

In allen Zwölferlisten steht an letzter Stelle Judas Iskariot. Wie erklärt sich der Beiname?

- Das könnte auf seinen Herkunftsort hinweisen: »der von Kerioth«.

Kerioth ist eine Stadt im südlichen Judäa (Jos 15,25). In Joh

6, 71; 13, 26 wird sein Vater erwähnt: Simon Iskariot. Das könnte vielleicht unterstreichen, dass Iskariot tatsächlich den Herkunftsort benennt. Wenn das so ist, wäre Judas auch herkunftsmäßig in der Gruppe der Galiläer eine Außenseiter.
- Iskariot könnte aber auch eine Ableitung von sicarius sein, von lat. sica, der Dolch. Damit wird eine besonders radikale Gruppe der Zeloten bezeichnet, die sicarii (Dolchleute). Oder:
- Iskariot könnte drittens ein Motivname sein, »Mann der Falschheit«. Dieser Name wäre ihm dann nachträglich von der christlichen Gemeinde beigelegt worden.

Wahrscheinlicher sind allerdings die ersten beiden Ableitungen.

In allen Zwölferlisten stehen die beiden Brüderpaare Simon Petrus und Andreas bzw. Jakobus und Johannes. Es gab Vermutungen, dass sie vielleicht für einige Zeit die einzigen Jünger Jesu gewesen seien[40]. Die jüdische Polemik sprach von fünf (!) Jüngern. Wie auch immer: Wie viele Jünger und Jüngerinnen es zu Lebzeiten Jesu gab (neben den Zwölf), wissen wir nicht. Viele waren es sicher nicht. Die Zahl von 72 (oder 70 in anderen Handschriften) (Lk 10, 1) ist sicher stilisiert. 70 ist die traditionelle Zahl für die Heidenvölker. Aber Jesus hat definitiv keine Mission bei den Heiden betrieben oder gefördert. Für die Juden in Jerusalem erschien der Jüngerkreis als eine regional-galiläische Bewegung.

Jesus hat konsequent nur in Israel gewirkt. Für die Nichtjuden hatte er weder eine Missionsabsicht noch eine Botschaft. Das ist im Grunde unstrittig und, wenn ein Beleg dafür überhaupt nötig wäre, durch den Streit in Gal 2 und Apg 15 *nach* dem Tod Jesu zwischen den Jakobusleuten, Paulus und Kephas bestätigt. Der Streit wäre völlig widersinnig, wenn etwa ein Wort des historischen Jesus zur Heidenmission vorläge. Der Missionsbefehl in Mt 28, 18 an *alle* Völker ist im Evangelium selbst als Wort des *Auferstandenen* bezeichnet. Der irdische Jesus hatte seinen Jüngern die Heidenmission noch untersagt (Mt 10, 5)[41]. Die Botschaft, die Jesus an das Volk Israel richtet, war ihrer Intention und Zielrichtung nach erfolglos. Die Sammlung des ganzen Volkes Israel ist ihm nicht gelungen. Das muss man zunächst einmal festhalten, wie auch immer man dann dieses Faktum bewerten will.

Jerusalem und Tempelprotest

Jesus ist in Jerusalem gestorben. Warum in Jerusalem? Die Leben-Jesu-Forschung des 19. Jahrhunderts gab zwei Gründe an:
- Er habe dort wirken und das Volk zur endgültigen Entscheidung herausfordern wollen. Sein Tod sei dann aber gegen seinen Willen erfolgt. Oder:
- Er habe bewusst den Tod gerade in dieser Stadt gesucht.

Über Jesu eigene Einschätzung seiner Passion wissen wir nichts. Das ist wohl die historisch-kritisch ehrlichste Auskunft. Es ist allerdings in hohem Maße unwahrscheinlich, dass ihn die Gefahr, die ihm in Jerusalem drohte, völlig überrascht habe[42].

Was ereignete sich, als sich Jesus der Stadt näherte? Von außen betrachtet waren er und seine kleine Gruppe ganz normale Passahfest-Pilger. In Jerusalem lebten damals 55.000 Menschen, relativ viel, wenn man bedenkt, dass die weitaus größte Stadt des römischen Reiches, nämlich Rom, im 2. Jahrhundert ca. 300.000 Einwohner zählte. Zum jährlichen Passahfest kamen im 1. Jahrhundert durchschnittlich ca. 125.000 Pilger aus Judäa, Galiläa und aus der Diaspora nach Jerusalem. Der Bericht vom Einzug Jesu in Jerusalem ist stark von theologischen Motiven durchsetzt (Mk 11, 1–11). Reimarus hat sich über einige dieser Motive lustig gemacht, z.B. über das Reiten auf einem noch unberittenen Eselsfohlen, und hat sich gefragt, wie das denn vor sich gegangen sein mag. Das Eselsfohlen spielt z.B. auf Zach (Sacharja, Zacharias) 9,9 oder Gen 49,11 an.

Was genau passiert ist, wissen wir nicht. Die Synoptiker lassen vermuten, dass die Einwohner Jerusalems kaum reagierten, als Jesus kam. Nach Mk 11,9 waren es *Pilger*, die ihm zuriefen. Ausgeschlossen in der Forschung ist heute die These von Robert Eisler, dass Jesus mit einer großen Schar von bewaffneten Freischärlern nach Jerusalem gekommen sei, nach der Akklamation des Volkes das Tempelareal besetzt habe und dann von den Römern wegen dieses Aufstands hingerichtet worden sei[43].

Gegen die Historizität des Protestes werden vor allem zwei Gründe angeführt: Ein einzelner sei zu dieser Aktion (= der Vertreibung der Händler) gar nicht fähig gewesen. Eisler hatte deshalb mit dem Überfall einer bewaffneten Schar gerechnet. Und: Eine solche

Aktion hätte die unmittelbare Reaktion der Tempelpolizei bzw. der in der Tempelburg stationierten römischen Besatzung provoziert. Die Perikope Mk 11, 15–18 sei deshalb Ausdruck der Kritik der Urgemeinde am Tempelkult und keine Tat des historischen Jesus.

In der Überlieferung fällt folgendes auf: Joh 2, 13–22 (im Unterschied zu den Synoptikern setzt er den Tempelprotest zu Beginn der öffentlichen Tätigkeit Jesu) bezieht den Tempel auf Jesu Leib, der getötet und auferweckt werden wird. Das heißt: Jesus provoziert mit dem Protest seinen eigenen Tod. Dieses Motiv für die Hinrichtung Jesu begegnet auch in der jüdischen Polemik (Anstiftung zum Aufruhr). Lukas bringt zusätzlich zur Perikope im Evangelium einen Tempelprotest schärfster verbaler Art in der Stephanusgeschichte (Apg 6, 13 f.; vgl. 7, 47–51). Stephanus und sein Kreis übernehmen den Tempelprotest Jesu in radikalisierter Form. Die Entwicklung verläuft also von Jesus in die hellenistisch-judenchristliche Gemeinde, deren Repräsentant Stephanus ist, nicht umgekehrt. Jesus selbst hat offensichtlich den Tempelkult *nicht* radikal abgelehnt. Sonst wäre eine Haltung wie z. B. die des »Herrenbruders« Jakobus »des Gerechten« nicht möglich, der ganz konsequent das jüdische Gesetz und den Tempelkult beachtet hat.

Aber die Einwände gegen die Historizität dieser Handlung sind ernst zu nehmen. Sie fallen allerdings dann nicht ins Gewicht, wenn man sie im Rahmen belässt. Offenkundig erfuhr die Schilderung im Laufe der Überlieferung eine Steigerung, weil man in den christlichen Gemeinden in ihr *zunehmend* die Abschaffung des Tempelkultes ausgesprochen sah. Mk 11, 15 spricht vom Hinaustreiben der Käufer und Verkäufer, vom Umstürzen der Tische der Geldwechsler und der Stühle der Taubenverkäufer. Sehr merkwürdig ist der Vers Mk 11, 16: Jesus lässt nicht zu, dass einer ein Gerät durch den Tempel trägt. Das kann einerseits bedeuten, dass das Tempelareal nicht als Abkürzungsweg benutzt werden soll. Andererseits könnten mit den Geräten kultische Geräte gemeint sein. Dann wäre tatsächlich der Tempelkult abgeschafft. Ohne kultisch-liturgische Geräte gibt es auch keinen Kult! Die meisten Exegeten halten deshalb Mk 11, 16 für eine sekundäre theologische Hinzufügung. Joh 2, 14 f. hat die Szene sehr dramatisch gefasst: »Er machte eine Geißel aus Stricken und trieb sie *alle* zum Tempel hinaus, samt den Schafen und Rindern ...«

Was ist wohl passiert? Wahrscheinlich nicht viel – jedenfalls nichts, was die außerordentlich dramatische Schilderung des Johannesevangeliums rechtfertigte. Jesus wendet sich entrüstet gegen einige Wechsler und Taubenverkäufer, deren Tische und Stühle er umstürzt. Das ist kein Grund für ein Eingreifen römischer Soldaten. Die Frage ist auch, ob dieser Akt tatsächlich eine große Öffentlichkeit gehabt hat. Die Tat selbst geschieht im Vorhof der Heiden, dem vom inneren Heiligtum getrennten Bezirk. Die Handlung selber paßt in ihrer Doppelbödigkeit recht gut zum sonstigen Verhalten Jesu (Kohärenzkritierium!). Jesus hat wiederholt bestimmte Institutionen kritisiert, aber nicht abgeschafft, den Sabbat, die Gesetzespraxis – und so vielleicht auch den Tempel. Es geht um eine Umkehr im Verhalten und um eine Sinnesänderung. Nicht der Tempel an sich ist unwürdig – unwürdig ist die Weise, wie Menschen im Tempel mit Gott umgehen. Nicht das Sabbatgebot ist schlecht – unzureichend ist die Weise, wie Menschen es praktizieren.

Das letzte Abendmahl

Wer war zugegen? Die Quellen erwähnen die Zwölf (Mk 14, 17). Wer sonst? Die historisch ehrlichste Antwort ist: Wir wissen es nicht. Jeder, der – aus welchen Gründen auch immer – *mit Sicherheit* eine definitive Auskunft gibt (*nur* die Zwölf, *mit Sicherheit* auch Jüngerinnen o.ä.), liest aus dem Text etwas heraus, was dieser schlicht nicht hergibt. War die letzte Nacht vor Jesu Tod die Nacht des Passahfestes (mit dem das Passahfest beginnt)? Die Synoptiker behaupten dies (Mk 14, 12–16; Lk 22, 15 f.). Joh erklärt, es sei *vor* dem Passahfest gewesen (Joh 13, 1; 18, 28; 19, 14). Das Passahfest sei dann erst der Abend *nach* dem Tod Jesu gewesen. Jesus stirbt bei Joh in der Stunde der *Schlachtung* der Passahlämmer und erweist sich so als das wahre Passahlamm.

Man hat versucht, diese Widersprüche zu harmonisieren, und gesagt: Der Jerusalemer Tempel richtete sich nach dem Mondkalender. In Qumran galt der Sonnenkalender. Nach *beiden* Kalendern fiel das Passah immer auf den 15. Nisan, den 15. Tag des Frühlingsmonats. Nach den Sonnenkalender fiel der 15. Nisan *stets* auf einen

Dienstag, nach dem Mondkalender wechselte der Wochentag. Die Lösung also: Jesus habe sich an den essenischen Kalender gehalten und schon am Dienstag das Passahmahl gefeiert (Synoptiker: Es *war* ein Passahmahl). Vom Tempel her gesehen, für den der Mondkalender galt, war es *vor* dem Passahfest, dass Jesus verhaftet und hingerichtet wurde (Joh!). Heute wird diese Theorie kaum noch vertreten. Zu deutlich ist die *theologische* Absicht des Johannesevangeliums. Wenn allerdings die Darstellung der Synoptiker stimmt, ist Jesus am Passahfest selbst gekreuzigt worden, was historisch eher unwahrscheinlich ist.

Wie hat Jesus das letzte Mahl mit seinen Jüngern gedeutet? Die Antwort auf diese Frage hängt davon ab, ob man damit rechnet, dass Jesus selber bewusst in den Tod gegangen ist. Die alte Exegese der Liberalen Theologie behauptete, wie schon gesagt, Jesus sei von seinem gewaltsamen Geschick völlig überrascht gewesen, habe deswegen nicht für die Zeit nach seinem Tod disponiert und das Passahmahl unmittelbar vor der Gefangennahme einfach als normales Fest gefeiert. Diese etwas schlichte Sicht eines naiven und realitätsfernen Predigers aus Galiläa, der gleichsam zufällig ans Kreuz geraten sei, wird heute nicht mehr vertreten. Er scheint tatsächlich mit seinem Tod gerechnet zu haben. Wie hat er sein Geschick interpretiert? Die Synoptiker enthalten Sätze Jesu, die zum Ausdruck bringen, dass er bis zuletzt mit dem Kommen des Reiches Gottes rechnet (Mk 14,25; Lk 22,18). Wie er nun genau seinen Tod auf das Kommen dieses Reiches Gottes bezogen hat (als Beginn der Parusie, als neuen Bundesschluss, als Sühne- oder Heilstod für das verstockte Volk Israel usw.), ist schwierig zu beantworten und wird deshalb sehr kontrovers diskutiert.

Prozess und Hinrichtung

Nach dem Essen wird Jesus verhaftet. Wer sind die Initiatoren? Mk 14,43 erklärt, das Synhedrion (70 Mitglieder und der amtierende Hohenpriester) habe die Truppe ausgesandt. Mt 26,47 spricht von den Hohenpriestern und Ältesten. Das ist wohl dasselbe wie Mk. Lk 22,52 redet davon, dass die Hohenpriester und Tempelhauptleute selber dabei waren. Joh 18,3 behauptet, zusätzlich seien noch Armeeoffiziere (18,12) und eine (römische) Kohorte (etwa 600 Mann) aufmarschiert. Das ist eher unwahrscheinlich. Zu größerem oder ernsthafterem Widerstand kam es nicht. Sicher scheint, dass Judas Iskariot mit den Gegnern gemeinsame Sache macht[44]. Die Jünger verschwinden und sammeln sich wieder in Galiläa, dem Ausgangspunkt.

Das sicherste Faktum des Lebens Jesu ist die Kreuzigung. Wann ist Jesus hingerichtet worden? Der zeitliche Rahmen ist abgesteckt durch die Amtszeit des Pontius Pilatus, der von 26–36 n.Chr. Präfekt war (gekreuzigt »unter Pontius Pilatus«). Der früheste Zeitpunkt, an dem das Wirken Jesu begonnen haben kann, ist das 15. Regierungsjahr des Kaisers Tiberius (27–28). Der spätmöglichste Zeitpunkt, an dem Jesus in der Amtszeit des Pilatus hingerichtet werden konnte, ist das Jahr 36. Wann genau ist er gestorben? Alle vier Evangelien (und auch Paulus) stimmen darin überein, dass Jesus an einem Freitag hingerichtet worden ist, weil als Tag der Auferstehung der »dritte Tag« (= der Sonntag) angegeben wird. Unterschiedlich beschreiben sie die Stellung dieses Tages im jüdischen Festkalender. Nach den Synoptikern war dieser Freitag der erste Tag des Passahfestes. Das Johannesevangelium wird hier von den meisten Forschern jedoch als das historisch zuverlässigere angesehen. Für Joh 18,18; 19,31 war dieser Freitag des Sterbens Jesu der »Rüsttag« des eigentlichen Passahfestes, an dem die Passahlämmer geschlachtet wurden, bevor dann mit dem Einbrechen der Dunkelheit das Passahfest begann. Die synoptische Darstellung, Jesus sei am Passahfest hingerichtet worden, ist wegen der großen Bedeutung dieses Festes für die jüdische Frömmigkeit eher unwahrscheinlich. Mk 14,1 f. berichtet ja selbst, die Hohenpriester und die Schriftgelehrten hätten eine Hinrichtung am Festtag vermeiden wollen, um keinen Aufstand zu provozieren. Alle Evangelien stimmen wieder darin überein, dass Jesus in der Nacht gefangen genommen und am darauffolgenden Tag gekreuzigt wurde. Das ist durchaus plausibel, wenn kein eigentliches formelles Gerichtsverfahren, sondern nur ein Informationsprozess vor den jüdischen Autoritäten stattgefunden und auch der römische Präfekt aufgrund der Anzeige nur eine Befragung durchgeführt hat. Wenn man in dem Zeitraum der Amtszeit des Pontius Pilatus nach den Jahren sucht, an denen der 14. Nisan, d. h. der Rüsttag für das Passahfest, auf einen Freitag fiel (und damit die johanneische Chronologie für historisch sicherer hält), kommen die Jahre 30 und 33 in Frage. Die neueste, allerdings nicht ganz unumstrittene Berechnung von *Walther Hinz* kommt sehr detailliert auf den 30. März 28[45]. Er rechnet allerdings die drei Jahre der Mitregentschaft des Tiberius mit Augustus zu den Regierungsjahren des Kaisers. Das ist in den zeitgenössischen Quellen nicht belegt. Andere Autoren favorisieren das Jahr 30, ohne dass andere Jahre endgültig ausgeschlossen werden können.

Das Leben Muhammads

Zwei Jahre, die zugleich zwei wichtige Einschnitte im Leben des Propheten markieren, gliedern sein Leben: das Berufungserlebnis, das für das Jahr 609 oder 610 n. Chr. anzusetzen ist, und die Hidschra, die Emigration von Mekka nach Medina im Jahr 622. Mit diesem Jahr beginnt die islamische Zeitrechnung. Erst nach dem Berufungsereignis wird Muhammad für die zeitgenössische Umwelt und weiter für die Nachwelt interessant. Deshalb sind auch die einzelnen Abschnitte seines Lebens sehr unterschiedlich dokumentiert. Wenig verlässliche Informationen liegen für die Zeit vor der Berufung vor (immerhin etwa zwei Drittel seines Lebens), besser ist der Nachrichtenstand für die Jahre bis zur Hidschra, am ergiebigsten sind die Quellen für den letzten Lebensabschnitt, der mit der Emigration nach Medina beginnt, bis zum Tod. Muhammad wird ca. im Jahr 570 n. Chr. (eher etwas früher) in Mekka, der Stadt seines Vaters, geboren. Sein Stamm waren die Koraisch (Quraysh), seine Sippe die Hashim (Hashimiten). Der Vater, der Abdallah (»Diener Gottes«) geheißen haben soll, war wahrscheinlich schon vor der Geburt gestorben. Im Alter von sechs Jahren (gegen 576?) verlor er seine Mutter Amina, die aus Medina stammte. Das Gefühl der Zusammengehörigkeit des Sippenverbandes war in Arabien damals (wie auch heute) sehr stark, so dass der Tod des Vaters und dann der Tod der Mutter nicht den Absturz in Armut und Existenznot bedeuteten. Muhammad kam zunächst unter die Obhut seines Großvaters

Das Leben Muhammads

(väterlicherseits) Abdalmuttalib (gest. 578) und nach dessen Tod in die Familie eines Onkels (Bruders des Vaters), Abu Talib (des Vaters des späteren Kalifen Ali) (gest. 619).

Im Koran (Sure 93, 6–8) wird dies so dargestellt: »Hat er (= Gott; Anm. W. K.) dich nicht als Waise gefunden und (dir) Aufnahme gewährt, dich auf dem Irrweg gefunden und rechtgeleitet, und dich bedürftig gefunden und reich gemacht?« Wenn die Angaben stimmen (und die Sure sich überhaupt auf Muhammad beziehen lässt), sind hier also drei biographische Notizen zu finden: Muhammad war Waise, Anhänger des Polytheismus (oder jedenfalls nicht ein Glaubender an den einen Gott) und ohne Besitz. Die Sure 43, 31 (und vielleicht 11, 91[46]) erklärt, dass Muhammad ein unbedeutender Mann war, der nur durch den Schutz der Sippe in Mekka überleben konnte. Mehr ist dem Koran für die Zeit vor der Berufung nicht zu entnehmen. Die weiteren Nachrichten stammen aus der Überlieferung der Hadith.

Muhammad wächst in der Stadt Mekka auf (also nicht als Beduine). Er ist ein Stadtmensch. Sein Wirkfeld ist zunächst die Heimatstadt, dann die Stadt Medina. Die Stadt Mekka war damals ein bedeutender Kultort. Besonders verehrt wurde ein schwarzer Stein, der in die Außenmauer der Ka'ba, eines würfelförmigen Baues, eingemauert war[47]. Dieser Bau galt seinerseits als Sitz oder zumindest als Verehrungsort der Gottheit (vermutlich einer männlichen Stadt- oder Stammesgottheit mit Namen Hubal). Zusätzlich wurden wohl auch drei weibliche Gottheiten, Uzza (oder Ussa), Lat und Manat, verehrt (allerdings war ihr Hauptverehrungsort nicht in Mekka selbst, sondern in Ortschaften der Umgebung), die als Töchter des Hubal galten. Die tonangebenden Schichten in Mekka im 6./7. Jahrhundert waren Händler, die reich wurden vor allem durch den Transport von Weihrauch, das damals nicht nur liturgische Verwendung fand, sondern als (Luxus-)Gebrauchsgegenstand im Alltag (geradezu als Parfüm) begehrt war. Zunächst arbeitet Muhammad als Hirtenjunge; später begleitet er seinen Onkel auf Karawanenreisen vielleicht bis nach Syrien (vgl. die Legende von den drei »Betrügern«: ein »Kameltreiber«). Der Koran berichtet allerdings nichts davon. Es gibt vereinzelte Hinweise zur Rolle der Kamele als Lasttiere (Sure

16,7) oder zur Ausrüstung mit leichten Lederzelten auf einer Reise (Sure 16,80), sogar zu Schiffsreisen (mit Stürmen), die aber allesamt sehr unkonkret bleiben. Das ist im Grunde alles, was wir von Muhammads Kindheit und Jugend zuverlässig aus den Quellen wissen. Von Geschwistern ist uns nichts überliefert.

Ibn Ishaq berichtet einige Wundererzählungen, die sich auf die Empfängnis, die Geburt und die Kindheit Muhammads beziehen. Ihr historischer Wert ist ausgesprochen gering. *Eine* Legende wenigstens scheint aber doch einen historischen Kern zu haben, weil der Koran selber den Vorwurf der Gegner erwähnt, Muhammad habe seine Lehren von anderen – vor allem von Christen – übernommen. Das ist die Legende vom Mönch Bahira in Syrien, von dem es bei Ibn Ishaq heißt[48]: »Er kannte die Bücher der Christen.« Offensichtlich war er ein halbwegs gebildeter syrischer Christ (oder zumindest ein vom Christentum beeinflusster Gottsucher), der als Einsiedler lebte[49]. Auf einer Handelsreise mit seinem Onkel Abu Talib nach Syrien sei Muhammad ihm begegnet. Dieser Mann habe, so erzählt Ibn Ishaq, aufgrund eines »Merkmals« zwischen den Schultern Muhammads diesem seine spätere prophetische Laufbahn vorausgesagt. Er habe ihn auch vor den Juden gewarnt, da er durch sie im Leben viel Schlimmes erfahren werde. In der frühen antiislamischen Polemik der byzantinischen Literatur, etwa bei Johannes Damascenus[50], und noch bei Nikolaus von Kues in seiner »Cribratio Alchorani«[51] wird aus diesem Einsiedler ein Mönch arianischer oder nestorianischer Herkunft. Manchmal erhält er in der byzantinischen oder lateinischen Tradition den Namen Sergius, Nestorius oder Georgius. Ibn Ishaq berichtet von einem Vorwurf der Mekkaner, Muhammad habe seine Verkündigung von einem christlichen Sklaven namens Dschabr erfahren. »Sehr häufig, so habe ich (= Ibn Ishaq; Anm. W. K.) erfahren, saß der Prophet auf der Höhe von Marwa am Verkaufsstand eines jungen christlichen Sklaven namens Dschabr. Die Gegner des Propheten behaupten deshalb: ›Das meiste, was Mohammed verkündet, bringt ihm dieser christliche Sklave Dschabr bei.‹ Über diese Behauptung sandte Gott den Koranvers herab: *Wir wissen wohl, dass sie sagen: ›Es lehrt ihn ein Mensch.‹ Doch die Sprache dessen, auf den sie anspielen, ist nicht arabisch. Dies hingegen ist deutliche arabische Sprache.* (Sure 16, 103).«[52] Allerdings scheint diese Geschichte eher in der Zeit nach der Berufung zu spielen. Festzuhalten ist allerdings, dass Muhammad in der Tat (vor [?] und nach der Berufung) Kontakt mit *einzelnen* Christen hatte. Eine seiner Frauen in Medina war eine frühere koptische Christin namens Mirjam bzw. Mariyam (Maria) (vgl. Sure 66, 1). Ein Vetter seiner späteren Frau Khadidscha mit Namen Waraqa ibn Naufal war ebenfalls ein Christ (oder jedenfalls ein Anhänger des Monotheismus, der Kenntnisse der jüdischen und christlichen Überlieferung besessen haben soll).

Im Alter von 25 Jahren trat er als Karawanenführer (= Handelsbevollmächtigter) in den Dienst einer wohlhabenden Kaufmannswitwe, Khadidscha. Sie soll etwa 15–20 Jahre älter gewesen sein als er. Manche Traditionen sprechen allerdings von einem Alter von 28 Jahren[53]. Auf jeden Fall hat *sie* ihm die Ehe angeboten. Durch die Heirat mit ihr wurde er selber ein wohlhabender Kaufmann. Der Koran wertet die Heirat mit ihr als göttlichen Gnadenerweis (Sure 93, 8: »… und bedürftig gefunden und reich gemacht«). Die beiden hatten sechs Kinder, wahrscheinlich zwei Söhne, die beide sehr jung starben, und vier Töchter. Ein Sohn von einer Sklavin (legal ein Sohn Khadidschas) starb ebenfalls früh. Von den Töchtern ist die jüngste, Fatima, wichtig geworden. Sie wurde die Frau Alis und damit zur Stammesmutter der Nachkommen Muhammads. Dadurch ist sie in der Schia das Bindeglied zwischen Muhammad und den Imamen[54]. Von den anderen Töchtern sind keine Kinder (und damit Enkelkinder) des Propheten überliefert. Zu Lebzeiten Khadidschas hat Muhammad keine andere Frau geheiratet. Nach ihrem Tod hatte er mehrere Frauen, neun bei seinem Tod (mit den beiden Hauptfrauen Hafza und A'ischa). Auch von den anderen Frauen nach Khadidscha erhielt er keinen Sohn, der ihn überlebt hat. Khadidscha war ihm in den ersten Jahren seiner Offenbarungen (seit 609/610) eine wichtige Helferin und Ratgeberin. Ihr Tod (619) – verbunden mit dem Tod seines Onkels im selben Jahr – machte seine Situation in Mekka unhaltbar und führte zur Emigration nach Medina.

Biographie

Berufungserlebnis

Mit etwa 40 Jahren erfährt Muhammad sein Berufungserlebnis[55]. Worin bestand es? Sure 2,185 spricht davon, dass der Koran erstmals (?) im – nach heutiger islamischer Zeitrechnung – Monat Ramadan geoffenbart wurde. Der Ramadan, der Fastenmonat, ist der neunte Monat des islamischen Jahres. Nach Sure 44,3 und 97,1 geschah diese »Herabsendung« in einer Nacht. Die islamische Tradition spricht von der Nacht des 27. Ramadan als der »Nacht der Bestimmung«, in der die erste Koran-Offenbarung erfolgt sein soll. Die islamische Überlieferung und die islamischen Historiker des 9. Jahrhunderts erklären, dass die Offenbarung bei Muhammad mit einer »richtigen«, »wahren« *Vision* eingesetzt habe. Muhammad selber berichtet davon nichts. Allerdings heißt es im Koran an einigen Stellen, dass Muhammad Visionen gehabt habe.

Sure 53,5–18 berichtet von der Erscheinung einer Gestalt, die »über große Kräfte verfügt« bzw. eines »an Kräften Gewaltigen« vor Muhammad. Einige westliche Orientalisten denken, dass Muhammad hier ursprünglich von einer vermeintlichen Gotteserscheinung geredet habe und erst später (Sure 6,103; 42,51 f.) zu der Überzeugung gekommen sei, dass ein Mensch – und somit auch er selbst – Gott gar nicht schauen könne[56].

Sure 81,19–25 spricht von der Erscheinung eines »Gesandten« vor Muhammad, den dieser »gesehen« habe. Die islamische Tradition interpretiert den Gesandten als den Engel Gabriel. Im Koran wird Gabriel namentlich nur an drei Stellen erwähnt (Sure 2,97.98; 66,4).

In der merkwürdigen Sure 17,1 berichtet Muhammad von einer »Nachtreise«, in der ihn »einer« (wohl Gabriel) »von der heiligen Kultstätte« (= Mekka) nach der »fernen Kultstätte« (= zum Tempel [?] in Jerusalem) geführt habe. Hier handelt es sich aber offensichtlich um ein Traumerlebnis.

Aber das alles zusammen gibt noch wenig Aufschlüsse über das Berufungserlebnis, da unklar ist, ob die Suren 53 oder 81 (oder gar 17) überhaupt von dieser ersten Erfahrung sprechen. Die islamische Überlieferung enthält nun aber noch andere Hinweise.

Die beiden ältesten Suren des Koran sind wohl die Suren 96 (als erste) und 74 (in der Mehrheitsmeinung als zweite).

Sure 74, 1–7 redet Muhammad an. Er, der sich mit dem Obergewand bedeckt hat (also sich offensichtlich schlafen gelegt hat), soll sich erheben und aufstehen und seine Landsleute »warnen«. Die Überlieferung malt die Szene sehr dramatisch aus[57]. Der Engel Gabriel soll ihn in der Nacht aufgeweckt haben, als er auf dem Berg Hira (in der Einsamkeit) übernachtete, ihn »gewürgt« und ihn aufgefordert haben, »zu lesen«. Er sei zu seiner Frau Khadidscha geflüchtet, die ihn wieder seelisch aufgerichtet habe. Diese Praxis des Sich-Verhüllens und Sich-Überdeckens ist gerade bei Visionären und Ekstatikern durchaus vertraut. Der Prophet Elia hüllt sich etwa bei der Gottesoffenbarung am Berg Horeb in einen Mantel (1 Kön 19, 13). Die Stelle lässt sich allerdings auch viel prosaischer und einfacher deuten. In der *Nacht* (!) erhält Muhammad eine Einsicht.

Sure 96 bestätigt diese Erfahrung. Sie beginnt mit dem Wort (96, 1): »Rezitiere, lies (iqra)!« Von daher leitet sich vielleicht das Substantiv Qur'an (Koran), die Rezitation, ab (wenn es nicht aus dem Syrischen stammt). Muhammad wird gedrängt (die spätere Überlieferung sagt: vom Engel Gabriel), einen vorgegebenen Text vorzutragen, ohne dass ihm allerdings an dieser Stelle der Inhalt des Textes mitgeteilt wird.

Was ist also passiert? Mit etwa 40 Jahren zieht sich Muhammad allmählich aus seinem bisherigen Wirkungsfeld zurück, ohne die Verbindung ganz zu kappen. Nach dem Muster religiöser Sucher der damaligen Zeit in seiner Gesellschaft, auch christlich beeinflusster Einsiedler, die er auf seinen Geschäftsreisen erlebt (hat) (?), sucht er bewusst – immer wieder – für einige Zeit die Einsamkeit. In dieser Situation erfährt er ein religiöses Urerlebnis (bzw. in der Terminologie von Ian Ramsey eine »disclosure«), über dessen Art wir nur spekulieren können. Als Ergebnis weiß er sich jedenfalls berufen. Wozu? Die Kategorie, die sich ihm zur Selbsteinschätzung anbot, war die eines Scha'ir (Dichter, Wissender) oder Kahin (Wahrsager). Im altarabischen religiösen Denken (vor Muhammad) spielte der Glaube an Geister (Dschinn) eine große Rolle[58]. Man sah in ihnen halb irdische, halb überirdische Wesen, die sich den Menschen zeigen oder sonst wie mit ihnen in Verbindung treten, ja sogar von ihnen Besitz ergreifen. Einen Menschen, von dem ein Geistwesen Besitz ergriffen hatte, nannte man besessen. Zwei Menschengruppen sprach man gewöhnlich den Umgang mit Geistwesen zu. Zum einen glaubte man von Dichtern, dass sie nicht eigenes Wissen ausdrückten, sondern dass ein fremder Geist durch sie spreche. Zum anderen existierte der Stand der Wahrsager, die ebenfalls – aufgrund einer ihnen zugeschriebenen Sonderbegabung – mit der Geisterwelt in Verbindung standen. Diese Wahrsager wurden in Angelegenheiten des Stammes oder von Privatpersonen zu Rate gezogen. Die Wahrsager beriefen sich jeweils auf ein Geistwesen, das verschieden benannt wurde, Sahib (Gefährte), Tabi^c (Begleiter), Ra'i oder Ri'i (Seher) oder Dschinn. Dieses Geistwesen war geradezu ein zweites Ich des Wahrsagers, das ihn als Medium verwendete. Die Wahrsager sprechen in der Regel in Reimprosa (also in Sätzen, die sich reimten, ohne allerdings metrisch gegliedert zu sein). Die Rede erfolgt in der zweiten Person, denn der eigentliche Sprecher ist das Geistwesen, während der Wahrsager von ihm angesprochen wird. Auffällig ist, dass der Wahrsager seine Rede jeweils mit Eidformeln beginnt und durch sie die Wahrheit des Gesagten beteuert. Es ist ausgesprochen bemerkenswert, dass die ältesten Suren alle diese Kennzeichen besitzen.

Um zwei Beispiele zu geben:

Friedrich Rückert[59] hat etwa Sure 90, 1–16 (»Die Stadt«) in der Wiedergabe der arabischen Reimprosa übersetzt (und dabei den Reimwechsel des Originals in drei Reimtypen nachgeahmt):

»1 Ich schwör's bei dieser Stadt!
2 (Denn du wohnst in dieser Stadt)
3 Beim Sämann und seiner Saat!
4 Der Mensch, den wir erschufen, folgt seines eignen Herzens Rat
   (Variante von Rückert: Wir erschufen den Menschen zu harter Tat).
5 Meint er, dass Niemand Gewalt auf ihn hat?
6 Er spricht: O wie vieles Gut ich zertrat.
7 Meint er, dass Niemand gesehn ihn hat?
8 Wer hat ihm die Augen bereitet?
9 Und die Lippen ihm geweitet?

10 Und auf den Scheideweg ihn geleitet?
11 Doch er erklimmt nicht den hohen Rand.
12 Weißt du, was ist der hohe Rand?
13 Zu lösen der Gefangenen Band;
14 Zu speisen, wenn der Hunger im Land,
15 Den Waisen, der dir verwandt,
16 Den Armen, der dir unbekannt
17 Und du bist dann von denen, die glauben, die sich ermahnen
zum Erbarmen, u(nd) sich ermahnen zum Bestand;
18 Das sind die Genossen der rechten Hand.
19 Doch die nicht glauben an unsere Zeichen, das sind die Genossen der linken Hand:
20 Über sie der wölbende Brand.«

Ähnlich gibt er Sure 96, 1–19 (»Das zähe Blut«) wieder[60]:
»1 Lies im Namen deines Herrn, der schuf,
2 Den Menschen schuf aus zähem Blut.
3 Lies, dein Herr ist's, der dich erkor,
4 Der unterwies mit dem Schreiberohr;
5 Den Menschen unterwies er
In dem, was er nicht weiß zuvor.
6 Ach ja, der Mensch wird übermütig,
7 Wenn Gott ist gütig;
8 Doch einst kommt er demütig!
9 Siehst du ihn, der's verbietet,
10 Wann einer betet?
11 Siehst du wohl, ob er ist geleitet,
12 Und Frömmigkeit verbreitet?
13 Siehst du wohl, ob er leugnet und wegschreitet?
14 Weiß er nicht, dass ihn Gottes Blick begleitet?
15 Wenn er nicht abläßt, wollen wir
Ihn bei den Locken packen,
16 Den heuchlerischen meuchlerischen Locken.
17 Ruf' er nur seine Leute!
18 Wir rufen die Höllenmeute.
19 Folg' du ihm nicht! Bet' an und nah'!«

Für die ersten Hörer Muhammads war das Auftreten von Dichtern und Wahrsagern, die behaupteten, ein Geistwesen spreche durch sie, und die in einer merkwürdigen Reimprosa ihre Botschaft verkündeten, etwas sehr Vertrautes. In diesem Sinn erklärt sich der Vorwurf der mekkanischen Gegner Muhammads, er sei »besessen« (vgl. Sure 81,22), er habe einen (bösen?) »Dschinn« (vgl. Sure 7,184) oder – das ist in diesem religiösen Sinn sehr ambivalent zu verstehen – er sei ein »besessener Dichter« (Sure 37,36) bzw. der Koran sei das Werk eines Dichters (Sure 69,41).

Muhammad selber deutet sein Berufungserlebnis zunächst ebenfalls in dieser Begrifflichkeit und wehrt sich deshalb dagegen. Ibn Saʿd berichtet folgenden Ausspruch, den Muhammad zu Khadidscha gesagt haben soll[61]: »Ich sehe ein Licht und höre eine Stimme. Ich fürchte wirklich, ein Kahin zu sein.« Das heißt: Er nahm sich selber wahr als einen der vielen landläufigen Hellseher, Zeichendeuter oder Magier und schreckt deshalb instinktiv davor zurück. Zu Beginn seines öffentlichen Auftretens wusste Muhammad noch nichts von Prophetie. Mit den alttestamentlichen Propheten ist er wohl erst in Medina und zudem äußerst mangelhaft bekannt geworden. Sie konnten ihm deshalb zunächst bei der Deutung seines Erlebnisses nicht als Leitbild dienen. Schon die Idee, dass irgendein Mensch mit einer göttlichen Botschaft an sein Volk betraut sein könnte, lag dem altarabischen Denken fern. Die Geister, die durch Menschen sprachen, waren eben keine Götter, sondern Zwischenwesen zwischen Mensch und Göttern. Erst später (wir wissen nicht genau wann) setzt sich bei Muhammad die Gewissheit durch, dass er ein »Gesandter Gottes« (und zwar des »einzigen Gottes«) sei.

Unmittelbar nach dem intensiv erfahrenen Berufungserlebnis und den ersten Offenbarungen, die Muhammad teils in Visionen (mit Gabriel als Übermittler), teils in Auditionen (eine Stimme »wie von einer Glocke«[62]) erhält, verstummen die Botschaften (fatra, Unterbrechung). So will es jedenfalls ein Strang der islamischen Tradition[63]. Die meisten Quellen überliefern, dass Muhammad seine Offenbarungen in der ersten Zeit nur im engsten Familienkreis weitergibt. Die ersten Muslime sind deshalb Familienangehörige: Seine Frau Khadidscha, die vier Töchter, Zayd (ibn Harith), ein Sklave, den ihm Khadidscha geschenkt hatte, der von Muhammad freigelassen worden war und der – quasi als Sohnersatz – in der Familie aufwuchs, und Ali, der jüngste Sohn von Abu Talib, den Muhammad nach seiner Heirat in seine neue Familie aufgenommen hatte, als sein Ziehvater (Abu Talib) nach einer Hungersnot selber in finanzielle Nöte geraten war. Die einflussreichen Führer seiner Sippe, z.B. sein Onkel Abu Talib (bis zu seinem Tod) und die anderen Chefs des Stammes der Koraischiten, die in Mekka tonangebend waren, verweigerten sich seiner Botschaft. Der erste Konvertit außerhalb seiner eigenen Familie (wenn man Ali und Zayd als Familienmitglieder rechnet) war Abu Bakr, der erste Nachfolger (Kalif)[64] Muhammads. Es ist kennzeichnend für die (alt-)arabische Gesellschaftsstruktur, dass Muhammad in diesen für ihn schwierigen Anfangsjahren in Mekka (nach seinem einmaligen Berufungserlebnis, wie auch immer dieses ausgesehen haben mag) stets bei seiner Sippe, den Banu Hashim (bzw. den Hashimiten), Schutz und Rückhalt gefunden hat, obwohl die überwiegende Mehrheit der Sippenangehörigen – ebenso wie die übrigen Mekkaner – sachlich seine Botschaft ablehnte[65]. Das ist eine arabische Grundregel: Die Gesamtheit der Sippe hat im Notfall für den Einzelnen einzustehen, auch wenn sie dessen Verhalten nicht billigt. Den Quellen kann man entnehmen, dass die Banu Hashim, weil sie dieses Gesetz einhielten und Muhammad schützten, von den anderen Sippen der Stadt regelrecht boykottiert wurden. Mit dem Ausscheiden aus dem Sippenverband (Hidschra) in Mekka – und dem Anschließen an neue Stammesverbände in Medina – gibt Muhammad den Hashimiten auch wieder ihren gesellschaftlichen Status in Mekka zurück.

Situation in Mekka

Die Verweigerung der Stammesoberen in Mekka hatte natürlich auch wirtschaftliche Gründe. Mekka war nicht nur ein bedeutendes Handelszentrum, das ausschließlich vom Handel lebte (und deshalb vom Wohlwollen oder zumindest der Neutralität der umwohnenden Beduinenstämme, durch deren Gebiet die Handelsstraßen gingen, abhängig war), sondern in der polytheistischen Religion Altarabiens wegen der Ka'ba ein religiöses Kult- und Wallfahrtszentrum. Die monotheistische Botschaft Muhammads rüttelte an den wirtschaftlichen Grundlagen der Stadt. In diesem Zusammenhang ist Sure 28,57 interessant, in der Gott den Oberen der Stadt zu sagen scheint, dass sie keine wirtschaftlichen Folgen zu befürchten haben, wenn sie sich Muhammad anschließen: »Sie sagen: ›Wenn wir dir mit der rechten Leitung folgen, werden wir (mit Gewalt) aus unserem Land weggeholt.‹ (Aber) haben wir ihnen denn nicht über einen heiligen Bezirk Macht gegeben, der sicher ist, und in den alle möglichen Früchte eingeführt werden, (ihnen) von uns zum Unterhalt (bestimmt)?« Dieser vorislamische Kultort (dessen Ritual Muhammad nach der Eroberung Mekkas im Wesentlichen unverändert ließ, während er ihm eine andere Deutung beilegte[66]), machte Mekka zu einer in zweifacher Weise privilegierten Stadt. Zum einen galt dieser Ort als »unverletzlich«, d. h. es bestand ein Gottesfrieden, der den Einwohnern Sicherheit bot[67]. Zum anderen waren mit den religiösen Festen Jahrmärkte und Handelszeiten verbunden, von deren Existenz die Mekkaner wirtschaftlich profitierten.

Der Erfolg in Mekka hielt sich aus den genannten Gründen in Grenzen. Ibn Ishaq berichtet, dass die Anhänger, die sich ihm zuwandten, zunächst fast ausschließlich junge Männer ohne besondere gesellschaftliche Stellung waren, also besonders Leute, die in der exakt strukturierten Gesellschaftsordnung Mekkas keine Rolle gespielt haben, wenn sie sich auch persönlich u. U. durchaus in finanziell gesicherten Lebensumständen befanden, etwa Hirten, Handwerker, Sklaven. Die überwiegende Mehrheit in Mekka verhielt sich feindlich. Hubert Grimme[68] hat die These vertreten, dass der Ausgangspunkt des Wirkens Muhammads die großen sozialen Missstände in Mekka gewesen seien. Der spätere Prophet habe an ihnen gelitten und sie mittels seiner Gerichtspredigt bekämpft. Der Islam sei deshalb ursprünglich keine Religion, sondern eine Form der Sozialrevolution gewesen. In der Tat finden sich im Koran Verurteilungen betrügerischer Praktiken von Händlern (Sure 83,1–3), von Menschen, die sich an ihren Besitz klammern (Sure 102,1; 104,1–3; auch 57,20), der Haltung des Immer-mehr-haben-Wollens (Sure 74,15) und des Wohltuns als Geschäft, das etwas gibt und als Gegengabe mehr zurückerwartet (Sure 74,6). Der Predigt Muhammads eignet (zumal am Anfang) durchaus eine sozialkritische Note. Aber der Koran setzt im Grunde die unterschiedliche Verteilung von Besitz problemlos voraus (Sure 43,32; vgl. 17,21). Nicht der Besitz an sich ist schlecht, sondern der Gebrauch, den Menschen davon machen. Besonders kritisiert wird, dass viele Menschen ihr Herz an die vergänglichen Güter der Welt hängen (Sure 89,20; 100,8). Die These von Grimme wird deshalb heute kaum noch vertreten. Allerdings ist es unstrittig (und auch psychologisch und soziologisch erklärlich), dass sich die Wohlhabenden und Arrivierten am hartnäckigsten der Botschaft des Propheten widersetzt haben. Auf jeden Fall gewinnt Muhammad in Mekka nur wenige Anhänger – junge Männer aus gutem Haus[69]. Für ihn nicht so sehr (da er geschützt ist durch seine Sippe), aber für diese wird die Situation schwierig:

So kommt es zu zwei Auswanderungswellen:

- Um das Jahr 615 schickt Muhammad rund 100 Personen (so behaupten die muslimischen Biographen, aber die Zahl kann natürlich in der Überlieferungsgeschichte angewachsen sein) seiner Anhängerschaft ins christliche Äthiopien. Dort werden sie freundlich aufgenommen, vor allem wegen Sure 19,16–33, die Muhammad ihnen quasi als Empfehlungsschreiben mitgab und die über Maria, die Mutter Jesu, handelt. Ein Teil dieser Gruppe kehrte nach einiger Zeit nach Mekka zurück[70].
- Bei der großen Hidschra (= Loslösung aus dem bisherigen Sippenverband, Emigration) nach Medina sind es etwa 70 Männer mit ihren Familien (vielleicht eine fiktive Zahl), die zusammen mit Muhammad in verschiedenen kleinen Gruppen und Phasen Mekka verlassen.

Die religiöse Bewegung, die Muhammad begründet, ordnet sich ein in (und erklärt sich zugleich durch) die damalige religiöse Umbruchs- und Aufbruchssituation Arabiens. Von Rom aus gesehen ist im 1. Jahrhundert Palästina eine hinterwäldlerische Provinz. Aber so abgeschottet wie die arabische Halbinsel im 6. Jahrhundert/Anfang des 7. Jahrhunderts war Palästina im Grunde nie. Von den damaligen (regionalen) Großmächten aus betrachtet (im Nordwesten und Westen byzantinische Provinzen, im Südwesten das christliche Äthiopien, im Nordosten und Süden das Großreich der Sassaniden in Persien) war Arabien ein zurückgebliebenes, unzugängliches, barbarisches Land. Kulturell waren es zwei Formen religiöser Beeinflussung, die von den Grenzregionen her ins Innere einsickerten, allerdings mit abnehmender Intensität, je weiter sie ins Landesinnere vorstießen, das Judentum und das Christentum (dieses aber im Wesentlichen nur am Rande).

Einzelne Juden sind seit dem 1. Jahrhundert n. Chr. in Arabien nachweisbar. Im Anschluss an die Eroberung Jerusalems durch Titus (70) und nach dem Scheitern des Aufstandes von Bar Kochba (135) sind wahrscheinlich größere Gruppe von Juden zugewandert. Anfang des 7. Jahrhunderts bestanden geschlossene jüdische Siedlungen im Nordwesten und im Süden. Die jüdische Bevölkerung war – wie die Araber – in Stämme gegliedert und vor allem in den wenigen Städten sesshaft. In Medina gehörte etwa die Hälfte der Einwohnerschaft zu jüdischen Stämmen. Obwohl sie vielfach mit der arabischen Bevölkerung in engem Austausch standen, nahmen sie religiös eine Sonderstellung ein. Ihre heiligen Texte, vor allem die Tora, wurden nicht in der Landessprache, sondern in Aramäisch gelesen. Sie waren sich bewusst, Träger einer besonderen Heilsgeschichte zu sein. Sure 62, 6 zitiert diese Einschätzung mit den Worten, die Juden seien vorzugsweise vor anderen Menschen Freunde Allahs[71]. Aber aus ihren Glaubensüberzeugungen sickert allmählich in die arabische Vorstellungswelt, vornehmlich in Medina (!), die Idee eines kommenden Boten Gottes, der ein besonderer Prophet ist, in das zeitgenössische arabische Bewusstsein ein.

Das Christentum war besonders in den Randgebieten der arabischen Halbinsel vertreten. Paulus berichtet, er sei nach seinem Damaskuserlebnis in die »Arabia« (nach Arabien) und wieder nach Damaskus gegangen, bevor er »nach drei Jahren« nach Jerusalem zurückgekehrt sei (Gal 1, 17 f.)[72]. Gemeint ist die ostjordanische (heidnische) Landschaft südöstlich von Damaskus im Gebiet der Nabatäer. Der Nabatäerkönig Aretas IV. (9 v. Chr. – 40 n. Chr.) in der Residenzstadt Petra lässt Paulus bis nach Damaskus nachsetzen (2 Kor 11, 32). Die Apostelgeschichte (Apg 2, 11) berichtet von »Arabern«, die Teilnehmer des Pfingstereignisses in Jerusalem gewesen waren. Im Inneren war der christliche Einfluss allerdings minimal. Von drei Richtungen kamen christliche Einflüsse nach Arabien.

Der eine Strang der christlichen Mission stammte ursprünglich aus syrisch-mesopotamischen Gemeinden. Es waren vor allem syrische Wanderasketen, die das Christentum unter arabischen Nomadenstämmen verbreiteten, wie der Kirchenhistoriker Sozomenus berichtet[73]. Kirchensprache war deshalb Syrisch (und ebenfalls nicht Arabisch). Ein wichtiges Motiv für den späteren Erfolg Muhammads unter den arabischen Stämmen war der Gedanke, dass Gott durch Muhammad zu den Arabern in ihrer eigenen Sprache redete. Die Sprache ihrer neuen Religion war nicht die einer fremden Kultur, sondern ihre eigene. Noch heute sagen viele Araber, dass man den Koran im Grunde nicht in eine andere Sprache übersetzen könne[74].

Der arabische Nordosten tendierte politisch und wirtschaftlich eher zum Perserreich. Das in diesem Teil Arabiens entstehende Christentum trägt deutlich städtische Züge und hatte auch keine ausgebildeten Bindungen an die Kirche des römisch-byzantinischen Reiches, so dass die christlichen Gemeinden (ebenso wie die Christen des Perserreiches) in der zweiten Hälfte des 5. Jahrhunderts in der Regel das nestorianische Bekenntnis übernahmen[75].

Südarabien war im Einflussbereich der byzantinischen, der persischen und speziell auch der christlich-äthiopischen Herrscher[76]. Eine wichtige Rolle spielte der Ort Nadschran, in dem Christen von Juden hingerichtet wurden, was wiederum einen christlichen (konkret byzantinisch-äthiopischen) Gegenschlag provozierte[77].

Die arabischen Christen waren zunächst wohl von Ebioniten (einer judenchristlichen Sekte) geprägt und im 6./7. Jahrhundert überwiegend Monophysiten und Nestorianer. In diesen christlichen Sondergruppen waren auch einige Spezialtraditionen lebendig, die wiederum einen Reflex im Koran finden, z. B. die Erzählung über Geburt und Jugend Marias in Sure 3, 36–48 (dort auch der Bericht Sure 3, 49 über das Vogelwunder aus dem apokryphen Protevangelium des Jakobus), die doketische Lehre, dass Jesus nicht in eigener Person, (sondern nur im Scheinleib oder ein Doppelgänger?) gekreuzigt worden sei (Sure 4, 157 f.), oder die christliche Siebenschläferlegende[78] (Sure 18, 9–22.25 f.). Ob es tatsächlich arabische Christen waren, die von der göttlichen Trinität Gott Vater, Jesus Christus und Maria sprachen, wie Sure 5, 116 vorauszusetzen scheint, oder ob hier ein Missverständnis in der Überlieferung vorliegt, ist in der Forschung umstritten.

William Montgomery Watt[79] hat (in der Adaptation der Argumentation von Grimme) die Meinung vertreten, dass sich gerade in Mekka damals diese geistig-religiöse Krise abzeichnete. Die Stadt war als Handelsstadt reich geworden und hatte Kontakt mit den ausländischen Großkulturen. Das führte zu sozialen Spannungen, weil nicht alle Bevölkerungsschichten an dem Reichtum der tonangebenden Handelsfamilien partizipierten. Die These ist umstritten, aber die Situation könnte in etwa vergleichbar gewesen sein mit den Stadtkulturen Italiens zur Zeit des Franz von Assisi. Arabien erlebte gerade zu dieser Zeit im Gegenüber zu den großen monotheistischen Religionen Judentum und Christentum einen religiösen Wandel. Der Glaube an viele Götter wurde mit dem Glauben an den einen Gott konfrontiert. Das wurde verstärkt durch die Anrede jeder dieser vielen Gottheiten, die in jedem Stamm in der Regel lautete: al-ilah (= Allah, der Gott) (vgl. Hebräisch: eloah, eine gemeinsame semitische Sprachwurzel). Die Menschen, die vor Muhammad um ein monotheistisches Gottesbild rangen – ohne Juden oder Christen zu sein –, hießen *hanif* (Gottsucher).

Medina

Eine neue Situation für Muhammad ergibt sich mit der Hidschra (Ende September 622) nach Medina, seiner Mutterstadt. Der ursprüngliche Name dieser Stadt hieß Yathrib. Erst mit dem Zuzug Mohammeds und seiner Anhänger erhielt sie den Namen Medina (= Madinat al-Nabi, d. h. Stadt des Propheten). In Medina gab es zwei bedeutende arabische Stämme, die Aus und die Hazrag (Khazradj), aber auch jüdische Stämme, von denen drei in den Quellen besonders erwähnt werden, die Qainuqa, die Nadir und die Quraiza, deren verschiedene Sippen noch einmal kreuz und quer miteinander im Streit lagen. Die politische Situation in Yathrib/Medina ist verworren, aber gerade deshalb stehen die Leute aus Yathrib dem Kommen Muhammads offen gegenüber. Mit der Hidschra, die sich wohl in kleinen Schüben vollzieht, nicht in *einem* großen Auszug – und in der Muhammad selber eher zu den Nachzüglern gehört –, beginnt die islamische Zeitrechnung. Die Hidschra bedeutet einerseits den

Das Leben Muhammads

Abschied von der Gesellschaftsstruktur und der Religion Mekkas und andererseits den Aufbau einer neuen Gesellschaftsstruktur und Religion im gesellschaftspolitischen Vakuum Medinas. Religion und Gesellschaft lassen sich im Islam nicht (oder kaum) trennen – jedenfalls nicht bei den Sunniten. Zahlenmäßig war die Gruppe der Emigranten aus Mekka klein; die Tradition überliefert rund 70 Namen (von Männern). Im Großen und Ganzen trat die Mehrzahl der Araber der beiden Hauptstämme in Medina zu Muhammad über. Vielleicht ist diese doch erstaunliche Bereitschaft mitmotiviert durch die starke Präsenz des jüdischen Monotheismusglaubens in Medina.

Medina ist für den Islam in einer doppelten Weise wichtig. Zum einen entsteht dort die erste Gemeindeordnung (623), in der Muhammad feierlich die Gemeinschaft (umma) und Solidarität aller Muslime erklärt. Zum anderen geschieht hier die Klärung der Botschaft Muhammads im Blick auf die anderen großen Monotheismen – und speziell in Konfrontation zum Judentum. Einem institutionell verfassten Christentum ist Muhammad zeitlebens nie begegnet. Die Begegnung mit dem Judentum in Medina ist für beide Seiten ein Desaster[80]. Nur ganz wenige jüdische Außenseiter (in den Quellen wird nur ein Mann von einiger Bedeutung genannt, Abdullah ibn Salam) konvertieren zum Islam. Vielleicht spielt Sure 3, 199 auf sie an (»Unter den Leuten der Schrift gibt es welche, die an Gott glauben und an das, was zu euch und was [früher] zu ihnen [als Offenbarung] herabgesandt worden ist«). Muhammad versucht den Bundesschluss mit den Juden. Er bekennt in Medina Abraham als den ersten monotheistischen Glaubenden. Er bekennt seinen Glauben an die jüdische Tora und die Propheten des AT, die er dort wohl auch zum ersten Mal genauer kennen lernt. Er schreibt den Muslimen die Gebetsrichtung nach Jerusalem vor. Aber die Mehrzahl der Juden in Medina lehnt ihn ab und verspottet ihn. Das führt auch Muhammad zu einer Kehrtwendung. Vor allem Sure 2 reflektiert die immer grundsätzlicher werdende Kritik Muhammads an den Juden. Er war der Meinung, sie als Empfänger einer echten Offenbarung Gottes müssten als erste die Wahrheit der an ihn ergangenen Offenbarung desselben Gottes anerkennen. Wir sind doch alle – wir »Schriftbesitzer« – Muslime, Gott ergebene Diener (Islam = Unterwerfung), heißt es in Sure 29, 46: »Wir glauben an das, was (als

Offenbarung) zu uns, und was zu euch herabgesandt worden ist. Unser und euer Gott ist einer. Ihm sind wir ergeben.« Was Muhammad allerdings verweigert, ist ein Wunderzeichen zum Beweis der Wahrheit seiner Offenbarung. Das genau fordern die Juden in Medina offensichtlich. Das einzige Wunder, das er anbietet, ist der Koran selbst[81].

Muhammad wendet sich in der Folge enttäuscht von den Juden ab. Das äußere Zeichen dieses Gesinnungswandels ist die Umorientierung der Gebetsrichtung zur Ka'ba in Mekka, dem alten arabischen Heiligtum seiner Heimatstadt. Über die Änderung der Gebetsrichtung handelt ausführlich Sure 2, 142–152. Der Koran berichtet (Sure 2, 124–128; 22, 25 f.), Abraham habe mit seinem Sohn Ismael (= dem mythischen Stammvater der Araber) die Grundmauern der Ka'ba in Mekka als »Gotteshaus« und Wallfahrtsort aufgerichtet. Sure 2, 124–128 ist also eine Kultätiologie.

Im Gefolge der Kämpfe zwischen den Mekkanern und den Muslimen in Medina, die Muhammad als Feldherr anführt, gab es einige Gefechte, die später berühmt geworden sind: der muslimische Sieg von Badr (624), die Niederlage in Uhud (625), bei der Muhammad verwundet wird, die Belagerung Medinas durch die Mekkaner (627: der »Grabenkrieg«) und schließlich der unblutige Einmarsch der Muslime in Mekka (630). In Medina agiert Muhammad vor allem als »Realpolitiker«. Das zeigt sich brutal in seiner Behandlung der jüdischen Stämme. Da sie bei den Angriffen der Mekkaner für ihn unsichere Kantonisten waren, zwingt er die Qainuqa (624) und die Nadir (625) zur Herausgabe ihres Besitzes und zur Emigration. Der Stamm der Quraiza wird 627 ausgerottet. Etwa 600 Männer werden hingerichtet, die Frauen und Kinder versklavt. Technisch gesehen hatte Muhammad nicht selbst den Befehl zur Hinrichtung gegeben, sondern die Entscheidung in die Hand eines arabischen Führers aus Medina gegeben. Aber er hat die getroffene Entscheidung akzeptiert[82]. Der Grund für dieses Massaker war nicht ein vollzogener, faktischer Verrat, obwohl dieser Stamm in der Belagerung von Medina eine ziemlich fragwürdige Neutralität bewahrt hatte (Anspielung in Sure 33, 26). Der Anlass war, dass Muhammad einen Verrat von ihnen fürchtete. Vielleicht spielt Sure 8, 58 (»Und wenn du von [gewissen] Leuten Verrat fürchtest, dann wirf ihnen [den

Vertrag] ganz einfach [?] hin«) auf diese Aktion an. Militärisch gesprochen war es also ein »Präventivschlag«, zu allen Zeiten eine ausgesprochen dehnbare Begründung einer militärischen Aggression. In der islamischen Geschichtsschreibung wird diese Unternehmung dadurch gerechtfertigt, dass auf die *zeitgenössische* Situation des Kriegführens und die Bedrängnis der Muslime in Medina hingewiesen wird[83]. Darüber wird man sicher heute diskutieren müssen. Zu diskutieren sind sicher auch politische Liquidierungen, die Muhammad entweder ausdrücklich für einzelne (u.a. auch jüdische) Gegner angeordnet hat oder die mit seiner Zustimmung geschehen sind[84]. De facto ist Muhammad damit der einzige unter den Religionsstiftern großer Weltreligionen, der die Ausrottung einer gegnerischen Gruppe aus *militärischen* Gründen verantwortet hat. In der zeitgenössischen öffentlichen Meinung Arabiens wurde Muhammad allerdings nicht wegen dieser Tat kritisiert, sondern wegen des Befehls, bei einem Scharmützel mit den Nadir einen Teil ihrer Palmen umhauen zu lassen (vgl. Sure 59,5: *Allah hat das Fällen der Palmen erlaubt*).

Rückkehr nach Mekka

Die im Wesentlichen unblutige Einnahme von Mekka 630 konsolidiert Muhammads Macht in Arabien. Als er am 8. Juni 632 stirbt, ist Arabien zu einem großen Teil muslimisch[85]. Allerdings ist die Nachfolgefrage ungeklärt. Von seinen insgesamt dreizehn Frauen während seines Lebens hatte er keine (überlebenden) Söhne. Mit Khadidscha hatte er in Monogamie gelebt. Nach der Hidschra hatte er bis 625 vier Ehefrauen, eine Zahl, die nach der üblichen Auslegung von Sure 4,3 als Höchstzahl *jedem* Gläubigen zugestanden war. Sure 33,50f. erlaubt ihm allein die Ausnahme von dieser Regel. Als er stirbt, leben noch neun seiner Frauen. Die letzte Heirat war 629. Sure 33,50f. macht den Eindruck einer nachträglichen Rechtfertigung. Auch islamische Kommentatoren weisen darauf hin, dass die Passagen des Koran, die mit seinen Eheschließungen zusammenhängen, sehr schwierig sind[86]. Hasan von Basra (Hasan al-Basri) (gest. 728), ein einflussreicher Kommentator des 8. Jahrhunderts, hat Sure 33,37 den schlimmsten Vers des Koran genannt, der dem Propheten geoffenbart worden sei[87]. Muhammad hatte (im Alter von etwa 60 Jahren) die Frau seines Adoptivsohnes Zayd (des ehemaligen Sklaven) diesem sozusagen weggeheiratet – und der Vers rechtfertigt dies. Der Koran berichtet die Episode ungeschönt. Das ist der Beweis dafür, dass im Islam nicht der *Mensch* Muhammad zählt, sondern seine *Botschaft,* obwohl viele Muslime zu Recht empört reagieren, wenn Muhammad persönlich verunglimpft wird[88]. Als Muhammad stirbt, stirbt er als Triumphator. Arabien ist politisch und religiös weitgehend geeint[89].

Abhängigkeiten vom jeweiligen Kontext

Jesus

Wie Israel in politischer Hinsicht zur Zeit seine Einheit verloren hatte, so war das Volk auch geistig und religiös gespalten. Zwar waren die großen, einheitsstiftenden Faktoren durchaus noch vorhanden und spielten im geistlich-religiösen Alltag – auch im Leben Jesu – eine nicht unbedeutende Rolle. Bei näherem Zusehen stellt sich jedoch heraus, dass sie ihre eigentliche Aufgabe, das Volk zu einen, nicht mehr erfüllten. Das Wort »Israel« beschrieb das Gottesvolk. Ein Israelit war ein Angehöriger dieses erwählten Volkes. Doch die Zuschreibung war strittig. Es hatten sich Gruppen gebildet, die sich von der Masse des Volkes getrennt hatten, und für sich in Anspruch nahmen, exklusiv das »wahre« Israel, sozusagen Israel in Israel zu sein. Es bestanden allerdings noch Einheitsfaktoren. Dazu gehörten:

- Der Tempel in Jerusalem
  Der Tempel in Jerusalem ist der einzige Ort in der Welt, an dem Jahwe, dem Gott Israels, die gültigen Opfer dargebracht werden! So lautete die zeitgenössische Glaubensüberzeugung. Mit Ausnahme der Essener und der Leute aus Qumran wurde das Jerusalemer Heiligtum als Stätte des Jahwekultes auch von allen respektiert. Aber auch die Essener hatten sich nicht grundsätzlich vom Tempel getrennt. Sie boykottierten nur den *aktuellen* Tempelkult und erhofften einen erneuerten Tempel.
- Der liturgische Jahreskalender
  Im Tempel wurden die großen liturgischen Jahresfeste gefeiert. Dazu gehörten das Neujahrsfest (im Herbst), vor allem der Jom Kippur, der Versöhnungstag (zehn Tage nach Neujahr), ein Festtag der Priesterschaft, an dem der Hohepriester das Allerheiligste des Tempels betrat, um mit dem Blut von Tieren seine

eigenen Sünden, die der Priesterschaft und die des Volkes zu sühnen. An diesem Tag wurde auch ein Azazel- oder Sündenbock in die Wüste getrieben und von einem Felsen hinabgestürzt, zur Entsündigung des Volkes, das Laubhüttenfest, sechs Tage nach dem Jom Kippur, ursprünglich ein Fest der Weinernte, ein populäres Fest, das oft schlicht »das Fest« genannt wird, und das an die Zeit der Wüste und der Landnahme erinnerte, das Tempelweihfest, am 25. Kislev (November/Dezember), ein relativ junges Fest zur Erinnerung der Entweihung des Tempels durch Antiochos IV. Epiphanes (ca. 170 v. Chr.) und seiner Wiedereinweihung durch Judas Makkabäus, das große Wallfahrtsfest am 15. Nisan (dem Frühjahrsmonat), das Passahfest mit den ungesäuerten Broten, und das Wochenfest (fünfzig Tage nach dem Passahfest) als Erntedank zum Abschluss der Getreideernte.

- Der Synagogengottesdienst
  Im Tempel wurden *täglich* Opfer dargebracht. Dazwischen waren sicherlich Gebetszeiten geschaltet. Aber die Hauptfunktion des Tempels war der kultische Gottesdienst. In den Synagogen, die über das ganze Land verstreut waren (z. B. in Nazaret), wurde dagegen der *kultlose* Gottesdienst praktiziert, d. h. Gebet, Anhören des Schriftwortes und Predigt – insbesondere am Sabbat.
- Der Sabbat
  Der Sabbat wurde nicht nur durch den Gottesdienst in der Synagoge gefeiert, sondern er wurde in der Wohnung vorbereitet und fortgesetzt. Ein wichtiger Bestandteil war das Vorabendmahl des Sabbats, zu dem man den Bedürftigen, den durchreisenden Wanderer und den Bettler hinzuladen sollte.
- Die Bibel
  Die Heilige Schrift – vor allem der Pentateuch, das Gesetz des Mose (so bei Flavius Josephus und in der rabbinischen Literatur des 2. christlichen Jahrhunderts) – war der gemeinsame Besitz Israels, wenn sich auch der Kanon des christlich so genannten AT erst im 1./2. christlichen Jahrhundert allmählich festigt. Es gab auch, wie wir aus den Qumranschriften wissen, keinen »textus receptus«, keinen Grundtext des »AT«, etwa im Tempel

zu Jerusalem, sondern eine Vielzahl von Varianten. Das führte zu Streit. Auch die *Auslegung* des Gesetzestextes (der Tora) war strittig. Die verschiedenen religiösen Gruppen hatten zwar alle einen mehr oder weniger ähnlichen Bezugstext wenigstens des Pentateuchs, interpretierten ihn allerdings sehr unterschiedlich und fügten weiterführende Auslegungsbestimmungen oder gar zusätzliche, deuterokanonische Texte hinzu[1].

Die klassische Dreigliederung der religiösen Landschaft, die aus Flavius Josephus stammt (Pharisäer, Sadduzäer, Essener), wird von der heutigen Forschung sehr stark in Frage gestellt und differenziert. Die Essener z. B. sind eine in sich sehr unterschiedliche Gruppe. Nur einige Stichworte zum Hintergrund[2]:

Die religiöse und politische Paralyse Israels hat ihre Wurzel im politischen Umbruch, der durch die Herrschaft der Seleukiden in Syrien und Palästina hervorgerufen worden war. Die Makkabäer (= die Priesterfamilie der Hasmonäer unter Führung des Judas Makkabäus und seiner Brüder) hatten noch erfolgreich den Fremdherrschern widerstanden. Die folgende Dynastie der Hasmonäer (der ursprüngliche Name der Makkabäer) hatte es jedoch gewagt, das königliche mit dem hohepriesterlichen Amt in einer Person zu vereinigen. Über diesen Streitpunkt der Doppelfunktion eines Herrschers im Hohepriesteramt gewannen die später bekannten Religionsparteien offenbar ihr maßgebliches Profil. In dieser Situation entsteht die Bewegung der Chassidim (der Frommen), auch Asidäer genannt. Ihr Anliegen ist es, die »Reinheit« und »Heiligkeit« des Gottesvolkes Israel zu wahren oder wiederherzustellen. Die Chassidim (Asidäer) unterstützten deshalb den Widerstand der Makkabäer und widersetzten sich aus dem gleichen Grund in ihrer Mehrheit der Königsdynastie der Hasmonäer. Das lag an dem Wandel in der Vorstellung der Heilsverwirklichung, der sich in dieser Zeit ereignet. Die neue Sicht manifestiert sich in der Apokalyptik, die im Zusammenhang mit den Chassidim verstanden werden muss. Literarisch ist das z. B. fixiert worden im Daniel- (ca. 168/164 v. Chr.) oder im Henochbuch (etwa 170 v. Chr. oder jünger). Hatte man bislang das Handeln Gottes in Gericht und Rettung als ein ausschließlich innerweltliches gesehen (deswegen zunächst die Unterstützung des Aufstandes der Makkabäer durch die Chassidim), so blickte man jetzt auf ein Ende der Geschichte (deswegen die Skepsis gegenüber dem theokratischen Modell der Hasmonäer). Am Ende der Geschichte (so die vorherrschende Theorie der Chassidim) werde sich Gott offenbaren, die Toten (ursprünglich nur die Gerechten, später alle Verstorbenen) aus den Gräbern rufen und zu neuem Leben erwecken und ein individuelles Gericht abhalten, das nach den Werken erfolgen wird. Dieses Eingreifen Gottes wurde für die nähere Zukunft erhofft, da die sich steigernde Bosheit in der Welt, so sah es diese Weltdeutung, den richtenden Zugriff Gottes erwarten ließ. Weil die Situation so schlimm erschien, werde Gott bald eingreifen. Als Retter- oder Richterfigur wurde allerdings nicht Gott selbst gesehen, sondern ein »Menschensohn«, der als ein himmlisches Wesen galt. Nach Dan 7,13 wird der Menschensohn-Ähnliche zum Hochbetagten (= Gott) gebracht, nach 4 Esr 13,3 (einer späteren Schrift, 1. Jahrhundert n. Chr.?) führt ihn der Sturmwind aus dem Inneren des Meeres hervor. Etwas paradox ist allerdings ein Trend: Auf der einen Seite steht in der Apokalyptik eine universalmenschliche, ja geradezu kosmische Perspektive. Auf der anderen Seite sind es immer Restgruppen, Partikulärgemeinschaften in Israel, die sich als Träger dieser heilswirksamen Einsichten und Offenbarungen begreifen. Diese (chassidisch- bzw. asidäisch-)apokalyptischen Gemeinden sind zur Zeit Jesu nicht mehr existent[3]. Aber die chassidische-Mentalität wirkt fort. Jede der verschiedenen Gruppen (mit Ausnahme der Sadduzäer) zur Zeit Jesu ist von ihr geprägt.

- Die Essener

Im NT sind die Essener nirgendwo namentlich erwähnt. Seit den Handschriftenfunden aus der (monastischen) Gemeinde von Qumran 1947 ist das Interesse an den Essenern stark gewachsen[4]. Allerdings sollte man beachten, dass die Gemeinde von Qumran nicht typisch für andere essenische Gemeinden ist, die es verstreut im Lande gegeben haben mag. Es gibt sogar Autoren, die die Qumran-Leute in eine gewisse Nähe zu sadduzäischen Positionen rücken[5]. Die Gruppe der Essener entsteht im 2. Jahrhundert oder um die Wende vom 2. zum 1. Jahrhundert v. Chr. Dass es sie gegeben hat, hat schon Flavius Josephus überliefert. Er spricht von der »philosophischen Schule« der Essener (manchmal auch Essäer). Auch der römische Schriftsteller Plinius der Ältere (1. Jahrhundert n. Chr.) erwähnt sie. Nach Auskunft der beiden (besonders des Flavius Josephus) lebten die Essener teils ehelos, teils verheiratet, ohne eigenen Besitz, in einer gewissen Hierarchie verstreut in den Städten des Landes. Das passt nicht ganz zu Qumran, das wenigstens in seinem Kernbestand ein streng monastisches »Kloster« war. Nach Aussage des Flavius Josephus haben die Essener mit einem Weiterleben der Seele nach dem Tode, dem Himmel für die Guten und der Hölle für die Schlechten, gerechnet. Den konkreten Tempelkult in Jerusalem lehnen sie ab.

Die Gründung der Gemeinde von Qumran dürfte um 150–135 v. Chr. erfolgt sein, initiiert von einem (oppositionellen) Jerusalemer Tempelpriester (?), dem »Lehrer der Gerechtigkeit«. In den Qumran-Schriften ist die Rede von einem »Frevelpriester«, der den Tempeldienst in Jerusalem diskreditiert habe. Unklar bleibt, ob diese Bezeichnung Jonathan Makkabäus (160–142 v. Chr.) meint, der als Hohepriester fungierte. Ziel war die Wiederherstellung der Heiligkeit des Volkes Israel durch Absonderung. Der Sabbat wurde streng beachtet, ja vielfach radikalisiert. So durfte man z. B. Vieh, das in die Grube gefallen war, am Sabbat nicht herausholen (Dam 11, 13 f.). Im Grunde erwartet die Gemeinde drei »Messiase« in der Endzeit, die für sie jetzt angebrochen ist:
1) den Propheten (Dtn 18, 18 f.), einen Endzeitpropheten, der Mose gleicht,
2) den Messias Aarons, den Priestermessias, und
3) den Messias Israels, den Königmessias (1 QS 9, 11).

Den Vorrang hat der *Priester*messias. In dem endzeitlichen Krieg der Söhne des Lichtes gegen die Söhne der Finsternis (1 QM) werden die Lichtsöhne mit Gottes Hilfe siegen und alle, die kultisch unrein sind, aus Israel ausrotten[6].

In welcher Beziehung steht Jesus zu den Essenern? Die genauere Debatte muss den Spezialisten vorbehalten bleiben. Für unsere Fragestellung können folgende Punkte festgehalten werden:
– Die Mehrheit der Forscher scheint heute anzunehmen, Johannes der Täufer habe vielleicht mit Qumran in einer gewissen

Verbindung gestanden. Aus dem Täuferkreis kommen ja – nach Aussage des Johannesevangeliums – einige der Jünger Jesu.
– Es bestehen tatsächlich einige Parallelen zwischen Lehren der Essener und der Verkündigung Jesu (z. B. das Schwurverbot, der Ruf zur Umkehr, die akute Naherwartung des Reiches Gottes). Das kann durch den gemeinsamen chassidisch-apokalyptischen Hintergrund erklärt werden.
– Ob Jesus selber den Essenern angehört *hatte*, wissen wir nicht.

Drei Elemente seiner im NT überlieferten Praxis sind allerdings inkompatibel mit essenischen Überzeugungen:
– sein Lebensstil:
Das NT zitiert als Vorwurf der Gegner: »Seht den Fresser und Säufer ...« Das bezieht sich auch auf seine Indifferenz gegenüber dem asketischen Lebensstil der essenischen »Auswanderer« aus Israel.
– die Sammlung eines Jüngerkreises aus Menschen, die nicht in jeder Beziehung kultisch rein waren (Zöllner, Sünder ...).
– die Predigt von der bedingungslosen Liebe Gottes – auch gegenüber den Sündern.

• Die Pharisäer[7]

Im NT sind die Pharisäer die jüdische Gruppe, die auf das Schärfste kritisiert wird. Das könnte damit zusammenhängen, dass sie nach 70 im rabbinischen Judentum am einflussreichsten geworden sind. Sie sind ebenfalls aus der Chassidim-Bewegung herausgewachsen. Der Name leitet sich wohl ab von »peruschim« (die Abgesonderten), wohl weil sie sich innerlich vom übrigen Volk abgesondert hatten. Eine andere Ableitung bezieht sich auf »paroschim« (die genau Unterscheidenden) als Anspielung auf die genaue Gesetzesbeobachtung.

Die despektierliche Bezeichnung des Volkes als »Amme-ha-Arez« (Volk vom Land, ungebildetes Volk) stammt vermutlich von ihnen. Ein Hinweis darauf findet sich vielleicht in Apg 4,13 (»agrammatoi kai idiotai« als Beschreibung des Petrus und Johannes vor dem Hohen Rat). Doch ihre Absonderung war eine innere Emigration, kein Auszug in die Wüste wie vereinzelt bei den Essenern und kein Abschied vom Tempel. Sie blieben in den Städten und

Dörfern und beim Tempel. Soziologisch gehören sie zur Mittelschicht und haben Verbindung mit Levitenkreisen, die ja seit der Königszeit im Kultdienst *und* in der Verwaltung tätig waren. Ihr Anliegen war die Heiligung des Volkes durch die Übertragung kultisch-ritueller Reinheitsgesetze auf den Alltag außerhalb des Tempels.

Neben das Gesetz, das sakrosankt war, trat die Sammlung von Auslegungsbestimmungen, die helfen sollten, es im Alltag zu befolgen. Später wurde diese Sammlung »Überlieferung der Alten« genannt. Die Sammlung umfasste zahlreiche Regeln, die in derselben Weise verpflichtend waren wie die Weisung des Gesetzes. Dazu gehörten verschiedene Sabbatvorschriften, wie z.B. die Festlegung der Schritte, die man am Sabbat gehen durfte, ohne die Sabbatruhe zu verletzen, der »Sabbatweg« (Apg 1,12). Gegenüber der Naherwartung der messianischen Heilszeit waren sie zurückhaltend bis skeptisch. Was die Pharisäer allerdings genau lehrten, ist nicht immer einfach zu bestimmen, da sie eine offizielle schriftliche Fixierung ihrer Positionen ablehnten, so dass nicht immer klar ist, ob spätere rabbinische Traditionen einen Anhalt bei den Pharisäern finden. Auf jeden Fall gab es verschiedene Schulen, die sich gegenseitig bekämpften. Die bedeutendsten Schulhäupter jener Zeit waren Hillel und Schammai. Hillel war bekannt für eine eher großzügigere Auslegung des Gesetzes, Schammai galt als Rigorist. Die Pharisäer waren eine Laienbewegung und genossen große Achtung in weiten Kreisen der Bevölkerung. Politisch saßen die Pharisäer seit 67 v.Chr. im Hohenrat, allerdings nicht als die einflussreichste Fraktion. Das hat sie in den Augen anderer radikaler Gruppen kompromittiert. Die Qumranschriften schildern die Pharisäer als die Zerstörer des Gesetzes.

In Israel gab es damals den Berufsstand der Schriftgelehrten: Gesetzeskundige (Lk 7,30: »nomikoi«), Gesetzeslehrer (Lk 5,17: »nomodidaskalos«), Schriftkundige (»grammateis« – am häufigsten im NT). Sie waren theologische Lehrer und Rechtskundige, da die Bibel als religiöses Buch und als Rechtsnorm galt. Manche waren Leiter theologischer Schulen (mit Schülern) und/oder Sabbatprediger in den Synagogen. Oft hatten sie einen Brotberuf (wie Paulus schon zu der Zeit, als er sich noch Saulus nannte). Die Mehrheit der Schriftgelehrten gehörte im 1. christlichen Jahrhundert zur pharisäischen Partei, wenige zu den Sadduzäern.

Stand Jesus den Pharisäern nahe? Einige Autoren haben diese These vertreten[8]. Die Mehrzahl lehnt sie ab. Allerdings gab es ja innerhalb der Pharisäer verschiedene Schulen. Klaus Berger[9] hat den Unterschied so bezeichnet: Jesus und die Pharisäer wollen den Alltag durch die Beachtung des Willen Gottes heiligen. Die Pharisäer vertreten einen defensiven Reinheitsgedanken. Sie wollen das Volk heiligen, indem sie es davor bewahren, sich durch die Unreinheit anzustecken. Jesus verkündet einen offensiven Reinheitsgedanken: Nicht Unreinheit, sondern Reinheit ist ansteckend. Der Hauptunterschied scheint allerdings die Einschätzung des Gesetzes zu sein. Mit der typisch pharisäischen Vorstellung, dass der Mensch sich durch gute Werke quasi ein Recht vor Gott verschaffen könne, hat Jesus wenig gemeinsam gehabt. Darauf spielen wohl Mt 6, 1 (»Hütet euch, eure Gerechtigkeit vor den Menschen zur Schau zu stellen«) und besonders Lk 18,9–14 (die Erzählung vom Pharisäer und vom Zöllner im Tempel) an.

- Die Zeloten[10]

Die Zeloten als selbstständige Partei sind aus dem rigoristischen Flügel der Pharisäer hervorgegangen. Als die Römer nach 6 n. Chr. Judäa und Samaria unter direkte römische Verwaltung stellten und um 6/7 n. Chr. (unter dem syrischen Statthalter und Legaten Quirinius[11]) die römische Steuerveranlagung (»Census«) durchführten, riefen zum Widerstand dagegen auf ein Pharisäer Sadduk (Zadduk) und ein Judas aus der Gaulanitis (auch Judas der Galiläer). Judas dürfte ein Pharisäer und Schriftgelehrter gewesen sein. Flavius Josephus[12] nennt ihn »sophistes« (Schriftgelehrter?).

Die Bewegung war besonders in Galiläa beheimatet. Ihr Leitbild ist die alttestamentliche Gestalt des Pinchas (Num 25,6–13). Dahinter steht die Idee, dass in Notsituationen – wenn die Heiligkeit Israels gefährdet war – einzelne auch mit *Gewalt* für diese Heiligkeit eintreten müssten. Den Namen haben sie sich wohl selber gegeben (Zeloten = Eiferer). Ein wichtiges Motiv ihrer Vorstellungswelt ist der heilige Krieg[13]. Eine zunehmende Sympathie gewinnen sie beim Volke, besonders bei der armen Landbevölkerung. Das soziale Ressentiment zeigt sich vor allem bei den Sikariern (vom lateinischen Wort »sica« = Dolch), so der Name der späteren Zeloten, die bewusst Terroranschläge zur Destabilisierung der Gesellschaft einsetzten. Sie waren wohl die entscheidenden Initiatoren der Katastrophe, die der Krieg mit Rom für Israel bedeutete (von 67 bis ca. 73/74). Die Gruppe in Masada, die dort am längsten Widerstand leistete, waren Sikarier[14].

Als Gruppe werden sie in den Evangelien nicht erwähnt. Die These von Eisler (u. a.), die Jesusbewegung stehe den Zeloten nahe, wird heute nicht mehr vertreten. Dafür sind die Aussagen Jesu über Gewaltlosigkeit doch zu eindeutig. Andererseits gab es im Jüngerkreis (ehemalige?) Zeloten, mindestens einen: Simon der Zelot (Lk 6, 15; Apg 1, 13), vielleicht auch Judas Iskariot.

- Die Sadduzäer[15]

Sie sind als Gruppe aus den Evangelien bekannt. In der Hasmonäerzeit waren sie die Parteigänger dieser Dynastie (im Gegensatz zu den Chassidim, Essenern, Pharisäern). Zu ihnen gehörten die Vornehmen und Reichen, die Aristokratie und die Angehörigen der hohenpriesterlichen Familien. Von Jesu Geburt bis zum Untergang des jüdischen Staates stellten sie jeweils den amtierenden Hohenpriester. Unter den römischen Statthaltern waren sie einflussreich, weil sie mit ihnen kooperierten. »Israel« war für sie ebenfalls ein heiliger Begriff. Die Heiligkeit Israels war für sie garantiert durch den Tempel und die dort dargebrachten Opfer. Als verbindlich galt ihnen wohl nur der Pentateuch. Die pharisäischen Auslegungstraditionen, die »Überlieferung der Alten«, akzeptierten sie nicht. Im Einklang mit dem AT in seinem alten Bestand lehnten sie ein Fortleben nach dem Tod bzw. die Auferstehung der Toten und die Existenz von Engeln ab. Das Heil verwirklicht sich diesseitig und innergeschichtlich.

Der Name stammt von Sadok (Zadok), einem maßgeblichen Priester aus Davids Umgebung (vgl. 2 Sam 15, 24 u. ö.), also vom Priestergeschlecht der Sadokiden. So lautet jedenfalls die gängige Ableitung. Ein Teil dieser Sadokiden (die Familie der Oniaden) zog sich nach Ägypten zurück, wo sie um 150 v. Chr. in Leontopolis einen zweiten jüdischen Tempel in Konkurrenz zu Jerusalem errichteten, der ebenfalls 73 n. Chr. zerstört wurde. Ein kleiner Teil schloss sich vielleicht Qumran an (der »Lehrer der Gerechtigkeit«). Die übriggebliebenen Sadokiden wurden die Stammväter der Sadduzäer. Im Alltag und auch im Synhedrion scheinen sie sich irgendwie mit den Pharisäern arrangiert zu haben, wohl auch zwangsweise in einer Vernunftpartnerschaft. Die Sadduzäer hatten die Macht, die Pharisäer (bis zum Beginn des jüdisch-römischen Krieges) den größeren Einfluss auf das Volk.

Eine Verbindung Jesu zu den Sadduzäern hat bisher noch niemand behauptet. Dagegen spricht die Herkunft Jesu (aus Galiläa – und jedenfalls nicht aus einer Priesterfamilie am Tempel von Jerusalem).

Neben diesen Gruppen, die um Einfluss auf das Volk rangen, gab es kleinere Gruppen, die schwer zuzuordnen sind, wenn sie überhaupt als eigene Gruppen existierten:

- Die »Therapeuten«

Es ist unklar, ob diese Gruppe überhaupt als jüdische bestanden hat und nicht eine Rückprojektion einer späteren Zeit ist. Philon von Alexandria (gest. ca. 45/50 n. Chr.) nennt ihren Namen im 1. Jahrhundert[16]. Die Mitglieder (Männer und Frauen) seien besonders (!) in Ägypten anzutreffen. Im 4. Jahrhundert werden sie als klösterliche Lebensgemeinschaft dargestellt. Vielleicht sind sie auch identisch mit den Essenern.

- Die »Täufer«

Johannes der Täufer lässt sich schwer einer der bisher genannten Gruppen *deckungsgleich* zuordnen[17]. Andererseits scheint es in der Antike der Praxis des Johannes vergleichbare Tendenzen gegeben zu haben, das Heil an die Notwendigkeit einer rituellen Taufe, verbunden mit einer Lebensumkehr, zu knüpfen. Man hat deshalb die These vertreten, dass es solche »Täufer« als eine unterscheidbare Gruppe gegeben habe[18].

Die Frage stellt sich auch, wo alle diese Gruppen besonders einflussreich waren. Die Essener und Pharisäer agierten im jüdischen Kernland. Die Sadduzäer wirkten vor allem in Jerusalem. Die Zeloten waren besonders in Galiläa aktiv. Die Samaritaner waren wohl von keiner dieser Gruppen beeinflusst.

Wie ist Jesus selber in der Interaktion der verschiedenen jüdischen Gruppen zu situieren? Eine präzise Antwort ist deshalb schwierig, weil die unterschiedlichen Gruppen selber wieder in sich durchaus heterogen zusammengesetzt waren. Die Essener sind nicht völlig identisch mit den Qumran-Leuten, es bestehen innerhalb des Pharisäismus sehr verschiedene Schulen, die frühen Zeloten verfechten eine andere Praxis als die Sikarier zur Zeit des jüdischen Aufstandes, die Priesterschicht am Jerusalemer Tempel enthält auch Kritiker des konkreten Tempelkultes (der »Lehrer der Gerechtigkeit«?). Das Bild der Evangelien jedenfalls stellt Jesus dar in scharfem Kontrast zu den Pharisäern, wobei dieses Bild durchaus spätere Zuspitzungen in der christlichen Gemeinde erfahren haben kann, und im Widerspruch zu den Sadduzäern (Tempelprotest; vielleicht Joh 4,21, obwohl die Szene wohl unhistorisch ist: Anbetung Gottes *nicht* im Tempel!), den Sikariern (Gewaltlosigkeit) und den Qumran-Leuten (Geringschätzung gegenüber kultischer Reinheit). Jesus scheint tatsächlich zwischen allen Stühlen gesessen zu haben[19].

Gemeinsam mit allen genannten jüdischen Gruppen ist Jesus das Ziel, Israel zu sammeln. Der Unterschied liegt in der Methode. Jesus sammelt nicht eine partikuläre Gruppe, das »wahre« Israel, sondern er scheint alle Gruppen *in* Israel in seine Sammlungsbewegung einbeziehen zu wollen. Das unterscheidet ihn zumal von den Qumran-Leuten, deren höchstes Ziel in der Herstellung einer kultisch reinen Gemeinde liegt. »Der Umgang Jesu mit Sündern und kultisch Unreinen, der Bruch des jüdischen Sabbatgebots und der Reinheitsvorschriften gehören zum Bestbezeugten im Leben Jesu. Man scheint sich bald schon einen Spottvers auf ihn gemacht zu haben: ›Fresser und Säufer, der Zöllner und Sünder Gesell‹ (Mt 11,19). Wie wenig dieses Aufsehen, ja Ärgernis erregende Verhalten Jesu jedoch unmittelbar mit Gesellschaftskritik und Revolution im heute üblichen Sinn zu tun hat, geht schon aus der Tatsache hervor, dass die Zöllner keineswegs die Ausgebeuteten, sondern die Ausbeuter waren, die mit der römischen Besatzungsmacht kollaborierten.«[20]

Muhammad

Die arabische Welt, in der Muhammad wirkt, ist nicht durch verschiedene Parteien innerhalb derselben religiösen Weltanschauung (wie im 1. Jahrhundert in Palästina), sondern durch drei verschiedene, miteinander rivalisierende religiöse Ansprüche geprägt. Das Milieu, in dem Muhammad aufwächst, ist durch diesen religiösen Pluralismus eher indifferent.

- Der altarabische Polytheismus

Zentralarabien war zu Muhammads Zeit von der alten polytheistischen Religion der arabischen Stämme geprägt[21]. Im Islam heißt diese Zeit die Gahiliya, die Unwissenheit. Genaueres über die Glaubensvorstellungen der vorislamischen Araber wissen wir wenig. Offensichtlich waren viele Göttinnen und Götter bekannt, wurden aber stammesspezifisch verehrt. Religionswissenschaftlich lässt sich die Religion der alten Araber als Polytheismus beschreiben, der vielfach als Henotheismus erscheint, bei einzelnen mit der Tendenz zum Monotheismus. Es waren auch gewisse animistische Vorstellungen noch wirksam, z. B. der Gedanke, dass das Heilige sich in den Phänomenen der Natur und in bestimmten Gegenständen zeige. Ein wichtiger Wallfahrtsort war die Ka'ba, ein würfelförmiges Gebäude, heute zwölf Meter lang und fünfzehn Meter hoch.

Der Name »Mekka« (beim griechischen Geographen Ptolemäus »Macoraba«) lässt sich etwa mit »Kultort« übersetzen. In Mekka und Umgebung wurden vor allem drei Göttinnen verehrt (Lat, Uzza oder Ussa, Manat). Der Kultgegenstand, vor dem die drei Göttinnen angerufen werden, ist gewöhnlich ein auffallend geformter, unbehauener Stein. Die drei Göttinnen galten als Töchter eines Hochgottes (vgl. Sure 53,19f.). Dieser Hochgott hieß manchmal schlicht Allah (al-ilahu) = der Gott. Er ist der Schöpfer der Welt, Herr des Sturmes und Spender des Regens, der Gott, dem auch die geringeren Götter sich in ihren Bitten und Anliegen zuwenden. Allah wurde in der Ka'ba verehrt. Auch dort war ein Stein zu finden, nämlich ein schwarzer Meteoritenstein, der heute an der östlichen Seite der Ka'ba in die Mauer eingelassen ist. In irgendeiner Form sind wohl die drei Göttinnen auch in Mekka (und vielleicht sogar in der Ka'ba) angerufen worden. Im Laufe der Zeit scheint auch ein Bild eines Gottes Hubal in der Ka'ba aufgestellt worden zu sein. Mindestens einige haben wahrscheinlich Hubal mit Allah identifiziert.

Soweit wir diese altarabische Religion aus dem Koran kennen, der hier die wichtigste Quelle ist, spielt der Hochgott in der Alltagsfrömmigkeit keine Rolle. Zwar wird offiziell bekannt, dass er der Schöpfer der Welt und des Menschen sei (Sure 29,61; 23,84–90; 10,31). Aber er wird im Grunde nur angerufen in großer Not (z.B. Seenot: Sure 29,65; 31,32; 17,67) – und dann wieder (zugunsten anderer Gottheiten) vergessen bzw. vernachlässigt. Viel wichtiger sind die spezifischen Stammesgottheiten (denen allerdings manchmal auch der aus al-ilahu[22] kontrahierte Name »allah«, »der Gott«, beigefügt wurde), die in den Alltagssituationen angerufen wurden. Eine große Rolle spielen auch Dämonen und Geister (Dschinn). Der Polytheismus war jedenfalls eine altarabische Urgegebenheit. Der Koran spiegelt diese Haltung. Über den Propheten sagen seine Gegner (Sure 38,5): »Will er denn aus den (verschiedenen) Göttern einen einzigen Gott machen? Das ist doch merkwürdig.« Sure 12,106 schildert die religiöse Situation den Zeitgenossen: »Und die meisten von ihnen glauben nicht an Gott, ohne (ihm gleichzeitig andere Götter) beizugesellen.« Die Religion scheint kein Leben nach dem Tode zu kennen[23].

Wie steht Muhammad zu dieser Religion, in die er hineinwächst? Er selbst scheint diese Gottesvorstellungen am Anfang geteilt zu haben. Darauf spielt eine prekäre Geschichte an, die in der islamischen Tradition des 9. und 10. Jahrhunderts überliefert ist. Im 20. Jahrhundert ist sie wieder in den Blickpunkt geraten durch den Roman von Salman Rushdie, Die satanischen Verse (1989; englische Urfassung: 1988). Der Titel des Buches assoziiert diese Episode. Nach dem Bericht von Tabari[24] hat der Prophet seinen arabischen Zuhörern in Mekka zugestanden, das Fürbittgebet zu Lat (der Sonnengöttin), Uzza bzw. Ussa (die mit der Göttin der Liebe verglichen wird) und Manat (der Schicksalsgöttin) könne mit Erfüllung rechnen[25]. Nach einiger Zeit habe er dies widerrufen, weil es eben nur *einen* Gott gebe, und er habe sein ursprüngliches Zugeständnis als eine Einflüsterung des Satans dargestellt. Die inkriminierten Verse

(= die »Satanischen Verse«) seien aus der endgültigen Formulierung von Sure 53, 19 f. purgiert worden. Gott habe ihm diesen Fauxpas in einer weiteren Offenbarung richtiggestellt (Sure 53, 23: »Das sind bloße Namen, die ihr und eure Väter aufgebracht habt, und wozu Gott keine Vollmacht herabgesandt hat«). Die Suren 17 und 22, so weiter die muslimischen Biographen, spielten darauf an.

In Sure 17, 73 f. heißt es (als Rede Gottes zu Muhammad):
»Und sie (d. h. die Ungläubigen) hätten dich beinahe in Versuchung gebracht, von dem, was wir dir (als Offenbarung) eingegeben haben, abzuweichen, damit du gegen uns etwas anderes als den Koran (w. als ihn) aushecken würdest. Dann (d. h. wenn du das getan hättest) hätten sie dich zum Freund genommen. Wenn wir dich nicht gefestigt hätten, hättest du bei ihnen fast ein wenig Anlehnung gesucht.«

In Sure 22, 52 wird gesagt: »Und wir haben vor dir keinen Gesandten oder Propheten (zu irgendeinem Volk) geschickt, ohne dass ihm, wenn er etwas wünschte, der Satan (von sich aus etwas) in seinen Wunsch unterschoben (oder: eingegeben, w. gelegt) hätte. Aber Gott tilgt dann (jedes Mal), was der Satan (dem Gesandten oder Propheten) unterschiebt. Hierauf legt Gott seine Verse (w. Zeichen) (eindeutig) fest. Er weiß Bescheid und ist weise.« Muhammad erleidet also (wenn die islamischen Biographen aus dem 9./10. Jahrhundert glaubwürdig sind) das Geschick der anderen Gesandten Gottes, dass der Satan seine Botschaft verwirrt. Diese Überlieferung aus dem 9./10. Jahrhundert, auf die sich Salman Rushdie bezieht[26], ist bis heute unter den muslimischen Gelehrten umstritten, da sie einerseits den Propheten in einem etwas fragwürdigen Licht zeigt, andererseits aber deswegen glaubwürdig sein könnte. Historischer Kern ist wohl, dass Muhammad tatsächlich – wenigstens in der Zeit vor seinem Berufungserlebnis (und vielleicht sogar noch eine gewisse Zeit darüber hinaus) – die polytheistischen Gottesvorstellungen seiner Umwelt geteilt hat, bis er zu dem Propheten des einzigen Gottes wurde.

- Der jüdische Glaube[27]

Das Judentum war in Zentralarabien gut organisiert und vor allem in den Städten bzw. Oasen im Nordwesten Arabiens konzentriert. In Südarabien bestand von ca. 400 bis etwa 525 n. Chr. sogar ein jüdisches Königreich, das durch eine äthiopische Invasion zerstört wurde. Die jüdischen Siedler (vielleicht Einwanderer, teilweise sicher Proselyten) in Arabien waren Handwerker (besonders Goldschmiede) und kleine Bauern, hatten aber auch Schriftgelehrte und Rabbinen. Ob in Mekka selber Juden lebten, ist unbekannt, aber nicht unwahrscheinlich. Die nächste geschlossene jüdische Siedlung (Medina) liegt rund 300 km entfernt. Deswegen dürften der jüdische Einfluss und die Notwendigkeit, sich ihm gegenüber zu definieren, für Muhammad ausgesprochen minimal gewesen sein. Das ändert sich grundsätzlich in Medina.

Es ist nun ausgesprochen schwierig, den Einfluss jüdischer Vorstellungen auf Mohammed herauszuarbeiten. Auf der einen Seite steht der polemische Vorwurf, der aus dem Mund von Juden auch im Koran erwähnt wird, und der dann im Mittelalter der christliche Standardvorwurf wird, Muhammad sei ein »Falschprophet«, der von Gott nicht legitimiert sei, vielmehr die Botschaft Gottes verdreht weitergegeben habe, also ein im Grunde verständnisloser Plagiator wesentlich jüdischer (bzw. später christlicher) Glaubensvorstellungen. Muhammad hat diese Kritik am schärfsten von Juden erlebt (Sure 5,82): »Du wirst sicher finden, dass diejenigen Menschen, die sich den Gläubigen gegenüber am meisten feindlich zeigen, die Juden und die Heiden sind.«[28] Auf der anderen Seite steht die weitgehende Weigerung muslimischer Gelehrter bis heute (mit verschwindend wenigen Ausnahmen) im Blick auf den Text des Koran eine literarische (oder durch mündliche Überlieferung vermittelte) Abhängigkeit zuzugeben. Allenfalls ist ein kleiner Spielraum geschichtlicher Entwicklung in Gott eingeräumt – durch die Elemente des Koran, die Gott selber nach ihrer Offenbarung aufhebt und damit als rein situationsbedingt erklärt (z. B. die Änderung der Gebetsrichtung) (vgl. Sure 17,41). Das Theologumenon, mit dem der Islam diese a-historische Qualität des Korantextes proklamiert, ist die Rede von Muhammad als einem »ungelehrten Propheten« (vgl. Sure 7,156). Die islamische Tradition hat das dann überspitzt in der Aussage, Muhammad habe weder lesen noch schreiben können. Diese Aussage ist als historische kaum glaubhaft, denn Mohammed war ein Kaufmann. Sie hat die Funktion, den Text des Koran von dem Verdacht freizusprechen, er sei Muhammad etwa durch

menschliche Vermittlung, aus menschlichen Quellen (und das heißt ja zunächst in der Situation Medinas: aus jüdischen Quellen) zugeflossen. Zwei Suren unterstreichen das:
Sure 11, 49:
»Wir geben es dir (als Offenbarung) ein. Du wusstest zuvor nichts davon (w. du wusstest sie vorher nicht), auch nicht dein Volk.«
Sure 75, 17–19:
»Es ist unsere (und nicht deine) Aufgabe, ihn (= den Koran; Anm. W. K.) zusammenzubringen und zu rezitieren. Und (erst) wenn wir ihn (dir vor-)rezitiert haben, dann folge seiner Rezitierung! Hierauf ist es unsere Aufgabe, ihn (in seiner Bedeutung im einzelnen) darzulegen.«
Gott – so das Theologumenon – ist der einzige Autor des Textes. Der Prophet ist ein unwissendes Vollzugsorgan bei seiner Übermittlung[29].

Wie weit war Muhammad von spezifisch jüdischen Glaubensvorstellungen geprägt? Ein unmittelbarer jüdischer Einfluss ist – zumindest in Mekka – wohl auszuschließen. Eher ist eine Vermittlung durch die arabischen »Gottsucher« (hanif) anzunehmen, die von mono-theistischen Vorstellungen geprägt waren, die ihrerseits vielleicht durch den jüdischen (und christlichen) Monotheismus beeinflusst worden waren. Muhammad war subjektiv davon überzeugt, dass Gott ihm die Offenbarung eigenständig habe zukommen lassen und dass diese Offenbarung dieselbe sei wie die, die Gott ursprünglich den Israeliten zuteil werden ließ. Das zeigt Sure 3, 84:
»Sag: Wir glauben an Gott und (an das) was (als Offenbarung) auf uns, und was auf Abraham, Ismael, Isaak, Jakob und die Stämme (Israels) herabgesandt worden ist, und was Mose, Jesus und die Propheten von ihrem Herrn erhalten haben, ohne dass wir bei einem von ihnen (den anderen gegenüber) einen Unterschied machen. Ihm sind wir ergeben (= Muslime; Anm. W. K.).«[30]

Die Frage, die der westliche Orientalist unbefangen stellt, was Muhammad (bewusst oder unbewusst) aus dem Judentum übernommen habe, stellt der Muslim umgekehrt. Was ist im Judentum noch von der Botschaft Gottes, die an Abraham u. a. erging, vorhanden? Das Kriterium, dies festzustellen, ist der Koran, die unüberbietbare Offenbarung Gottes. Dem Anspruch nach behauptet der Koran, durch den Bezug auf Abraham älter als Judentum und Christentum zu sein (Sure 3, 67 f.):

»Abraham war weder Jude noch Christ. Er war vielmehr ein (Gott) ergebener Hanif, und kein Heide (w. keiner von denen die [dem einen Gott andere Götter] beigesellen). Die Menschen, die Abraham am nächsten stehen, sind diejenigen, die ihm (und seiner Verkündigung seinerzeit) gefolgt sind, und dieser Prophet (d. h. Mohammed) und die, die (mit ihm) gläubig sind.«

Andererseits bleibt es unbenommen, die vorliegenden Texte des AT und des Korans zu vergleichen. Dabei fällt auf (angesichts des Anspruches, den Muhammad selbst erhebt), dass die große Spruchtradition der alttestamentlichen Propheten in keinem einzigen Text im Koran rezipiert ist. Aufgenommen in den Koran sind ausdrücklich die großen Erzählungen (Erschaffung der Welt, der Sündenfall, der Brudermord, die Sintflut, der Turmbau zu Babel), die Patriarchengeschichte (von Abraham bis Josef), Episoden der Geschichte Israels (der Exodus aus Ägypten, die drei Könige Saul, David und Salomo) und Berichte zu einzelnen Gestalten (Elia, Elischa, Josua, Hiob, eine Kurzerwähnung Esras)[31]. Allerdings sind diese Stoffe mit apokryphen Elementen versetzt oder ausgemalt[32].

Ganz vorsichtig gesagt (und ohne die Frage der Genese der islamischen Glaubensvorstellungen anzusprechen) lässt sich also festhalten, dass folgende Elemente dem Judentum und dem Islam gemeinsam sind:

der radikale Monotheismus,
eine gemeinsame Glaubenstradition (Stichwort: »Abraham«),
Anlehnung an den jüdischen Gottesdienst.

Den Freitagsgottesdienst, als gemeinsamen Gottesdienst der Muslime, soll Muhammad in Medina (kurz nach der Hidschra) eingeführt haben, vielleicht in Anlehnung an den jüdischen Sabbat, obwohl im Islam die Arbeit an diesem Tag nur während des Gottesdienstes zu ruhen hat. Die Gebetsrichtung war wenigstens in der Anfangszeit in Medina (wobei offen bleiben kann, ob sie es auch schon in Mekka war) wahrscheinlich die Richtung nach Jerusalem[33] und die *ursprüngliche* Zahl der täglichen Gebetszeiten betrug (wie in der jüdischen Religion) drei (früh, mittags, abends)[34].

- Begegnung mit Christen[35]

Im Unterschied zum Judentum, das in Arabien doch in einer gewissen strukturierten Institutionalität auftritt, ist Muhammad dem Christentum nur in der Person einzelner Vertreter begegnet, deren Loyalität zur großkirchlichen Lehre nicht in jedem Fall sehr eindeutig beschrieben werden kann. In Mekka hat er in den Christen zunächst Verbündete gesehen. So schickt er 615 seine Anhänger in das christliche Äthiopien. Sure 30, 2–5 freut sich über den Sieg der christlichen Byzantiner über die heidnischen Perser. Die vorletzte (oder vielleicht letzte) Sure des Koran (5, 82) beschreibt die Christen (»Nasara«) als diejenigen, die den Gläubigen in Liebe am nächsten stehen. Vermutlich haben einige wenige Christen (Handwerker, Sklaven) tatsächlich in Mekka gelebt. Diese Hochschätzung der Christen liegt sicher auch darin begründet, dass Mohammed sie in Mekka und in Medina nie als politische Gefahr empfinden musste. Aber er rechnet sie grundsätzlich trotzdem zu den Gegnern (vgl. Sure 5, 51; 9, 29.33).

Die wohl wichtigste Wurzel des Christentums für das vorislamische Arabien stellt Syrien (zu dem damals Palästina und Teile der heutigen Türkei, Mesopotamiens und Arabiens gehörten) und die Stadt Edessa dar. Die Bezeichnung der Christen als »Nasara« (syrisch: »Nasraye«) im Koran ist wohl aus der syrischen Kirchensprache übernommen. Einer der größten christlichen Denker dieser Region ist Ephraem der Syrer (ca. 306–374)[36]. Das Konzil von Chalkedon bedeutet zunächst für Syrien einen tiefgreifenden Einschnitt. Die Reaktion gegen das Konzil (mit der Entstehung der vorchalkedonensischen bzw. altorientalischen Kirchen) manifestiert sich vor allem in Ägypten, Äthiopien, Armenien und Syrien. Speziell von Äthiopien wird wiederum Südarabien christlich beeinflusst. Der diese Kirchen theologisch tragende Monophysitismus (als »Vermischung von Gottheit und Menschheit« in Christus[37]) ist kein einheitliches Phänomen. Die von der Großkirche bemängelte Gefahr des Monophysitismus besteht darin, dass er die Menschheit Christi entweder eliminiert oder ausblendet. Das stellt die Frage nach der Realität der Passion Christi. Im 6. Jahrhundert wird unter den Protagonisten des Monophysitismus darüber ein Streit ausgefochten, wobei bei einigen Vertretern doketische Positionen rehabilitiert werden[38]. Während der Monophysitismus (als Hauptvertreter Bischof Jakob Baradäus von Edessa, gest. 578, nach dem sich die »Jakobiten« nennen und der als eigentlicher Gründer der »syrisch-orthodoxen« oder »westsyrischen« Kirche gilt) die menschliche Seite Christi zugunsten seiner göttlichen Seite aufhebt, trennt der Nestorianismus (der heute in der »Apostolischen Kirche des Ostens« bzw. »ostsyrischen« Kirche weiterlebt), der ebenfalls im syrischen Raum durchaus lebendig war, das Göttliche und das Menschliche im Erlösungshandeln Gottes und belässt Jesus auf der menschlichen Ebene[39]. Der Koran schlägt sich in der Christologie auf die (judenchristliche) nestorianische Seite und wendet sich gegen monophysitische Übersteigerungen.

Von den neutestamentlichen Texten finden vor allem narrative Traditionen (aus den Evangelien, in der Regel vermischt mit apokryphen Texten) ihren Niederschlag im Koran[40], vor allem in den Suren 3,33–59, 4,157f., 5,110–120 und 19,1–33. Die Paulusbriefe oder die andere Briefliteratur kommen nicht vor. Die apokryphen Passagen stammen z.B. aus dem Protevangelium des Jakobus (Sure 3,37) oder aus dem Kindheitsevangelium des Thomas (Sure 3,49). Die christlichen Gemeinden, auf die sich Muhammad bezieht, müssen offensichtlich eine recht massive Marienfrömmigkeit besessen haben. Sure 5,116 polemisiert gegen eine Auffassung, nach der die Trinität aus Gott, Jesus *und* Maria bestehe. Muhammad sieht überhaupt den Hauptdissenspunkt in dem von ihm konstatierten Abfall des Christen vom Monotheismus. Die Christen hätten, so sein Vorwurf, Gott »Teilhaber« beigestellt (Sure 4,171): »Ihr Leute der Schrift! Treibt es in eurer Religion nicht zu weit und sagt gegen Gott nichts aus, als die Wahrheit! Christus Jesus, der Sohn der Maria, ist nur der Gesandte Gottes und sein Wort, das er der Maria entboten hat, und Geist von ihm. Darum glaubt an Gott und seine Gesandten und *sagt nicht* (von Gott, dass er in einem) *drei* (Hervorhebung W. K.)! Hört auf (so etwas zu sagen)! Das ist besser für euch. Gott ist nur ein einziger Gott. Gepriesen sei er! (Er ist darüber erhaben) ein Kind zu haben.«[41]

Eine mögliche Beziehung des Islam zum Manichäismus, die manchmal in der Literatur erwähnt wird[42], möchte ich nur andeuten. Es gibt tatsächlich Parallelen, aber eine literarische Verbindung ist nicht nachzuweisen.

Botschaft

Jesus

- *Die Grundbotschaft Jesu in den Gleichnissen*

Es wird in den Evangelien erklärt und von der Forschung nicht bestritten, dass die Rede von der »Gottesherrschaft« bzw. (als andere mögliche Übersetzung des griechischen Ausdrucks »basileia tou theou«) dem »Reich Gottes« im Mittelpunkt der Predigt Jesu stand. Das zeigt sich auch daran, dass sie im NT fast ausschließlich (bis auf wenige Ausnahmen im Johannesevangelium, in den echten Paulusbriefen, in der Apokalypse und relativ noch am häufigsten in der Apostelgeschichte) in den synoptischen Evangelien vorkommt und dort immer mit der Person Jesu und seiner Verkündigung verbunden wird. Was versteht Jesus unter diesem Begriff?

In der Exegese wurden folgende Bedeutungen vorgeschlagen:
a) Das »Reich Gottes« ist die in der Geschichte der Menschheit sich herausbildende Liebesgemeinschaft, die im Inneren des einzelnen Menschen beginnt. Das ist die klassische Deutung der Liberalen Theologie, für die z. B. Albert Ritschl (gest. 1889) steht. Adolf von Harnack (gest. 1930) hat die bekannte Stelle Lk 17, 21 (in der Einheitsübersetzung: »Das Reich Gottes ist mitten unter euch«) so übersetzt: »Das Reich Gottes ist *in* euch.«
b) Gegenüber dieser Interpretation haben zuerst Johannes Weiß und später Albert Schweitzer Einspruch erhoben. Jesus habe ein rein zukünftiges Reich erwartet, das durch kosmische Katastrophen, die einen Abschluss der Menschheitsgeschichte bedeuten, und allein durch Gottes Handeln herbeigeführt werde. Palästina sei der Mittelpunkt des neuen Reiches, in dem Jesus und seine Anhänger über das wieder konstituierte Zwölf-Stäm-

me-Volk herrschen würden. Albert Schweitzer hat diese These insoweit weitergeführt, als er annahm, Jesus habe dieses neue Reich als noch zu seinen Lebzeiten unmittelbar bevorstehend verkündet. Der Zug nach Jerusalem und die Passion seien für ihn das Mittel gewesen, dieses Weltende gleichsam mit Gewalt zu forcieren.

c) Charles Harold Dodd hat die rein zukünftige Deutung verworfen und die Rede vom Reich Gottes ausschließlich auf die Gegenwart bezogen. Jesus habe gepredigt, dass in seiner Person alle Erwartungen, die auf die Endzeit gerichtet waren, schon jetzt erfüllt seien (»realized eschatology«). In seiner Person vollziehe sich das Gericht Gottes und die Scheidung unter den Menschen.

d) Werner Georg Kümmel hat die Positionen von Weiß (bzw. Schweitzer) und Dodd miteinander vermittelt. Das Reich Gottes sei bei Jesus sowohl zukünftig (»futurisch«) als auch gegenwärtig (»präsentisch«) ausgesagt. Dieser Befund, der beide Verständnisweisen schon in den Aussagen Jesu findet, ist heute der Konsens der Exegeten. Kümmel hat ihn so gedeutet: In Jesus sei schon gegenwärtig, was das künftige Reich Gottes herbeiführen werde. Er habe eine Zwischenzeit zwischen seinem Tod und der endgültigen Ankunft des Reiches Gottes angenommen.

e) Rudolf Bultmann griff noch einmal die konsequent eschatologische These von Weiß auf. Jesus habe in der Vorstellungswelt des apokalyptischen Mythos gelebt, der von der Erwartung einer nahen, zukünftigen Weltumwandlung spricht. In der Folge aber habe diese Sicht einen »existentiellen« Sinn, der in der Gegenwart lebendig werde. Die Rede vom künftigen Reich Gottes stelle jeden Menschen *jetzt* in die Situation der Entscheidung. Die Schüler Bultmanns haben diese Übersetzung des apokalyptischen Mythos Jesus selbst zugeschrieben. Er habe die apokalyptische Zukunftssicht »entmythologisiert« und als Erfahrung der herandrängenden, jetzt Wirklichkeit werdenden Nähe Gottes gedeutet.

Die gemeinsame Überzeugung jedenfalls der deutschsprachigen Exegese ist, dass Jesus vom Reich Gottes futurisch und präsentisch gesprochen hat. Jesus hat dieses Reich auf verschiedene Weise beschrieben. Vor allem geschieht dies in Gleichnissen. Die Forschung hat deshalb besonders die Gleichnisse untersucht, denn sie sind die charakteristische Form der Verkündigung Jesu und gelten in der Regel als authentische Jesusüberlieferung. In anderen Worten: Wer Jesus möglichst direkt in der Originalsprache hören will, ist gut beraten, den Zugang über die Gleichnisse zu nehmen. Natürlich greift Jesus auf Bilder und Motive zurück, die in der jüdischen Überlieferung und speziell in Galiläa vertraut sind. Das Gleichnis von den bösen Winzern etwa bezieht sich auf das Weinberglied des Propheten Jesaja (Jes 5, 1–7). Aber die Gleichnisse schildern auch Alltägliches: Den Bauern, der den Samen auf sein Feld streut; den Fischer, der sein Netz auswirft; den Mann, der über Land geht und dabei Entdeckungen macht; den Beter, der den Tempel aufsucht, um dort zu beten; den Gastgeber, der Menschen zu sich lädt.

Die Gleichnisforschung hat verschiedene Phasen durchlaufen.

a) Adolf Jülicher (Die Gleichnisse Jesu, Tübingen ²1910) steht am Anfang der neueren Gleichnisforschung. Er unterstreicht den Unterschied zwischen einer Allegorie und einem Gleichnis. Eine Allegorie ist eine Bildrede, in der jeder Punkt eine eigene theologische Bedeutung hat. Die Auslegung der Allegorie besteht dann darin, dass sie Punkt für Punkt übersetzt werden muss. In Mk 4, 3–9 wird die Geschichte vom Sämann erzählt, der aussät. Die Auslegung, die Mk 4, 10–20 bietet, bezieht jeden einzelnen Zug der Erzählung auf eine eigene Botschaft. Die Geschichte wird also allegorisch gedeutet. Jülicher meint nun, dass die Gleichnisse bei Jesus stets nur *einen* Vergleichspunkt hatten. Wenn in den Evangelien Geschichten allegorisch eingekleidet sind, dann sei dies die Bildung der Evangelisten gewesen. Dieser eine Vergleichspunkt ist für Jülicher eine übergeschichtliche Wahrheit.

b) Eine andere Deutung versucht, die Gleichnisse Jesu von der historischen Situation her zu rekonstruieren, in der ein Gleichnis einmal vorgetragen worden ist. Joachim Jeremias (Die Gleichnisse Jesu, Zürich 1947) hat dies beispielhaft durchexerziert. Das Bildmaterial der Gleichnisse entstammt seiner Meinung nach oft ganz konkreten Erlebnissen und Erfahrungen Jesu oder Geschehnissen der Zeitgeschichte. Die Adressaten sind ursprünglich die Hörer (einschließlich der Gegner) Jesu. Das ist für ihn der »erste Sitz im Leben Jesu«. Erst viel später wurden in seiner Darstellung durch die neutestamentlichen Autoren aus den Gleichnissen Jüngerbelehrungen, der so genannte »zweite Sitz im Leben und Denken der Urgemeinde«. Wenn man diese »Umadressierung« aufdeckt und die jeweils historische Situation, soweit möglich, erarbeitet, dann stößt man seiner Meinung nach auf das »Urgestein der Überlieferung« und auf die ureigene Stimme Jesu.

c) Einen ganz anderen Weg beschreibt die neuere amerikanische Gleichnisforschung, zu der Dan Otto Via (Die Gleichnisse Jesu, München 1970) gehört. Er spricht von den Gleichnissen als in sich stehenden ästhetischen Gegenständen, die nicht auf anderes verweisen. Sie sind also – wie andere literarische Kunstwerke auch – unabhängig von ihrer Ursprungssituation und ihrem Verfasser Jesus gegenüber autonom. Im Grunde kann man sie sogar von dem Zusammenhang, in dem sie jetzt stehen, also der Evangelienüberlieferung, lösen. Sie haben die Kraft in sich, eigenständig die jeweiligen Hörer anzusprechen und ihnen ein Existenzverständnis nahe zu bringen, das ihr Leben verändern kann. Das klingt fast so, als bestehe in dieser literaturtheoretischen Annäherung an die Gleichnisse überhaupt kein Interesse, diese kleinen ästhetischen Objekte bzw. literarischen Kunstwerke, die die Gleichnisse sind, in irgendeiner Form in einer Biographie Jesu zu verorten. Via argumentiert aber an verschiedenen Stellen auch anders. Jesus ist der Verfasser der Gleichnisse. Das Existenzverständnis, das er in den Gleichnissen darbietet, ist dasselbe, das er selbst lebt. So werden die Gleichnisse zu einem Schlüssel für das Verstehen der Person Jesu. Er zeigt in den Gleichnissen die überraschende und vom Menschen nicht ausrechenbare Güte und Liebe Gottes, die der Mensch stets nur als Geschenk erfährt, das ihn geradezu überwältigt.

Jesu Gleichnisse stammen zu einem großen Teil von ihm. Es ist allgemein anerkannt, dass er damit einen Maßstab religiöser Rede gesetzt hat. Seit der Gott-Rede Jesu, die sich in den Gleichnissen ausdrückt, ist zumindest in der großen Theologie der Christentumsgeschichte die Überzeugung lebendig, dass von Gott angemessen nur in Bildern gesprochen werden kann. Jesus greift die vertrauten Bilder des Alltags auf. In jedem Jahr wird vom Sämann auf dem Feld ausgesät (Mk 4, 3–9) und wachsen Unkraut und Weizen miteinander (Mt 13, 24–30). In jedem Fang findet der Fischer gute und schlechte Fische in seinem Netz (Mt 13, 47–50). Aber er benutzt auch die außergewöhnlichen Situationen: Den Einbruch eines Diebes in der Dunkelheit (Mt 24, 43 f.); die egoistische Rücksichtslosigkeit, mit der ein Mensch seinen Nachbarn in der Mitte der Nacht aus dem Schlaf reißt, um für einen überraschenden Besuch um ein Stück Brot zu bitten (Lk 11, 5–8); die aufdringliche Witwe, die den Richter nicht in Ruhe lässt (Lk 18, 1–8); die grausame Härte eines Knechtes, dem eine riesige Schuld von seinem Herrn erlassen wird und der dennoch nicht davon absteht, eine unbedeutende Summe von seinem Mitknecht einzufordern (Mt 18, 23–35); oder den Vater, der trotz des Einspruches seines älteren Sohnes den verloren gegangenen jüngeren Sohn, der sein ganzes Erbe verspielt hat, wieder aufnimmt (Lk 15, 11–32).

Der Verfasser des Markusevangeliums deutet an einer Stelle das Sprechen in Gleichnissen in der Weise, dass Jesus deswegen auf diese Art gesprochen habe, um vom Volk bzw. den Außenstehenden jenseits des engeren Jüngerkreises gerade nicht verstanden zu werden (Mk 4, 10–13). Diese Darstellung ist sicherlich nicht historisch. Die Gleichnisse sind durchaus auch heute noch (und erst recht zur Zeit Jesu) ohne weiteres aus sich heraus verständlich. Anderseits ist die überlieferte und in Mk 4, 11 festgehaltene Rede vom »Geheimnis« des Reiches Gottes durchaus sachgemäß. Die Gleichnisse enthalten tatsächlich ein »Geheimnis«, das von den Hörern erfasst und geglaubt werden muss. Dies ist der unscheinbare Anfang des Gottesreiches, das wächst wie ein Senfkorn, das zum Baum wird, und sich durchsetzt und ausbreitet wie der Sauerteig, der den ganzen Brotteig durchsäuert (Mt 13, 31–33). Günther Bornkamm hat in seinem Jesusbuch dieses »Geheimnis« als Antwort auf die Fragen von damals und heute beschrieben[1]: »Ein unbekannter Rabbi von Nazareth in einem abgelegenen Winkel Palästinas? Eine Handvoll Jünger um ihn, die, als es darauf ankam, ihn im Stich ließen? Zweifelhaftes

Gesindel in seinem Gefolge – Zöllner, Dirnen, Sünder, ein paar Frauen und Kinder und einige Leute, denen er geholfen hat? Am Kreuz ein Spott der Leute, die vorübergehen? Das heißt Gottesreich? Weltenwende? Warum legitimiert er sich nicht ganz anders?«

Die Botschaft Jesu ist keine bloße Information, die eine Nachricht, und sei es auch eine »Gute Nachricht« bzw. ein Evangelium (von dem griechischen Wort »euangelion« = Frohbotschaft, Gute Nachricht), weitergibt an Hörer, die davon nicht weiter betroffen sind. Es geht darum, dass die Hörer sich nun dazu verhalten, wenn sie begreifen, was sich hier und jetzt, in diesem Augenblick der Geschichte, vor ihren Augen abspielt, nämlich das Angebot des Heiles durch das Handeln Gottes in seiner unfassbaren und unerhörten Güte.

- *Wunder*

Jesus hat Heilungen, Exorzismen (Dämonenaustreibungen) und Wunder praktiziert. Dieses Faktum kann eine ernsthafte historisch-kritische Analyse nicht bestreiten, auch wenn der Befund manche heutigen Exegeten und Bibelleser irritieren mag. Einige Jesus-Bücher setzen sich mit diesem Punkt seines Wirkens gar nicht auseinander. Die hauptsächliche Überlieferung der Wunder- und Heilungstätigkeit (einschließlich der Exorzismen) Jesu, die die talmudische Tradition polemisch widerspiegelt (Jesus als »Zauberer«), findet sich in den synoptischen Evangelien. Mk berichtet recht ausführlich. Mt ordnet die Wunderberichte den Erzählungen von Jesu Predigt bei. Sie bekräftigen seine Verkündigung (Mt 4, 23): »Er zog in ganz Galiläa umher, lehrte in den Synagogen, verkündete das Evangelium vom Reich und heilte im Volk alle Krankheiten und Leiden.« Lk beschreibt Jesus sowieso als den Heiler und Helfer, wie es Petrus im Haus des Kornelius zusammenfasst (Apg 10, 38): Es sei ja bekannt, wie Jesus »umherzog, Gutes tat und alle heilte, die in der Gewalt des Teufels waren ...«. Manche Autoren behaupten, eine der Quellenschriften des Johannesevangeliums sei eine Sammlung, die besonders Wunderberichte enthalten habe.

Allerdings setzen die Synoptiker und die johanneische Tradition unterschiedliche Akzente. Die Synoptiker haben Stellen, in denen der Glaube als notwendige Voraussetzung für ein zu wirkendes Wunder gefordert wird, etwa die »kantige« (Joachim Gnilka) Bemerkung Mk 6,5a, dass Jesus in Nazaret keine Wunder wirken konnte, weil in seiner Heimatstadt kein Glaube war, oder die Ablehnung der Forderung nach einem »Zeichen« (griechisch »semeion«) (z.B. Mk 8,11f.), das jeden Zweifel ausschließt. Die Wunder Jesu sind »Machttaten« (griechisch »dynameis«) (Mt 11,20f.23; 14,2 ...), die einem bei den Hörern wenigstens anfanghaft vorhandenen Glauben entspringen. Dieser Glaube kann heilen: »Dein Glaube (also nicht die Tat des Wundermannes Jesu; Anm. W. K.) hat dir geholfen bzw. dich geheilt« (vgl. Mk 5,34; 10,52; Lk 7,50). Die johanneische Tradition, die später anzusiedeln ist und deutlicher theologisch bearbeitet wurde, hat dagegen überwiegend Stellen, in denen das Wunder (griechisch »ergon«, eigentlich »Werk«) ein Zeichen ist, das den Glauben hervorruft und begründet (z.B. Joh 1,50 im Berufungsgespräch mit Natanael: »Du glaubst, weil ich dir sagte, dass ich dich unter dem Feigenbaum sah?«). Ähnlich auch Joh 4,48: »Wenn ihr nicht Zeichen und Wunder seht, so glaubt ihr nicht.« Das heißt: Bei Johannes kommt der Glaube vom Sehen des Gottessohnes (Joh 1,14: »Wir haben seine Herrlichkeit gesehen«), der sich durch seine als Zeichen dargestellten Wunder als Gottessohn erweist. Bei den Synoptikern (und das heißt wohl: bei Jesus) kommt der Glaube durch die Predigt. Wenn der Glaube da ist, kann Jesus auch Wunder wirken. Das scheint Paulus zu bestätigen, der Wunder und Wundererzählungen offensichtlich nicht für geeignet hält, den Glauben zu erwecken. In 1 Kor 1,22f. beschreibt er, dass die christlichen Missionare nicht auf die Zeichenforderung (der Juden) eingehen, sondern den gekreuzigten Christus predigen. Das Wunder bewirkt also nicht den Glauben. Andererseits erfährt aber der bereits bestehende Glaube durchaus Wunder, etwa im Leben der Gemeinde (Röm 15,18f.; Gal 3,5; 2 Kor 12,12). In anderen Worten: Wunder sind in der ursprünglichen Predigt Jesu und seiner Jünger gar nicht so entscheidend für den Glauben.

Innerhalb der Evangelien lesen wir von etwa zwanzig Heilungs- und Exorzismusgeschichten, wenn man von Verdoppelungen im Überlieferungsprozess und Mehrfachberichten derselben Geschichten in den verschiedenen Evangelien absieht. Um welche Krankheit es sich jeweils gehandelt hat, ist nicht immer medizinisch genau zu bestimmen. Das Krankheitsbild, das in Mk 9,14–27 von einem Knaben geschildert wird, ähnelt dem eines Epileptikers. Aber Bezeichnungen wie »Gelähmter« (vgl. Mk 2,1–12) oder »Aussätziger« (vgl. Mk 1,40–45) decken viele Formen von Krankheit ab, von nervösen Bewegungsstörungen und leichten Hauterkrankungen bis hin zu einer völligen Bewegungsunfähigkeit und Lepra. Charakteristisch für die damalige Zeit ist die Vorstellung, dass ein Dämon (manchmal auch mehrere Dämonen) von einem Menschen Besitz nehmen kann, und die weitere Meinung, dass auch Krankheiten von Dämonen verursacht sein können. Wie auch immer wir heute mit dieser Gedankenwelt zurechtkommen, es bleibt doch das Faktum bestehen, dass der historische Jesus tatsächlich Handlungen vollzogen hat, die den Zeitgenossen wunderbar oder unerklärlich vorkamen. Unstrittig ist, dass er Heilungen bewirkt hat. Diese Heilungen passen sich vollständig dem Verstehenshorizont seiner Umwelt an. Wie man sie heute von einem medizinischen Standpunkt aus zu beurteilen hat, ist eine Frage, die weithin offen bleiben muss, da medizinisch-wissenschaftliche Krankheitsberichte in den Evangelien nicht vorliegen.

Unstrittig ist ebenfalls, dass Jesus Exorzismen vorgenommen hat. Der Vorwurf der Gegner, dass er diese Akte mit Hilfe dämonischer Mächte (Beelzebul) bewirke (Mt 12,24), bzw. mit dem Teufel im Bund stehe, ist von christlichen Bearbeitern der Jesus-Überlieferung nicht vorstellbar (Kriterium der anstößigen Überlieferung), und beweist deshalb im Umkehrschluss (aus dem polemischen Reflex) die Historizität dieser Taten. Die Beobachtung, dass besonders Mk von Exorzismen berichtet, die Mt z.B. nicht alle aufnimmt, und dass Joh überhaupt keine Exorzismen erwähnt, zeigt, dass diese Aktivitäten des Wunderwirkens Jesu offenkundig auch für Christen problematisch waren. Andererseits scheint diese Tätigkeit auch einen historischen Hinweis auf das Selbstverständnis Jesu zu geben. Die Exorzismen bewiesen nach seiner Auffassung, dass der Satan vom Himmel gefallen (Lk 10,18), der Starke gefesselt (Mt 12,29) und die Gottesherrschaft schon angekommen war (Mt 12,28).

Neben den Handlungen des Heilens (einschließlich der Totenerweckungen) und der Exorzismen berichten die Evangelien von weiteren Wundern Jesu. Dazu gehören die »Verfluchung« des Feigenbaumes (Mk 11,13 f.20) (ein »Strafwunder«), die »Geschenkwunder« der Brotvermehrung, des wunderbaren Fischfanges und des Weinwunders in Kana sowie die »Rettungswunder« der Stillung des Seesturmes und des Schreitens auf dem Wasser des Sees Gennesaret.

Die Auslegungsgeschichte der Wundererzählungen ist nicht einheitlich. Vor der philosophischen Neuzeit wurden die Wunder als übernatürliche Eingriffe in den Naturverlauf verstanden. Sie galten den Apologeten, d. h. den Verteidigern des Christentums, als ein wichtiges Argument, mit dem die Wahrheit des christlichen Glaubens demonstriert werden konnte. Noch auf dem 1. Vatikanischen Konzil wurden die Wunder als Beweis für die Wahrheit der Offenbarung angeführt. »Da sie Gottes Allmacht und unendliches Wissen deutlich mitbeweisen, sind sie als solche die sichersten Zeichen der göttlichen Offenbarung und dem Verstehen aller Menschen angepasst.«[2]

Die Offenbarungskritik der Aufklärung hat die Beweiskraft der Wunder abgelehnt. Für Gotthold Ephraim Lessing sind Berichte von Wundern geschichtliche Erzählungen, die aus sich heraus keine Beweisgültigkeit für »Vernunftwahrheiten«, als die er die Kernaussagen des Christentums ansah, haben können[3]. Rationalistische Theologen erklären deshalb die Wunder weg. Carl Friedrich Bahrdt (gest. 1792) bezweifelt nicht die Historizität der Wunderberichte. Sie sind für ihn aber allesamt »natürlich« und »rational« verständlich zu machen. Jesus sei tatsächlich über das Wasser gegangen. Das sei deswegen möglich gewesen, weil damals Bauhölzer im See Gennesaret an der Stelle schwammen, an der Jesus das Boot verließ. Heinrich Eberhard Gottlob Paulus (gest. 1851) sucht nach Zwischenursachen, die im Text jeweils nicht genannt wurden, die seiner Meinung nach aber das Geschehen vernünftig erklärbar machen. Bei der Brotvermehrung hätten einzelne Personen in der Menge, die etwas mehr Proviant bei sich gehabt hätten, angestoßen durch das Beispiel Jesu, diese Speisen mit den Bedürftigen geteilt, so dass alle satt wurden.

David Friedrich Strauß und die form- und religionsgeschichtliche Deutung des 20. Jahrhunderts (Rudolf Bultmann, Martin

Dibelius) weisen dann darauf hin, dass viele Motive der neutestamentlichen Wundererzählungen schon im AT (auch vom Propheten Elischa wird z. B. ein Speisungswunder überliefert: 2 Kön 4, 42–44) oder in der Antike und der zeitgenössischen Religionsgeschichte (so wird etwa vom griechischen Gott Dionysos ebenfalls ein Weinwunder erzählt) bekannt waren. Diese Entdeckung führte dann oft zu der Überzeugung, die Wunder seien nicht historisch, sondern nur ein Mittel der neutestamentlichen Autoren, um die Botschaft von der Einzigartigkeit Jesu zum Ausdruck zu bringen. Die Wunder waren deshalb für viele Exegeten schon lange nicht mehr »des Glaubens liebstes Kind«, sondern eher ein Gegenstand der Verlegenheit.

Bei der historischen Würdigung der Wunderberichte gilt es zu unterscheiden. Die Aussage, dass Jesus Heilungen praktiziert und Exorzismen vollzogen hat, lässt sich historisch redlich nicht bestreiten. In der heutigen Exegese werden die anderen Wunderberichte, die Jesus im NT zugeschrieben werden, in der Regel eher als literarisches Mittel zur Charakterisierung seiner Person dargestellt. Die Frage nach ihrer historischen Wahrheit wird in der Regel sehr zurückhaltend und zuweilen entschieden negativ beantwortet. Manche Exegeten vertreten sogar die Meinung, dass speziell diese Wundergeschichten so »in den Sog von Ostern« (Joachim Gnilka), d. h. in das durch die Auferstehung neu entstehende Bild des erhöhten Herrn, geraten sind, dass es faktisch unmöglich sei, ihren historischen Kern zu rekonstruieren. Ob diese Zurückhaltung historisch gerechtfertigt ist, ist meiner Einschätzung nach nicht eindeutig bewiesen. Sie erinnert doch sehr an die bekannte Folgerung: »Daraus schloss er messerscharf, dass nicht sein kann, was nicht sein darf.«

Theologisch weiter führt die Frage nach der Funktion der Wunder im Auftreten Jesu. Offensichtlich ist Jesus in seiner Heimatstadt Nazaret auf Ablehnung gestoßen (Mk 6, 1–61). Historisch scheint sicher zu sein, dass Jesus dort keine Wunder wirkte (Mk 6, 5a: wirken konnte), weil er dort auf keinen Glauben stieß. In eine gleiche Richtung weist eine andere wohl ebenso historische Erzählung. Irgendwelche Gegner (bei Mk 8, 11 heißen sie Pharisäer, in Mt 12, 38 sind es Schriftgelehrte und Pharisäer, Mt 16, 1 spricht von Pharisäern und Sadduzäern und Lk 11, 16 redet allgemein von anderen Leuten) fordern von Jesus ein Zeichen, das unmittelbar von

Gott gewirkt ist und jeden Zweifel an der Legitimität Jesu ausschließen soll. Jesus lehnt dieses Ansinnen schroff ab. Er lässt die Personen, die solches fordern, einfach stehen (Mk 8,11–13). Wahrscheinlich hat er aber doch ein Zeichen in Aussicht gestellt. Lk 11,29 spricht von dem »Zeichen des Jonas«, das Mt 12,40 auf die Auferstehung bezieht und Lk 11,30 auf die Bußpredigt auslegt. Sicher scheint jedenfalls, dass Jesus mit den Zeichen bzw. Wundern nicht den Unglauben überwinden will (oder kann). Sie erschließen sich als »Machttaten« Gottes nur dem, der Jesus schon vorgängig glaubt oder wenigstens sich einem solchen Glauben gegenüber offen hält.

- *Ethik*

Jesus hat konkrete Weisungen vorgelegt. Sie finden sich verdichtet in zwei Überlieferungsstücken der Evangelien, nämlich in der »Feldrede« des Lukasevangeliums (Lk 6,17–49) und in der »Bergpredigt« des Matthäusevangeliums (Mt 5–7). Wie sind diese Lehren in ihrem Verhältnis zum jüdischen Hintergrund Jesu und zum jüdischen Gesetz (der Tora) zu sehen? Die klassische christliche und sehr entschieden die traditionelle evangelische Exegese hat in Jesus den Widerspruch zum jüdischen Gesetzesdenken und die Aufhebung der Tora gesehen. In neuerer Zeit wird zunehmend auf die Verankerung der Lehre Jesu im zeitgenössischen jüdischen und hellenistischen Kontext hingewiesen. Damit hängt ein zweites Grundproblem des Verstehens Jesu zusammen. War Jesus ein jüdischer Weisheitslehrer (die weisheitliche Ethik rechnet mit dem bleibenden Bestand der Welt und proklamiert zeitlos gültige Lebensregeln) oder ein eschatologisch motivierter Endzeitprophet (die eschatologisch geprägte Ethik setzt eine baldige Verwandlung der Welt voraus und artikuliert deshalb Weisungen für eine kurze Zwischenzeit, als Interimsethik)?

Seit etwa 1970 wird auf den sozialgeschichtlichen Hintergrund des Lehrens Jesu hingewiesen. Besonders Gerd Theißen hat die radikalen Forderungen der synoptischen Tradition, d.h. die Hochschätzung des Verzichtes auf Besitz, Heimat und materiellen Schutz und das Verlassen familiärer Bindungen, als Ausdruck der konkreten

Situation Jesu und seines engeren Jüngerkreises ausgelegt. Diese Gruppe habe das in der Bergpredigt artikulierte radikale Ethos tatsächlich gelebt (»Wanderradikalismus«). Nach dem Tod Jesu seien es diese wandernden Charismatiker gewesen, die die Botschaft Jesu weitergetragen hätten. Die Heimatlosigkeit, die zum Ideal erhoben worden sei, sei der Reflex einer »sozialen Entwurzelung«, die ihren Grund in der umfassenden Krise der damaligen jüdisch-palästinischen Gesellschaft habe. In einer Weiterentwicklung seiner Position hat Theißen dann die konkrete Ethik Jesu als »Wertrevolution« interpretiert, insofern Werte einer gesellschaftlichen Oberschicht, also die Worte zur Feindesliebe, zum Friedenstiften, zur Sorglosigkeit, zur Freizügigkeit im Umgang mit Besitz, zum Gelassensein usw., für gesellschaftliche Unterschichten zur Handlungsregel gemacht worden seien. Diese verschiedenen Zugänge zur Ethik Jesu lassen sich durchaus miteinander vermitteln. Andererseits ist aber stets daran festzuhalten, dass die Botschaft Jesu in ihrem Kern eschatologisch geprägt ist: Jesus proklamiert die Nähe und Ankunft der »Basileia« Gottes.

Vor allem in Mk (z. B. Mk 9,5 u. ö.) und Joh (Joh 1,38 u. ö.), selten bei Mt (Mt 23,7 f.; 26,25.49), wird Jesus als »Rabbi« angesprochen. Das aramäische Wort wird im Griechischen mit »didaskalos« (Lehrer) wiedergegeben. Die Anwendung des Wortes »Rabbi« auf Jesus zeigt, dass er dem zeitgenössischen Bild eines theologischen Lehrers entsprach, der Schüler um sich sammelte. Wo Jesus sich die dafür notwendige Kenntnis erarbeitet hat, ist historisch nicht nachweisbar, da wir von einer formalen Ausbildung bei einem bekannten Lehrer oder in einer Schule bzw. Tradition nichts wissen. Was lässt sich inhaltlich über seine Ethik sagen? Die jüdische Tora hat Jesus einerseits verschärft, andererseits entschärft. Radikalisiert hat Jesus die Tora (einschließlich der »Zehn Gebote«, also des Dekalogs) in den ethischen Geboten im engeren Sinne. Grundlegend fordert er eine Entscheidung zwischen Gottesverehrung und dem Dienst gegenüber dem Mammon (Mt 6,24; Lk 16,13): Man kann nicht zwei Herren dienen. Die entscheidende Forderung der Predigt Jesu besteht in dem Ruf zur Umkehr zu Gott, den Jesus konsequent als »Vater« anredet. Diese Umkehr verwirklicht sich für Jesus in den Weisungen der Bergpredigt. Er spitzt hier den Dekalog zu. Nicht nur das Töten, sondern der Zorn ist Schuld (Mt 5,21 f.). Nicht nur die Tat des Ehebruches, schon die innere Zustimmung dazu und das Begehren sind Schuld (Mt 5,27 f.). Ausdrücklicher Inhalt seiner Lehre ist das Verbot einer neuen Heirat von getrennt lebenden Ehepartnern. Für Jesus existiert die Ehe trotz der (im jüdischen Gesetz möglichen) Scheidung der Partner weiter (Mk 10,11 f.). Paulus, der im Falle einer Ehe mit Nichtchristen auf Wunsch des nichtchristlichen Partners die Trennung erlaubt (1 Kor 7,10 f.), und das Matthäusevangelium, das im Falle der »Unzucht« die Scheidung zugesteht (Mt 5,32; 19,9), haben die uneingeschränkte Forderung Jesu gemildert. Unbedingt verbietet Jesus auch den Eid (Mt 5,33–37; Jak 5,12). Paulus dagegen leistet einen Eid, um die Wahrheit seiner Aussagen zu unterstreichen (2 Kor 11,31; Gal 1,20; Röm 9,1).

Zentral für Jesus ist das Liebesgebot. Das AT kennt es als Gebot der Liebe zum Nächsten (Lev 19,18). Jesus radikalisiert es in drei Richtungen, nämlich als Liebe zum Feind (Mt 5,43–48 beendet damit die Antithesen der Bergpredigt; Lk 6,27 f.35b beginnt mit dieser Weisung die Auflistung der Gebote der Feldrede) in jedweder Form, sei es als Prozessgegner, als Feind der eigenen Gruppe oder Gemeinschaft, als Kriegsgegner oder als religiöser Verfolger, weiter als Liebe zum Fremden (Lk 10,25–37) und schließlich als Liebe zum Sünder (Lk 7,36–50).

Gerade die radikalen Forderungen der Bergpredigt, speziell die sechs »Antithesen«[4], die jeweils die Weisung Jesu einem alttestamentlichen Gebot gegenüberstellen, haben in der Geschichte des Christentums Schwierigkeiten bereitet. Sind sie verpflichtend für die, die sich auf den Weg der Nachfolge Jesu machen? In der Forschung wird darüber diskutiert, ob ihre konkrete Ausdrucksform, so wie sie in Mt vorliegt, zur Gänze auf Jesus zurückgeht oder ob die Antithesen der matthäische Reflex der Auseinandersetzungen zwischen Judentum und Christentum sind. Entscheidend ist allerdings, dass Jesus der Sache nach solche Gebote gegeben hat. Gelten sie nur für die damalige Situation einer enthusiastisch das baldige Weltende erwartenden Gruppe von »Wandercharismatikern«, sind sie nur verpflichtend (als »evangelische Räte«) für eine kleine Gruppe von Christen, die in Ordensgemeinschaften einen besonderen und radikalen Weg der Nachfolge gehen, oder sind sie Handlungsmaßstab für alle Christen?

Es gibt in der Christentumsgeschichte tatsächlich die Tendenz, mit ausdrücklichen Geboten Jesu so umzugehen, wie der brave Soldat Schwejk mit den Befehlen seiner Vorgesetzten umgegangen ist, nämlich nach dem Motto »Das ist ja alles nicht so ernst gemeint.« Entweder werden die Weisungen dann als zeitgeschichtlich bedingt, als maßlose Überforderung und »Zielgebote«, die sowieso in der Praxis nicht zu leben sind, oder als verbindlich nur für eine Elite hingestellt. Es ist allerdings nirgendwo in der Jesus-Überlieferung feststellbar, dass Jesus verschiedene Wege der Nachfolge im Auge hatte. Joachim Gnilka folgert deshalb in seinem Jesus-Buch die grundsätzliche Gültigkeit der radikalen jesuanischen Gebote auch heute[5]: »Die Glaubwürdigkeit dieser radikalen Forderungen liegt allein bei Jesus. Er selbst hat diesen Weisungen in seinem Leben vollständig entsprochen. Er hat diese Gewaltlosigkeit geübt, sich in dieser Weise den Menschen preisgegeben und unbegrenzt von dem Seinen mitgeteilt. Weil diese Weisungen seiner Lebensform entsprechen, hat er sie überhaupt formuliert. Die Konvergenz von Wort und Tat schafft nicht nur die Glaubwürdigkeit, sondern sie verbürgt auch die Authentie der Weisung als Wort Jesu, und zwar in einem ganz dichten Sinn. Diese Worte sind nur als seine Worte denkbar. Für die Jünger, für uns bleiben diese Worte ein Stachel im Fleisch. ... Der Jünger ist durch die Weisung auf einen Weg gestellt, in den er sich einüben soll und auf dem er das gesteckte Ziel vor sich sieht. Auch wenn er das gesteckte Ziel nicht erreicht, besteht keine Veranlassung, zu verzweifeln oder die Jüngerschaft aufzugeben. Die Jüngerschaft aber wäre in Frage gestellt, wenn einer das gesteckte Ziel aus dem Blick verloren hat.«

Eine »Entschärfung« der Norm der jüdischen Tora geschieht durch Jesus gewöhnlich in seiner Kritik an rituellen Weisungen. Sie werden nicht abgeschafft, aber es wird ihnen regelmäßig das Gebot zur mitmenschlichen Hilfeleistung übergeordnet. So relativiert Jesus den Sabbat (Jesus und seine Jünger raufen Ähren am Sabbat, um sich zu ernähren; Jesus heilt am Sabbat); er nennt soziale Verpflichtungen wie Recht, Barmherzigkeit und Treue wichtiger als das Gebot, den Zehnten zu geben (Mt 23,23); er fordert auf, sich zuerst mit dem Mitmenschen, mit dem einer im Streit liegt, zu versöhnen, bevor man das Opfer zum Altar bringt (Mt 5,23f.); und er stellt grundsätzlich die jüdische Voraussetzung in Frage, dass der Mensch durch äußere Gegenstände »unrein« gemacht werden könne (Mk 7,15). Ernst Käsemann war der Ansicht, dass Jesus mit dieser Abweisung der jüdischen Reinheitsgebote die Autorität der Tora selbst in Frage gestellt habe. Im Grunde scheint Jesus aber mit dieser Normentschärfung im Blick auf die Ritualgebote seine hauptsächliche Adressatengruppe ins Visier zu nehmen, die »Zöllner und Sünder«, also Randgruppen in Israel. Die »Umkehr«, von der Jesus spricht, ist – anders als in Qumran oder bei den Essenern – keine Umkehr zu einem strengen Gehorsam gegenüber einer in den Ritualgeboten zugespitzten Tora, sondern zur »Basileia« Gottes.

- *Mahlgemeinschaft*

Jesus hat in verschiedener Weise Mahlgemeinschaften gefeiert, mit seinen Jüngern, mit Angehörigen anderer religiöser Gruppen in Israel und mit »Zöllnern und Sündern«. Dieser Umgang wurde ihm zum Vorwurf gemacht. Mk 11,19 scheint auf einen Spottvers gegen ihn Bezug zu nehmen: »Fresser und Säufer, der Zöllner und Sünder Gesell.« Mit Sozialkritik und Umsturz in einem modernen Sinn hat dieses Verhalten wenig zu tun. Die »Zöllner« waren nicht die Unterdrückten und Ausgebeuteten. Als Kollaborateure der Besatzungsmacht standen sie im Gegenteil an der Seite der Ausbeuter. Aus eben diesem Grund waren sie gesellschaftlich und religiös an den Rand gedrängt.

Das in der Tradition wichtigste Mahl ist das letzte Mahl, das Jesus mit seinen Jüngern vor seinem Tod gehalten hat, das »letzte Abendmahl«. In den Forschungen wurden zwei Punkte diskutiert: War das letzte Abendmahl die Fortsetzung der alltäglichen Mahlgemeinschaften Jesu, also sozusagen ihr Höhepunkt und ihre Erfüllung, oder war es die Stiftung eines neuen Kultritus in einem sakramentalen Mahlgeschehen? Damit hängt die weitere Fragestellung zusammen, ob das letzte Abendmahl in der Passahnacht stattfand, also ein Passahmahl war, oder ob es zwar im Blick auf das Passahfest, aber noch vor ihm gehalten wurde. Die letzte Frage ist noch heute umstritten.

Joachim Jeremias und Joachim Gnilka argumentierten, dass Jesus sein letztes Mahl als Passahmahl feierte. Nach Ex 12,3 wird es als Familienfest (mit Frauen und Kindern) begangen. Es war vorgeschrieben, dies in der Nacht und innerhalb der Mauern Jerusalems abzuhalten. Gerd Theißen und Annette Merz haben dafür plädiert, das letzte Mahl sei kein Passahmahl gewesen. Denn nach Mk 14,17 seien nur die zwölf Jünger (und nicht die mit Jesus ziehenden Jüngerinnen) anwesend gewesen. Auch sei es historisch unwahrscheinlich, dass die Kreuzigung Jesu und alle im Umfeld der Hinrichtung Jesu sich abspielenden Geschehnisse, die uns überliefert sind, sich an einem Passahfest zugetragen hätten. Diese Debatte kann man wohl den Spezialisten überlassen.

Sicher ist nach der Meinung der allermeisten Exegeten, dass Jesus tatsächlich ein letztes Mahl mit seinen Jüngern gefeiert hat. In dieser Situation hat er auch sein künftiges Geschick interpretiert. Die in der Leben-Jesu-Forschung der Liberalen Theologie und zuweilen bis heute vertretene Meinung, Jesus sei nach Jerusalem gezogen, um dort die Ankunft des Gottesreiches zu erwarten, ohne dass er mit seinem eigenen Tod rechnete, macht aus Jesus einen eher naiven politischen Tagträumer. Die Situation des Konfliktes spitzte sich gerade in Jerusalem dramatisch zu. Die Mehrheit der Exegeten nimmt deshalb mit wohl guten Gründen an, dass Jesus ernsthaft die Möglichkeit seines gewaltsamen Todes bedacht und dass er dieses Sterben und den Bezug seines Todes zu dem von ihm immer erwarteten und verkündeten Kommen der »Basileia« Gottes auch religiös-theologisch gedeutet hat. Der logische Ort, diese Interpretation den Jüngern vorzutragen, war das letzte Abendmahl. Dieses letzte Mahl war eine Symbolhandlung, wie sie von den Propheten des AT (Hosea heiratet auf Befehl Jahwes eine Dirne, um das Verhältnis Gottes zu seinem Volk auszudrücken: Hos 1,2–9; Jeremia zerbricht einen Krug, um die kommende Zerstörung Jerusalems zu bezeichnen: Jer 19,1–15) und auch sonst bei Jesus (die Einsetzung der Zwölf als Wiederherstellung des Zwölf-Stämme-Volkes Israel, das Mahl mit »Zöllnern und Sündern« als Hinweis auf das eschatologische Mahl Gottes mit den Menschen) vertraut ist. Wahrscheinlich hat Jesus sein Leiden mit dem Bild des Gottesknechtes gedeutet, wie ihn Jes 53,11 f. schildert: »Mein Knecht, der gerechte, macht die vielen gerecht; er lädt ihre Schuld auf sich. ... Denn er trug die Sünden von vielen und trat für die Schuldigen ein.« Damit versteht Jesus sein Sterben als Sühne für das Sich-Verweigern des Gottesvolkes Israel und als Gewährung eines (neuen) Heilsangebotes Gottes an die Menschheit.

Zu den Worten, die Jesus damals gesprochen hat, gibt es zwei Überlieferungen. Paulus (1 Kor 11,23–25) berichtet, was ihm selbst mitgeteilt wurde: »Jesus, der Herr, nahm in der Nacht, in der er ausgeliefert wurde, Brot, sprach das Dankgebet, brach das Brot und sagte: Das ist mein Leib für euch. Tut dies zu meinem Gedächtnis. Ebenso nahm er nach dem Mahl den Kelch und sprach: Dieser Kelch ist der Neue Bund in meinem Blut. Tut dies, sooft ihr daraus trinkt, zu meinem Gedächtnis.« Ähnlich schildert es Lk 22,19 f. Mk 14,22–24 (und vergleichbar Mt 26,26–28) hat folgenden Text: »Während des Mahls nahm er das Brot und sprach den Lobpreis; dann brach er das Brot, reichte es ihnen und sagte: Nehmt, das ist mein Leib. Dann nahm er den Kelch, sprach das Dankgebet, reichte ihn seinen Jüngern, und sie tranken alle daraus. Und er sagte zu ihnen: Das ist mein Blut, das Blut des Bundes, das für viele vergossen wird.« Das Johannesevangelium schildert ebenfalls ein Abschiedsmahl Jesu mit seinen Jüngern (Joh 13 f.), erwähnt aber keine Worte Jesu über Brot und Kelch, sondern die Fußwaschung, die Jesus als Inbegriff seines Lebens und als Auftrag an die Jünger darstellt (Joh 13,12–15).

Die Unterschiede zwischen Paulus und Mk sind: Paulus spricht von der Nacht, in der Jesus verraten wurde. Das »Deutewort« zum Brot (»Das ist mein Leib ...«) wird im Deutewort zum Kelch nicht parallel wiederholt (»Dieser Kelch ist der Neue Bund in meinem Blut«). Der Kelch wird als »neuer Bund« gedeutet, der durch Jesu Sterben geschlossen wird. Die Erläuterung, diese Gabe sei zum Heil (»für euch«), findet sich nur beim Wort zum Brot. Das Ganze wird als Stiftung einer Liturgie beschrieben. Mk spricht ausdrücklich von einem Passahmahl (Mk 14,16). Die beiden Deuteworte sind streng parallel gesetzt (»Das ist mein Leib ... Das ist mein Blut ...«). das Blut wird als »Blut des Bundes« beschrieben. Die Beschreibung der Gabe als Heilszuwendung (»für viele«) findet sich nur beim Kelchwort. Von einer Wiederholung wird nicht geredet. Der gemeinsame Nenner der beiden Darstellungen ist jedenfalls, dass Jesus die beiden Elemente Brot und Wein auf sich bezogen hat, dass er mit dieser Gabe eine Heilszusage verband und dass er in diesem Geschehen einen Bund ausgedrückt sah.

Muhammad

In der Präsentation der Botschaft durch Muhammad hat es sicher eine Entwicklung gegeben. Allerdings ist es schwierig, diese Entwicklung genauer nachzuzeichnen. Zwar kann man grundsätzlich durchaus (ältere) mekkanische Suren (vor der Hidschra) von (jüngeren) medinischen unterscheiden[6]. Aber es ist nicht immer einfach, eine bestimmte Sure einer konkreten Periode zuzuordnen. Überdies ist durchaus festzustellen, dass nur wenige Suren in sich einheitlich sind. Sie sind unter Umständen aus unterschiedlichen Teilstücken zusammengesetzt, wobei man auch noch mit der Möglichkeit rechnet, dass sie von Muhammad selbst überarbeitet wurden, so dass sie nunmehr aus verschiedenen Schichten bestehen[7]. Die Muhammadforschung diskutiert konkret über die Priorität von zwei Themen in der Verkündigung des Propheten, der Ankündigung des bevorstehenden Gerichts und der Botschaft vom Schöpfergott, dem die Menschen Dankbarkeit entgegen bringen müssen. Es ist allerdings auch nicht von vornherein auszuschließen, dass beide Themen miteinander die frühe Verkündigung des Propheten kennzeichnen. Um dieser Debatte aus dem Weg zu gehen, ist es vielleicht zielführender, einzelne Themenkomplexe der Verkündigung des Propheten zu benennen.

- *Der Monotheismus*

Die klassische Formulierung des Monotheismus im Islam findet sich in einer kurzen Sure, die geradezu ein Glaubensbekenntnis ist (Sure 112, 1–4): »Sag: Er ist Gott, ein Einziger, Gott, durch und durch (er selbst) (?) (w. der Kompakte) (oder: der Nothelfer [?], w. der, an den man sich [mit seinen Nöten und Sorgen] wendet, genauer: den man angeht?). Er hat weder gezeugt noch ist er gezeugt worden. Und keiner ist ihm ebenbürtig.«

Das war wohl ursprünglich gegen die vorislamische arabische polytheistische Gottesvorstellung gesagt. Doch Sure 112 ist auch gegen die christliche Trinitätsauffassung und gegen das »gezeugt, nicht geschaffen« des christlichen Credos anzuwenden. Muhammad verstand seine Lehre als Reform des Gottesbildes, was zugleich die Rückkehr zur monotheistischen Uroffenbarung bedeutete, die von Mose und Jesus aufgenommen wurde. Als den ersten Monotheisten nennt Muhammad Abraham. Die monotheistische Gottesauffassung im Islam hängt mit der Überzeugung zusammen, dass nur einer herrschen kann. Sure 17,42 erklärt: »Sag: Wenn es, wie sie (d.h. die Ungläubigen sagen), neben Gott (w. ihm) (andere) Götter gäbe, würden diese (w. sie) danach trachten, einen Zugang zum Herrn des Thrones zu finden (um sich seiner Nähe zu erfreuen?) (oder: um ihm seine Herrschaft streitig zu machen?).« Das heißt: Wenn es tatsächlich neben dem einzigen Gott, von dem der Islam spricht, doch noch zusätzliche Gottheiten gäbe, wäre Gott nicht mehr der souveräne Herrscher der Welt. Die Welt würde ihr Ordnungs- und Sinnprinzip verlieren (Sure 23,91): »Gott hat sich kein Kind (oder: keine Kinder) zugelegt (wie sie das von ihm behaupten), und es gibt keinen (anderen) Gott neben ihm. Sonst würde jeder (einzelne) Gott das, was er (seinerseits) geschaffen hat, (für sich) beiseite nehmen (w. wegnehmen), und sie würden gegeneinander überheblich (und aufsässig).« Die schlimmste Sünde gegen das monarchische Prinzip in der Religion ist deshalb, dass Gott jemand oder etwas »beigesellt« wird, der bzw. die oder das die absolute Einzigartigkeit Gottes verdunkelt oder in Frage stellt. Gott ist der einzige »Schöpfer des Himmels und der Erde«. Kein Geschöpf darf so dargestellt werden, als ob es mit ihm eine Ähnlichkeit oder gar eine Gleichrangigkeit habe (Sure 42,11): »Es gibt nichts, was ihm gleichkommen würde.« Damit sind ein Polytheismus und ein Pantheismus verworfen. In der christlichen Gott-Rede sieht der Koran den Monotheismus in Gefahr. Im Rahmen eines Zwiegesprächs zwischen Gott und Jesus verwirft der Koran die christliche Rede von einer »Dreiheit« in Gott, wobei allerdings die relevante Stelle die für christliches (großkirchliches) Denken nicht nachvollziehbare merkwürdige »Trinität« von Gott, Jesus und Maria als Bestandteil des christlichen Glaubens behauptet (Sure 5,116f.): »Und (damals) als Gott sagte: Jesus, Sohn der Maria! Hast du (etwa) zu den Leuten gesagt: ›Nehmt euch außer Gott mich und meine Mutter zu Göttern!‹? Er sagte: Gepriesen seist du! (Wie dürfte man dir andere Wesen als Götter beigesellen!) Ich darf nichts sagen, wozu ich kein Recht habe. Wenn ich es (tatsächlich doch) gesagt hätte, wüsstest du es (ohnehin und brauchtest mich nicht zu fragen) (w. Wenn ich es gesagt habe, wüsstest du es). Du weißt Bescheid über das, was ich (an Gedanken) in mir hege. Aber ich weiß über das, was du in dir hegst, nicht Bescheid. Du (allein) bist es, der über die verborgenen Dinge Bescheid weiß. Ich habe ihnen nur gesagt, was du mir befohlen hast (nämlich): ›Dienet Gott, meinem und eurem Herrn!‹« Der Hauptvorwurf des Koran an die Adresse des Christentums ist also, dass es die Lehre des Monotheismus verdunkle. Gott hat keine leiblichen Kinder (Sure 19,35; vgl. 112): »Es steht Gott nicht an, sich irgendein Kind zuzulegen.« Mit dem christologischen Titel Gottessohn sieht der Koran die Gefahr des Polytheismus heraufkommen und den wahren Monotheismus bedroht (9,30f.): »Und die Christen sagen: ›Christus ist der Sohn Gottes.‹ Das sagen sie nur so obenhin. Sie tun es (mit dieser ihrer Aussage) denen gleich, die früher ungläubig waren. Diese gottverfluchten (Leute) (w. Gott bekämpfe sie)! Wie können sie nur so verschroben sein! Sie haben sich ihre Gelehrten und Mönche sowie Christus, den Sohn der Maria, an Gottes Statt zu Herren genommen. Dabei ist ihnen (doch) nichts anderes befohlen worden, als einem einzigen Gott zu dienen, außer dem es keinen Gott gibt. Gepriesen sei er! (Er ist erhaben) über das, was sie (ihm an anderen Göttern) beigesellen.« Der Koran will die Christen zu dem gemeinsamen monotheistischen Bekenntnis der (Ur-)Offenbarung zurückführen, da er die »Trinität« als Tritheismus und deshalb als Leugnung des Monotheismus (miss-)versteht (Sure 4,171): »Ihr Leute der Schrift! Treibt es in eurer Religion nicht zu weit und sagt gegen Gott nichts aus, als die Wahrheit! Christus Jesus, der Sohn der Maria, ist nur der Gesandte Gottes und sein Wort, das er der Maria entboten hat, und Geist von ihm. Darum glaubt an Gott und seine Gesandten und sagt nicht (von Gott, dass er in einem) drei sei! Hört auf (so etwas zu sagen)! Das ist besser für euch. Gott ist nur ein einziger Gott.«

Muhammad ist also nicht der Meinung, dass er eine originale Botschaft vorzutragen habe. Seiner Auffassung nach hat sich der eine Gott schon wiederholt außerhalb des arabischen Sprachgebietes geoffenbart. Die außerarabischen Gemeinschaften der Juden und Christen besitzen deshalb heilige (von Gott geoffenbarte) Schriften. Seine eigene Botschaft ist für ihn nichts anderes als die arabische Fassung der für die »Leute der Schrift« bestimmten Uroffenbarung. Die arabisch-islamische Gemeinschaft (umma) reiht sich nun gleichwertig den Gemeinschaften an, die schon vorher die göttliche Heilsbotschaft erhalten hatten. Sie bildet das letzte (und abschließende) Glied der Kette der universalen Heilsgeschichte. In diesem Licht interpretiert Muhammad (bzw. der Koran) seinen eigenen Auftrag. Zu jedem Volk war von Gott »ein Gesandter«, »Warner« oder »Führer« geschickt worden (Sure 13,7). Auch das Geschick dieser Propheten sieht er in seinem eigenen Leben wiederholt. Die jeweiligen Adressaten hatten sich über den Gesandten Gottes lustig gemacht und seine Botschaft abgelehnt. Gott hat dann regelmäßig ein Strafgericht über die Ungläubigen verhängt und den Gesandten verschont (vgl. Sure 89,6-14; 53,50-54)[8]. Der Inhalt dieser Offenbarung war jeweils das Bekenntnis des Glaubens an den einen Gott, der den Gesandten von seiner Umgebung separiert (Sure 109,1-6): »Sag: Ihr Ungläubigen! Ich verehre nicht, was ihr verehrt (w. Ich diene nicht dem, dem ihr dient), und ihr verehrt nicht, was ich verehre. Und ich verehre nicht, was ihr (bisher immer) verehrt habt, und ihr verehrt nicht, was ich verehre. Ihr habt eure Religion, und ich die meine.« Der strenge Monotheismus bedeutet aber auch, dass seine Bestreitung den Menschen für immer von Gott trennt (Sure 4,48.116): »Gott vergibt nicht, dass man ihm (andere Götter) beigesellt. Was darunter liegt (d.h. die weniger schweren Sünden) vergibt er, wenn er will.«

Muhammad sieht sich also in eine Reihe gestellt, die es ihm aber auch erlaubt, die zeitgenössischen Entartungen des Monotheismus selbst bei den Anhängern der sogenannten Schriftreligionen zu kritisieren. Seiner Auffassung nach hat er die Offenbarung (wie die anderen Propheten auch) direkt von Gott (und nicht vermittelt durch die Texte der anderen Schriftreligionen) erhalten. Damit steht er auf derselben Stufe wie Abraham, der im Islam als Prototyp des gottsuchenden Menschen (hanif) gilt. Das drückt Sure (3,65–68) aus:

»Ihr Leute der Schrift! Warum streitet ihr über Abraham, wo doch die Tora und das Evangelium erst nach ihm herabgesandt worden sind? Habt ihr denn keinen Verstand? … Abraham war weder Jude noch Christ. Er war vielmehr ein (Gott) ergebener Hanif, und kein Heide (w. keiner von denen, die [dem einen Gott andere Götter] beigesellen). Die Menschen, die Abraham am nächsten stehen, sind diejenigen, die ihm (und seiner Verkündigung seinerzeit) gefolgt sind, und dieser Prophet (d.h. Muhammad) und die, die (mit ihm) gläubig sind.«

- *Gottes Barmherzigkeit*

Mit Ausnahme von Sure 9 beginnen alle Suren im Koran mit der Formel (der so genannten Basmala): »Im Namen des barmherzigen und gnädigen Gottes.« (bzw. »Im Namen Gottes, des Erbarmers, des Barmherzigen«). Das Thema der Barmherzigkeit Gottes wird immer wieder angesprochen. Einige Beispiele können das verdeutlichen. Sie finden sich in allen Epochen des Lebens Muhammads (also in Mekka wie in Medina). So wird etwa der Prophet direkt angesprochen (Sure 93): »Beim Morgen und bei der Nacht, wenn alles (w. sie) still ist! Dein Herr hat dir nicht den Abschied gegeben und verabscheut dich nicht. Und das Jenseits ist besser für dich als das Diesseits. Dein Herr wird dir (dereinst so reichlich) geben, dass du zufrieden sein wirst. (Doch auch schon im diesseitigen Leben hat er dir Gnade erwiesen.) Hat er dich nicht als Waise gefunden und (dir) Aufnahme gewährt, dich auf dem Irrweg gefunden und rechtgeleitet, und dich bedürftig gefunden und reich gemacht? Gegen die Waise sollst du deshalb nicht gewalttätig sein, und den Bettler sollst du nicht anfahren. Aber erzähle (deinen Landsleuten wieder und wieder) von der Gnade des Herrn!« Ebenso stellt es Sure 94 dar: »Haben wir dir nicht deine Brust geweitet (d.h. haben wir dir nicht [wieder] Mut gemacht?), dir deine Last abgenommen, die dir schwer auf dem Rücken lag, und dir dein Ansehen (w. deinen Ruf) erhöht? Wenn man es (einmal) schwer hat, stellt sich gleich auch Erleichterung ein. (Noch einmal:) Wenn man es (einmal) schwer hat, stellt sich gleich auch Erleichterung ein (w. Mit dem Schweren ist [immer auch] Leichtes [verbunden]). Wenn du nun (mit etwas) fertig bist, dann (bleib nicht untätig, sondern wende dich einer neuen Aufgabe zu und) mühe dich ab (auch wenn du dabei in Schwierigkeiten gerätst. Sie werden nicht unüberwindlich sein, und du wirst es nachher wieder leichter bekommen) (?). Und stell dein Verlangen (ganz) auf deinen Herrn ein!«

Muhammad muss also keine Vorleistungen erbringen. Ganz aus Gnade (gratis) hat Gott ihm Gutes erwiesen. Aus diesem Indikativ der Gnade folgt allerdings in Sure 93 (wie auch in Sure 94) der Imperativ des Tuns.

Der Aufruf zur Dankbarkeit ergeht auch an die Leute von Mekka (Sure 106): »Dass die Quraisch zusammenbringen (oder: abhalten, oder: unter Schutzgeleit stellen), die (Karawanen)reise des Winters und des Sommers zusammenbringen, (zum Dank dafür) sollen sie dem Herrn dieses Hauses (d. h. der Ka'ba) dienen, (dem Herrn) der ihnen zu essen gegeben hat, so dass sie nicht zu hungern, und der ihnen Sicherheit gewährt hat, so dass sie sich nicht zu fürchten brauchen.« Gott hat ihnen schon in der bisherigen Geschichte beigestanden[9]. Auch die Menschheit insgesamt wird zur Dankbarkeit aufgefordert (vgl. dazu die Suren 78, 6–16; 79, 27–33; 80, 24–32; auch die vielleicht älteste Fassung in Sure 96, 1–5: »Trag vor im Namen deines Herrn, der erschaffen hat, den Menschen aus einem Embryo erschaffen hat! Trag [Worte der Schrift] vor! Dein höchst edelmütiger Herr [oder: Dein Herr, edelmütig wie niemand auf der Welt] ist es ja, der den Gebrauch des Schreibrohrs gelehrt hat [oder: der durch das Schreibrohr gelehrt hat], den Menschen gelehrt hat, was er [zuvor] nicht wusste«). Gott hat die Schöpfung ins Leben gerufen und erhält sie (auch durch seine Weisungen und Gebote an die Menschen). Dieses Handeln ist Ausdruck seiner Güte. Die Güte und Barmherzigkeit Gottes kennzeichnen sein Wesen. Gott hat sich damit dem Menschen gegenüber festgelegt (Sure 6, 54): »Euer Herr hat sich (den Gläubigen gegenüber?) zur Barmherzigkeit verpflichtet. Wenn (demnach) einer von euch in Unwissenheit Böses tut und dann später umkehrt und sich bessert, (findet er Gnade). Gott (w. Er) ist barmherzig und bereit zu vergeben.«

Die Reaktion des Menschen auf diesen Gott ist völlige Hingabe (»Islam« als Haltung), die den Menschen zum »Diener« oder »Knecht« macht (»Muslim« als ein Mensch, der diese Haltung der Hingabe praktiziert)[10]. Die Gegenfolie des Glaubens ist der Unglaube, der sich darin zeigt, dass Gottes Einzigkeit nicht anerkannt wird (Sure 40, 12 als Anrede an die Ungläubigen: »[Ihnen wird erwidert: ›Nein. Ihr kommt in die Hölle.‹] Dies geschieht euch darum, dass ihr nicht glaubt, wenn immer Gott allein angerufen wurde, dass ihr aber glaubt, wenn man ihm [andere Götter] beigesellte [oder: dass ihr nicht glaubt, wenn Gott allein angerufen wird, aber glaubt, wenn ihm [andere] Götter beigesellt werden]«). Das ist ein Vorwurf an die Adresse der Polytheisten. Die Haltung des Polytheismus ist für Muhammad kein Glaube, sondern Undankbarkeit[11]. Die Schöpfung insgesamt, aber auch alltägliche Hilfen des Menschen (wie Häuser oder Zelte, aber auch Hemden und Kettenpanzer [!], sogar die Berge wegen ihres Schattens) sind von Gott verursacht und so Grund zum Dank. Speziell der Mensch ist – von der Empfängnis bis zum Tod und zur Auferweckung, die als *neue* Schöpfung des Menschen dargestellt wird (Sure 50, 15; vgl. 27, 64) – stets in der Hand Gottes, der ihn erhält (Sure 22, 5–7).

Man kann Gott (und konkret seine Schöpfermacht und Güte) aufgrund seines Wirkens und Eingreifens in die Welt erkennen. Dass dies die Gottesleugner (Atheisten) oder die nicht an den einen Gott Glaubenden (Polytheisten) nicht tun, beschreibt ihre Schuld. Die Ablehnung des Monotheismus lässt sich vor der Vernunft (und angesichts der Wirklichkeit der Welt) nicht verantworten (Sure 27, 59–64): »Was ist (als Gegenstand der Verehrung) vorzuziehen (w. besser), Gott oder was sie (d. h. die Ungläubigen) ihm (an anderen Göttern) beigesellen? (Natürlich Gott.) Oder wer (sonst) hat Himmel und Erde geschaffen und euch vom Himmel Wasser herabkommen lassen? … Oder wer (sonst) hat die Erde zu einem (festen) Grund gemacht und zwischendurch Flüsse strömen lassen (w. und Flüsse zwischen ihr gemacht) und feststehende (Berge) auf ihr angebracht (w. gemacht) und zwischen den beiden großen Wassern eine Sperre gemacht (so dass die Bereiche des Süß- und des Salzwassers gegeneinander abgetrennt bleiben)? ... Oder wer (sonst) erhöht den, der in Not ist, wenn er zu ihm betet, und behebt das Unheil (w. das Böse) (das ihn getroffen hat) und setzt euch als Nachfolger (früherer Generationen) auf der Erde ein? ... Oder wer (sonst) führt euch in der Finsternis des Festlandes und des Meeres den rechten Weg, und wer (sonst) schickt die Winde, dass sie frohe Botschaft bringen (indem sie) vor seiner Barmherzigkeit (vorauseilen und Regen ankündigen)? ... Oder wer (sonst) vollzieht die Schöpfung ein erstes Mal (w. Wer beginnt die Schöpfung) (zur Existenz im Diesseits) und wiederholt sie hierauf (bei der Auferweckung zur Existenz im Jenseits)? Und wer (sonst) beschert euch (den Lebensunterhalt) vom Himmel und von der Erde? Gibt es neben Gott einen (anderen) Gott? Sag: Bringt doch einen Beweis vor, wenn (anders) ihr die Wahrheit sagt!«

Die unmittelbare Kundgabe des Willens Gottes ist allerdings der Koran. Muhammad ist in dieser Sicht der wichtigste der Propheten bzw. das »Siegel der Propheten« (Sure 33, 40), da er nach muslimischer Überzeugung den Willen Gottes ohne Verfälschungen – die in den anderen »Schriftreligionen« Judentum und Christentum durch die Schuld der Jünger in den ursprünglichen Text der gottgesandten Propheten eingedrungen seien – den Menschen übermittelt hat. Ein anderer Prophet bzw. Gesandter Gottes nach ihm wird deshalb nicht mehr kommen (müssen). Nach Sure 61, 6 hat Jesus selbst auf diesen Gesandten »mit einem hochlöblichen Namen« (= Muhammad) hingewiesen[12].

- *Die Gerichtspredigt*

Neben den Aussagen zur Güte und Barmherzigkeit Gottes ist der Koran (schon von Anfang der öffentlichen Predigt Muhammads an[13]) vom Gedanken des göttlichen Gerichts geprägt. Dieses Gericht wird in sehr ausdrucksstarken und geradezu bedrängenden Suren angekündigt. So heißt es in Sure 101 (»Die Polternde«): »Die Polternde! Was soll das heißen? Wie kannst du wissen, was das heißen soll? Am Tag, da die Menschen wie (versengte) Motten sein werden, die verstreut (am Boden) liegen, und die Berge wie zerzauste Wolle (ist es soweit)! Wer (dann auf Grund seiner guten Werke) schwere Waagschalen hat, hat ein angenehmes Leben (im Paradies). Wer (dann) aber leichte Waagschalen hat, um den ist es geschehen (?). (w. dessen Mutter ist *Hawija*, d. h. eigentlich: geht zugrunde). Doch wie kannst du wissen, was das bedeutet? Loderndes (w. heißes) Feuer.« Ähnlich heißt es in Sure 99 (»Das Beben«): »Wenn (dereinst) die Erde von ihrem gewaltigen Beben erschüttert wird und ihre Lasten (an Toten) von sich gibt, und der Mensch (der das miterlebt) sagt: ›Was ist (denn) mit ihr?‹, an jenem Tag wird sie aussagen, was sie zu berichten hat, da ihr Herr (es) ihr (dann) eingegeben hat. An jenem Tag werden die Menschen (voneinander) getrennt (oder: [in verschiedenartige Gruppen] aufgeteilt?) hervorkommen, damit ihre (während des Erdenlebens vollbrachten) Werke ihnen (im einzelnen) gezeigt werden (können). Wenn dann einer (auch nur) das Gewicht eines Stäubchens an Gutem getan hat, wird er es zu sehen bekommen. Und wenn einer (auch nur) das Gewicht eines Stäubchens an Bösem getan hat, wird er es (ebenfalls) zu sehen bekommen.«

Sure 100: »Bei denen, die keuchend laufen, (mit ihren Hufen) Funken stieben lassen und am (frühen) Morgen einen Überfall machen, dabei (?) Staub aufwirbeln und sich (plötzlich) mitten in einem Haufen (von Feinden) befinden! (Mit den [weiblichen] Wesen, bei denen hier geschworen wird, sind vermutlich Pferde gemeint.) Der Mensch ist seinem Herrn gegenüber wirklich unerkenntlich (indem er ihm seine Wohltaten überhaupt nicht dankt) und bezeugt das (sogar selber). Und er ist von heftiger Liebe zu den Gütern (dieser Welt) erfüllt. Weiß er denn nicht (was er dereinst zu erwarten hat)? Wenn (einmal) ausgeräumt wird, was in den Gräbern ist, und zum Vorschein gebracht wird, was die Menschen (an Gedanken und Gesinnungen) in ihrem Inneren hegen, an jenem Tag ist ihr Herr über sie wohl unterrichtet.«

Sure 81, 1–14: »Wenn (dereinst) die Sonne (von Dunkelheit) eingehüllt (w. [wie von einem Turban] umwunden) wird, die Sterne ihren Glanz verlieren (w. trüb werden; oder: [vom Himmelsgewölbe] herabstürzen?) und die Berge sich (von der Stelle) bewegen; wenn die Kamelstuten, die (bereits) im zehnten Monat trächtig sind, (in der Wartung) vernachlässigt, die wilden Tiere (alle an einem Ort) versammelt, die Meere (bis zum Überlaufen) gefüllt (?) und die Seelen (wieder mit ihren Leibern?) gepaart (oder: in zwei Gruppen aufgeteilt [?] oder: gleich zu gleich gesellt?) werden; wenn das Mädchen, das (nach der Geburt) verscharrt worden ist, gefragt wird, wegen was für einer Schuld man es umgebracht hat; wenn die Blätter (mit dem Verzeichnis der menschlichen Handlungen) ausgebreitet (eher: entfaltet) werden, der Himmel weggezogen (?), der Höllenbrand (in Erwartung des Sünders) angefacht und das Paradies (an die Gottesfürchtigen) nahe herangebracht wird, – (wenn all dies geschieht) bekommt einer zu wissen, was er (an Taten der Abrechnung) hergebracht hat.«

Diese Vielzahl von (eschatologischen) Bildern und Szenen (in einer geradezu hektischen Sprache vorgetragen) soll die Hörer angesichts des bevorstehenden (allgemeinen) Weltgerichts aufschrecken, das nach dem Koran die Einleitung ist zu dem individuellen Gericht, in dem jeder Mensch für die guten und bösen Handlungen seines individuellen Lebens verantwortlich gemacht wird. Die islamische Tradition spricht davon, dass der Mensch die Wahl hat zwischen Gehorsam und Verweigerung des Willen Gottes. Das Böse verwirklicht sich dabei »punktuell«; »es gibt Sünden, aber es gibt nicht die Sünde, die in die Welt gekommen ist. Es gibt kein ›mysterium iniquitatis‹; es gibt nur falsche Entscheidungen«[14]. Die Sünde Satans bestand nach dem Koran darin, dass er ein Gebot Gottes missachtete, nämlich die Aufforderung an die Engel, vor Adam, dem bevorzugten Geschöpf Gottes, niederzufallen (vgl. Sure 15, 28–35; 7, 11–14). Allein diese Auflehnung Satans hat keine Konsequenzen für die Geschichte; »die Menschheit bleibt unberührt. Ähnliches gilt für Adams Fall; es war gar kein Fall, es war ein Ausrutscher, und Adam selbst hat ihn wiedergut gemacht. Wiedergutmachung geschieht durch Buße, die sich ihrerseits jeweils nur auf bestimmte einzelne Vergehen bezieht«[15]. Die Folgen seiner Taten hat also jeder Mensch selbst zu verantworten. Die Vorstellung einer notwendigen Erlösung durch *Gottes* Handeln oder der Gedanke einer stellvertretenden Erlösung durch die Passion eines Mittlers sind keine islamischen Kategorien. Gott ist der souveräne Herrscher, der frei über die von ihm geschaffene Welt verfügt[16].

»Wer ... Gott als Herrn anerkennt, der kann sich auf ihn verlassen. Dem Gläubigen gegenüber verhält sich Gott nicht in undurchschaubarer Weise. Der Gerechte, welcher leidet um Gottes Willen, spielt im islamischen Denken keine große Rolle[17]; dass der Fromme wie Hiob im Geschehen keinen Sinn mehr zu sehen vermag, kommt kaum vor. Schon Muhammed hatte seine Aufgabe ja zu einem guten Ende geführt; er hatte zum Schluss Erfolg gehabt, und seine Anhänger hatten es bald, zumindest auf der politischen und militärischen Ebene, noch mehr. Muhammed hatte sich darum bereits vorgestellt, dass auch seine Vorgänger unter den Propheten Erfolg gehabt hätten; niemand war gescheitert, selbst Jesus nicht. Jesus war darum nicht am Kreuz gestorben, er war vielmehr vom Kreuz aus direkt in den Himmel aufgenommen worden[18]. Daraus erwuchs ein optimistisches Menschenbild ... : ›Der Knecht weiß, dass der Herr sich um ihn sorgt.‹«[19] Dieses Menschenbild hat in gewisser Weise auch Auswirkungen auf den Gedanken des Weltgerichts. In der islamischen Tradition hat sich die Auffassung durchgesetzt, dass für Menschen, die an Gott glauben, alle Sünden (mit der *einen* Ausnahme der Leugnung des einen Gottes im Atheismus und Polytheismus) vergebbar sind (eventuell nach einer Zeit der Strafe im Fegfeuer oder in der Hölle)[20].

Eine bemerkenswerte Rolle im Koran spielen die sogenannten »Straflegenden«[21]. Beispiele sind die Suren 53, 50–54 und 89, 6–14[22], in denen biblische und altarabische Erzählungen von einer Strafe Gottes über ungläubige Volksstämme oder Ortschaften das Geschick derer illustrieren, die sich der Botschaft Gottes (durch seine Gesandten) verweigern. Wenn die (westliche) Chronologie der Suren richtig ist, fällt auf, dass diese Straflegenden in der Regel in (der zweiten und dritten Phase, also von der Mitte bis zum Ende) der mekkanischen Periode zu finden sind[23]. Nach der Hidschra spielen sie keine Rolle mehr. Sie dienen offensichtlich dazu, den widerständigen Mekkanern die (wahrscheinlichen) Folgen ihres Tuns vor Augen zu halten und den Propheten anhand des Beispiels seiner Vorläufer (die alle von diesem Strafgericht verschont blieben) zu motivieren. Diese Straflegenden stehen in einer gewissen Spannung zu der Rede vom eschatologischen Gericht, obwohl immer wieder ein Zusammenhang hergestellt wird. Straflegenden schildern gewissermaßen Vorentscheidungen, die dann im Weltgericht noch einmal ratifiziert werden[24]. Vielleicht lässt sich der Sachverhalt auch grundsätzlicher fassen: Die Rede vom (eschatologischen) Gericht profiliert die viel grundlegendere Predigt von der Einzigkeit Gottes, in der die Mahnung enthalten ist, diesen Gott (und nur ihn allein) in seiner Größe und Unendlichkeit anzuerkennen[25].

- *Ethik*

Die Aufklärung hat Muhammad gerne als Gesetzgeber und ethischen Reformer (zumindest im Blick auf die arabischen Stammesgesellschaften) gezeichnet. Die religiöse Antriebsfeder der Botschaft Muhammads trat demgegenüber eher in den Hintergrund. Dem Koran geht es wesentlich um das rechte Verhalten der Glaubenden. Er gilt als »Rechtleitung für die Menschen«. Aber dieses rechte Verhalten folgt aus dem Gottesbild. In diesem Punkt versteht sich Muhammad in der Tat als Glaubensreformer, der die Juden, Christen und sonstigen Monotheisten an ihr wesentliches Bekenntnis erinnern will, das ihnen durch ihre eigenen Propheten eigentlich schon bekannt war (bzw. bekannt hätte sein müssen), und den Glauben der Araber radikal reinigt, indem er die kultische Verehrung auf den einzigen Gott konzentriert.

Der eine Gott ist barmherzig und gerecht, wobei beide Eigenschaften streng aufeinander bezogen sind. Die Auswirkungen dieses Gottesbildes zeigen sich in der Verkündigung Muhammads vor allem in Medina. Hier kommt es in der arabischen Gesellschaft in der Tat zu einer wirklichen sachlichen Veränderung in Ethik und Recht, wenn Normen und Wertvorstellungen, die bisher mit dem Familienverband, der Sippe oder dem Stamm verbunden waren, nun auf die neue umfassendere Glaubensgemeinschaft bezogen werden. Es entsteht eine »Gemeinschaft« oder »Gemeinde« (umma) als eine neue Stammesföderation der monotheistischen Glaubenden unter der Leitung Muhammads, die durch einen Bündnisvertrag sichtbare Gestalt erhält. Im Vergleich mit Mekka kann man deshalb von einer relativ größeren Weltbezogenheit derjenigen Suren reden, die in Medina proklamiert werden. Allerdings steht auch diese Weltbezogenheit unter dem theologischen Vorbehalt, dass das geforderte diesseitige Leben mit jenseitigem »Lohn« oder »empfindlicher Strafe« im Jenseits sanktioniert ist.

Eine Zusammenfassung wesentlicher ethischer Normen, die mit dem biblischen Dekalog vergleichbar ist, bietet Sure 17,22–38. Die Passage ist eingerahmt von der Mahnung, Gott als den *einen* Gott zu bekennen (und ihm niemanden zur Seite zu stellen) (Sure 17,22.38). Hier unterscheiden sich die ethischen Vorschriften nicht wesentlich von den Grundforderungen der jüdisch-christlichen Tradition. Die Offenbarung des Koran ließ jedoch viele Fragen des alltäglichen rechten Verhaltens offen. Aus diesem Grund nehmen sich die späteren Generationen ergänzend den Propheten selbst, seine Frauen und engsten Gefährten sowie die Urgemeinde insgesamt zum Vorbild. Die fromme Erinnerung legt besonderen Wert darauf, zu beschreiben, wo bestimmte Handlungen zuerst verrichtet worden waren (wie etwa das erste Gebet des Propheten oder sein erster Freitagsgottesdienst), wie die erste Freitagspredigt lautete oder wer den ersten Gebetsruf erhob. Eine kritische Unterscheidung zwischen historischer Wahrheit und späterer Legende ist in diesen Fällen nicht immer einfach.

Das Jesusbild des Koran

Fünfzehn Suren (in etwa 108 Versen) des Koran handeln von Jesus[1]. Drei davon sind am ausführlichsten. Es sind dies Sure 3 (»Die Sippe Imrans«[2]) mit der (wohl in Medina vorgestellten) Kindheitsgeschichte Jesu (Sure 3, 42–49), Sure 5 (»Der Tisch«) mit der Darstellung eines der Wunder Jesu (Sure 5, 112–115) und Sure 19 (»Maria«) mit einer weiteren (ebenfalls wahrscheinlich aus Medina stammenden) Kindheitsgeschichte Jesu (Sure 19, 16–33). Man kann die angesprochenen Themen auf drei Bereiche verteilen:

- *Geburt Jesu*

Jesus wird im Koran an 16 Stellen mit dem Vornamen 'Isa (ibn Maryam) und am häufigsten (an 33 Stellen) »Sohn der Maria« bzw. »Sohn Marias« (Ibn Maryam) genannt. Der Name Josef wird in diesem Zusammenhang überhaupt nicht erwähnt[3]. Zur Darstellung der Geburt Jesu sind die Suren 3 und 19 heranzuziehen. Sure 3 berichtet von der Geburt Marias (Sure 3, 33–36), von ihrem Aufenthalt im Tempel, in dem sie Zacharias begegnet (Sure 3, 37), von ihrer Vermählung, ohne dass ein Name genannt wird (Sure 3, 42–44[4]), und der Ankündigung der Geburt Jesu an Maria (Sure 3, 45–48). Hier finden sich Anklänge an das apokryphe Protevangelium des Jakobus[5]. Es korrespondieren miteinander Sure 3, 35 f. und Protevangelium des Jakobus 4, 1; 5, 2; 6, 1 (Enttäuschung der Mutter Marias, dass sie eine Tochter und nicht einen Sohn erhält), Sure 3, 37 und Protevangelium des Jakobus 7 und 8 (Maria erhält direkt von Gott ihre Nahrung) und Sure 3, 44 und Protevangelium des Jakobus 8, 2; 9, 1 (das Losstaborakel über den »Gefährten« Marias, wobei dieser im Protevangelium des Jakobus mit Joseph identifiziert wird).

Sure 19 beschreibt die Ankündigung der Geburt Jesu an Maria (Sure 19, 16–21), das Palmenwunder (Sure 19, 22–26: Maria ist bei der Geburt Jesu allein und wird vom neugeborenen Jesus aufgefordert, an einer Quelle Wasser zu trinken und eine Palme zu schütteln, die Datteln spendet) und die Reaktion der Leute auf die Geburt (einschließlich der Ansprache des neugeborenen Kindes an die Umstehenden) (Sure 19, 27–33). In der Sure wird Maria »Schwester Aarons« genannt (Sure 19, 28). Es handelt sich hier wohl um semitischen Sprachgebrauch, der eine weitere Verwandtschaftsbeziehung (aus dem Geschlecht Aarons und damit aus dem Priesterstamm Levi) meint[6]. Auch hier gibt es Anklänge an apokryphe Schriften. Das Pseudo-Matthäus-Evangelium (aus dem 8./9. Jahrhundert, das allerdings ältere mündliche Traditionen verarbeitet) kennt auch ein Palmenwunder kurz nach der Geburt (auf der Flucht Josephs und Marias mit dem Kind nach Ägypten), das hier durch ein Wort Jesu erwirkt wird, der die Palme auffordert, sich zu neigen[7]. Die Erzählung aus Sure 3, 49 (das Kind Jesus formt Lehmvögel und erweckt sie mit seinem Atem zu lebendigen Vögeln), die der Kindheit Jesu zuzurechnen ist, ist ebenfalls in einer apokryphen Schrift, dem Kindheitsevangelium des Thomas, überliefert[8]. Eindeutig bezeichnet der Koran die Geburt Jesu als jungfräuliche Geburt aus Maria[9]. Sure 21, 91: »Und (weiter) Maria, die sich keusch hielt (w. die ihre Scham schützte). Da bliesen wir ihr Geist von uns herab und machten sie und ihren Sohn zu einem Zeichen für die Menschen in aller Welt.« Im Kontext der Geburt Jesu verwendet der Koran durchaus christlich-theologische Termini, etwa »Geist« (Sure 21, 91) oder Jesus als »Wort« (Sure 3, 45): »Maria! Gott verkündet dir ein Wort von sich, dessen Name Jesus Christus, der Sohn der Maria, ist! Er wird im Diesseits und Jenseits angesehen sein, einer von denen, die (Gott) nahe stehen.« Es wäre allerdings ein christliches Missverständnis, diesen Bezeichnungen christliche Bedeutungsinhalte zu unterlegen[10]. Die Geburt Jesu ist durchaus von Wundern umgeben. Dazu gehören nach dem Koran die Jungfräulichkeit Marias, das Palmenwunder und die Sprachfertigkeit des neugeborenen Kindes. Aber diese Wunder machen Jesus nach der Auffassung des Koran nicht zur Inkarnation Gottes bzw. zum Sohn Gottes. Das wird ausdrücklich festgehalten (Sure 3, 64): »Sag: Ihr Leute der Schrift! Kommt her zu einem Wort des Ausgleichs (?) zwischen uns und euch! (Einigen wir uns darauf) dass wir Gott allein dienen und ihm nichts (als Teilhaber an seiner Göttlichkeit) beigesellen, und dass wir (Menschen) uns nicht untereinander an Gottes Statt zum Herrn nehmen.« Ähnlich formuliert als Resümee der Kindheitsgeschichte Sure 19,34 f.: »Solcher Art (w. Dies) ist Jesus, der Sohn der Maria – um die Wahrheit zu sagen, über die sie (d. h. die Ungläubigen [unter den Christen?]) (immer noch) im Zweifel sind. Es steht Gott nicht an, sich irgendein Kind zuzulegen. Gepriesen sei er! (Darüber ist er erhaben.) Wenn er eine Sache beschlossen hat, sagt er zu ihr nur: sei!, dann ist sie!« Der letzte Satz ist eine Parallele zur koranischen Mitteilung der Engel an Maria über die Geburt Jesu (Sure 3,47).

- *Kreuzigung und Erhöhung*

Ausgangspunkt der Sicht der Kreuzigung Jesu im Koran ist eine schwer verständliche (und in ihrer Bedeutung höchst umstrittene) Stelle in Sure 4,157 f. Die Sure ist wohl in Medina entstanden (und gehört vielleicht in den Zusammenhang der antijüdischen Polemik des Propheten). Angesprochen werden die Juden, die sich – so erläutert das Sure 4,153–156 –immer wieder im Widerstand gegen den Gesandten Gottes oder die Wundererweise Gottes artikulieren. Der Text lautet: »... und (weil sie) sagten: ›Wir haben Christus Jesus, den Sohn der Maria und Gesandten Gottes, getötet.‹ – Aber sie haben ihn (in Wirklichkeit) nicht getötet und (auch) nicht gekreuzigt. Vielmehr erschien ihnen (ein anderer) ähnlich (so dass sie ihn mit Jesus verwechselten und töteten). Und diejenigen, die über ihn (oder: darüber) uneins sind, sind im Zweifel über ihn (oder: darüber). Sie haben kein Wissen über ihn (oder darüber), gehen vielmehr Vermutungen nach. Und sie haben ihn nicht mit Gewissheit getötet (d. h. sie können nicht mit Gewissheit sagen, dass sie ihn getötet haben). Nein, Gott hat ihn zu sich (in den Himmel erhoben). Gott ist mächtig und weise.«

Die Sure stellt den (jüdischen) Widerstand gegen Jesus in eine Reihe ähnlicher Vorsuche, Gottes Gesandten zu widersprechen oder gar aus dem Weg zu räumen. Das Konspirieren der Menschen gegen

Jesus (als Gesandten Gottes) ist insofern exemplarisch. Auch Muhammad macht gleiche Erfahrungen[11]. Aber – so die Aussage des Koran – Gott vereitelt jedes Mal diese Versuche[12]. Unstrittig ist, dass der Koran die Historizität der Kreuzigungsberichte in den Evangelien leugnet. Diskutiert wird, *wie* er das tut. Die Kommentare lassen sich auf zwei Grundtypen der Interpretation zurückführen, die Doketismustheorie (bzw. Scheintheorie) und die Substitutionstheorie (Ersatztheorie)[13]. Nach der Doketismustheorie (die allerdings in der traditionellen islamischen Kommentaren eher selten vertreten wird) ist zwar Jesus der Gekreuzigte, aber er wird nur *zum Schein* gekreuzigt; sein Leiden und sein Sterben sind nur eine Illusion der Außenbeobachter. Hier zeigen sich bei manchen islamischen Randgruppen Parallelen zu (gnostischen) christlich-doketischen Vorstellungen, denen zufolge das *eigentliche* (göttliche bzw. von Gott stammende) Wesen des von Gott Erfüllten gar nicht getötet werden könne (wenn auch der materielle Leib vernichtet werde)[14]. Manchmal wird in diesem Zusammenhang Sure 3,169f. (ähnlich 2,154) zitiert: »Und du darfst nicht meinen, dass diejenigen, die um Gottes willen getötet worden sind, (wirklich) tot sind. Nein, (sie sind) lebendig (im Jenseits), und ihnen wird bei ihrem Herrn (himmlische Speise) beschert. Dabei freuen sie sich über das, was Gott ihnen von seiner Huld gegeben hat und sie sind froh über diejenigen, die hinter ihnen (nachkommen und) sie (noch) nicht eingeholt haben (in der Gewissheit), dass (auch) sie (wegen des Gerichts) keine Angst zu haben brauchen und (nach der Abrechnung am jüngsten Tag) nicht traurig sein werden.« In der in Indien entstandenen (von der muslimischen Mehrheit abgelehnten) Ahmadiyya-Bewegung wird sogar die in der Aufklärung bei manchen Autoren beliebte Scheintod-Theorie wiederbelebt[15].

Die Substitutionstheorie besagt, dass eine andere Person an der Stelle Jesu gekreuzigt wurde. Diese Interpretation überwiegt bei der Mehrheit der islamischen Korankommentare[16]. Dieser »Andere« sei (um von der Vielzahl der Vorschläge einige zu nennen) entweder ein (anonymer) Jünger Jesu, der (mit oder ohne seine Einwilligung) von Gott dem Aussehen Jesu ähnlich gemacht wurde oder eine genauer beschriebene Person wie Simon von Cyrene[17] oder (eine Variante im Sinne eines göttlichen Strafgerichts) der von den Juden beauftragte

Mörder Jesu namens Titayus oder Titanus oder gar der Verräter Judas selbst[18].

Wenn Jesus *nicht* gekreuzigt worden ist, stellt sich allerdings die Frage, was sonst nach der Meinung des Korans aus ihm geworden ist. Konkret: Wie ist Sure 4,158 (»Gott hat ihn zu sich in den Himmel erhoben«) mit Sure 19,93 (als Rede Jesu) (»Heil sei über mir am Tag, da ich geboren wurde, am Tag, da ich *sterbe*, und am Tag, da ich [wieder] zum Leben auferweckt werde!«) zu vermitteln?

Die islamische Volksfrömmigkeit malt den Zustand des erhöhten Jesus (der ohne Tod direkt zu Gott erhoben wurde)[19] sehr plastisch aus[20]. Ibn Ishaq berichtet etwa, Muhammad sei bei seiner in Sure 17,1 überlieferten »Himmelsreise« in verschiedene Himmel seinen Vorläufern (und im zweiten Himmel dem erhöhten Jesus) begegnet[21]. Nach dieser islamischen Tradition werde der erhöhte Jesus wiederkommen, den Islam zur einzigen Religion auf Erden machen, schließlich (nach einer Zeit der irdischen Herrschaft) sterben[22] und in Medina neben Muhammad bestattet werden, bis dann am Ende der Geschichte das allgemeine Weltgericht stattfinde[23].

Der Koran ist hier ungleich zurückhaltender. Zunächst ist für den Koran eindeutig, dass *jeder* Mensch (und Jesus ist nach islamischer Auffassung eben nur ein Mensch) sterblich ist (Sure 21,34f.). Ebenfalls ist für den Koran klar, dass Jesus *nicht* am Kreuz gestorben ist[24]. Allerdings wird von keinem der im Koran genannten Gesandten zugleich berichtet, dass er *gewaltsam* getötet wurde[25]. Es wird erzählt, dass Gott Jesus »erhoben« (Sure 4,158) und »abberufen« (Sure 3,55: »Ich werde dich abberufen und zu Mir erheben ...«; 5,117) habe. Allerdings wird auch der Sterbetag Jesu erwähnt (Sure 33,19), ohne dass allerdings präzisiert wird, wann dieser (gewesen) sei. Wie diese »Erhebung« (bzw. Erhöhung) genau gedacht werden müsse, erläutert der Koran nicht. Weiter wird festgehalten, dass Jesus auch im Jenseits eine bedeutende Rolle spielt (Sure 3,45: »Er [w. Jesus] wird im Diesseits und im Jenseits angesehen sein, einer von denen, die [Gott] nahe stehen«). Ausdrücklich wird auch gesagt, dass Jesus (wie analog aus jeder Glaubensgemeinschaft ein Zeuge bestellt wird, der über den jeweiligen Glauben und Unglauben aussagt: Sure 5,41; 16,85.89) im Weltgericht der eschatologische Zeuge *(nicht* Richter) über den Glauben und Unglauben der Christen sein wird (Sure 4,159), der allerdings auch – wie die anderen Gesandten Gottes (einschließlich Muhammads) – über sich selbst Rechenschaft ablegen muss (vgl. Sure 33,7 f.; 5,116–119)[26].

- *Die Botschaft Jesu in der Darstellung des Koran*

Der Koran führt in verschiedenen Suren geradezu eine dogmatische Auseinandersetzung mit der christlichen Theologie. Konzentriert ist diese Polemik in der Sure 5,110–120, die man eine »Summa contra Christianos« genannt hat[27]. Sie trägt den Titel »Der Tisch«. In der Chronologie der Suren des Koran ist sie wohl die letzte (und kann so gleichsam als Testament des Propheten gelten).[28]

Nach islamischer Überzeugung enthält der Koran die Worte Gottes, die er durch die Vermittlung des »Geistes« (Sure 26,192–194: »Und er [d.h. der Koran] ist vom Herrn der Menschen in aller Welt [als Offenbarung] herabgesandt. Der zuverlässige Geist hat ihn herabgebracht, dir ins Herz, damit du ein Warner seiest«) oder eines »Engels«, der in Sure 2,97 mit Gabriel identifiziert wird, Muhammad (als Offenbarung) mitgeteilt hat. Für die Muslime ist der Koran die (Teil-)Wiedergabe des im Himmel vorgestellten Ur-Koran (arabisch: umm al-kitab, wörtlich: »Mutter des Buches«), der ewig und unerschaffen ist und nicht mit irgendeiner menschlichen Sprache verglichen werden darf[29]. Muhammad hat gelehrt, dass nicht nur seine Offenbarung, sondern auch die Offenbarungen der früheren Propheten Abraham, Mose und Jesus auf der himmlischen Urschrift beruhen[30]. Judentum, Christentum und der Islam beziehen sich deshalb alle auf das eine »Buch«; der Koran nennt Juden und Christen die Leute der (Ur-)Schrift[31].

Nach dem Koran stellt sich Jesus als »Prophet« (nabi) vor (Sure 19,30: »Ich bin der Diener Gottes. Er hat mir die Schrift gegeben und mich zu einem Propheten gemacht«)[32]. Eine andere Bezeichnung Jesu (und anderer) im Koran ist Gesandter (rasul). Eine etwas rätselhafte Koranstelle (Sure 2,253: »Das sind die [Gottes]gesandten [der früheren Generationen und Volksgemeinschaften]. Wir haben die einen vor den anderen [durch besondere Gnadenerweise] ausgezeichnet. Mit einem [oder: einigen] von ihnen hat Gott [unmittelbar] gesprochen. Einigen von ihnen hat er einen höheren Rang verliehen [als den anderen]«) scheint Rangstufen unter den Gesandten (und vielleicht Propheten) vorauszusetzen. Die Fragen nach Rangstufen ist nicht einfach zu beantworten. Die islamische Tradition bezeichnet vier Gestalten, nämlich Muhammad, Mose, Abraham und Jesus, als die im Koran genannten »Gesandten, die Entschlossenheit zeigten (?)«[33]. Insofern nehmen sie in der Tradition in unterschiedlicher Weise eine Sonderstellung ein. Deswegen haben sie – in der Überlieferung – auch je einen besonderen Titel: Abraham als der »Freund Gottes« (halil Allah), Mose als der »von Gott Angesprochene« (kalim Allah), Jesus als der »Geist Gottes« (ruh Allah) und Muhammad als der »Gesandte Gottes« schlechthin (rasul Allah)[34].

Bemerkenswert ist, dass der Titel »Prophet« (nabi) in der Regel im Kontext mit Abraham und der Geschichte des Volkes Israel erscheint. Allerdings werden die großen (und kleinen) Schriftpropheten der Bibel nirgendwo im Koran erwähnt. Elia, Elischa und Jona dagegen erscheinen. Der Titel »Gesandter« (rasul) ist offensichtlich universaler zu verstehen. Sure 35,24 spricht davon, dass Gott in *jeder* Gemeinschaft (d.h. Stamm oder Volk) einen »Warner« gesandt hat, der je in der eigenen Sprache dieses Volkes Gottes Willen kundtut. In der Reihe dieser Gesandten steht auch Muhammad. Die Gesandten kommen mit einer Offenbarungsschrift (Sure 35,25). Gott hat seine eigene Ehre so sehr an die Gesandten gebunden, dass nach dem Koran zwar Propheten durch Menschen getötet werden können (vgl. Sure 2,91; 3,21.112.181; 4,155), aber nicht Gesandte. Oder vorsichtiger ausgedrückt: Von keinem der neun namentlich im Koran erwähnten Gesandten wird berichtet, er sei durch Menschen bzw. gewalttätig getötet worden. Gegen »Gott und seinen Gesandten« (die Wendung erscheint im Koran 85mal bezogen auf Muhammad, einmal bezogen auf Jesus [Sure 5,111] und viermal im Plural) vermag keine menschliche Opposition oder menschliches Ränkespiel etwas auszurichten[35]. In diesem Zusammenhang steht die in der Tradition manchmal vertretene Formel von der »Sündenlosigkeit« des Propheten (Muhammad), obwohl der Koran Verfehlungen (»Schuld«) der Gesandten und Muhammads voraussetzt (Sure

40, 55; 48, 2; 80, 1–10). Bukhari und Muslim berichten in ihren Hadith-Sammlungen das Wort Muhammads[36]: »Kein einziger Nachkomme Adams wird geboren, ohne dass ein Dämon ihn im Augenblick seiner Geburt berührt. Wen der Dämon berührt, stößt einen Schrei aus. Es hat keine Ausnahme gegeben außer bei Maria und ihrem Sohn.« Sure 19,19 nennt das Jesuskind »rein«; die Mutter Marias erbittet von Gott in Sure 3,36 die Bewahrung der Tochter und der Nachkommenschaft »vor dem gesteinigten Satan«.

Nach Aussage des Korans ist Jesus mit dem »Evangelium« für die Juden betraut (Sure 5, 46; vgl. 3, 48f[37]). Es ist ihm in Form eines »Buches« von Gott übermittelt worden (Sure 19, 30). In der Forschung wird manchmal darauf hingewiesen, dass dieses *eine* Evangelium in Buchform, auf das sich Muhammad bezieht, vielleicht das Diatessaron des Tatian gewesen sein könnte. Jesus hat nach dem Koran die Aufgabe, die Tora zu »bestätigen« bzw. wiederherzustellen. Die Botschaft Jesu ist theozentrisch (Sure 3, 51): »Gott ist mein und euer Herr. Dienet ihm! Das ist ein gerader Weg.«[38]

Jesus selbst verweist – nach der Darstellung des Koran – auf Muhammad[39]. Das formuliert Sure 61,6: »Und (damals) als Jesus, der Sohn Marias, sagte: ›Ihr Kinder Israels! Ich bin von Gott zu euch gesandt, um zu bestätigen, was von der Tora vor mir da war (oder: was vor mir da war, nämlich die Tora), und einen Gesandten mit einem hochlöblichen Namen zu verkündigen, der nach mir kommen wird.‹« Dieser Gesandte mit dem »hochlöblichen Namen« ist eine Anspielung auf Muhammad (so versteht es die islamische Interpretation), der »Gelobte«[40]. Hinweise auf die Predigt Jesu, wie wir sie aus den Evangelien kennen, finden sich vielleicht in folgenden Suren:

Sure 2,261–265 hat Anklänge an Mk 11,2–8 (Gleichnis vom Sämann) und Mt 7, 24–27 (Bauen auf Felsgrund);

Sure 104 und Sure 18, 32–44 haben Ähnlichkeit mit dem Gleichnis vom reichen Kornbauern (Lk 12, 19–21);

Sure 57, 12–15 greift Elemente von Mt 25, 1–13 (Gleichnis von den törichten und klugen Jungfrauen) auf[41].

Ausdrücklich erwähnt der Koran Wunderhandlungen Jesu. Genannt werden das so genannte Wiegenwunder (Sure 19, 29–33; 3, 46; 5, 110), als Jesus als neugeborenes Kleinkind die Mutter und die umstehenden Menschen (auf dem Arm Marias oder in der »Wiege«) anredet[42], das Vogelwunder (Sure 3, 49; vgl. 5, 110), als Jesus Vogelgestalten aus Lehm bzw. Ton belebt[43], und das Speisetischwunder (Sure 5, 112–115) als Gott die Absicht erklärt einen gedeckten Tisch vom Himmel herab zu den Jüngern kommen zu lassen[44]. Den aktuellen Vollzug des letztgenannten Wunders schildert der Koran allerdings nicht.

Ein Summarium der Wundertätigkeit Jesu findet sich in Sure 5, 110: »(Damals) als Gott sagte: ›Jesus, Sohn der Maria! Gedenke meiner Gnade, die ich dir und deiner Mutter erwiesen habe, (damals) als ich dich mit dem heiligen Geist stärkte, so dass du (schon als Kind) in der Wiege zu den Leuten sprachst, und (auch später) als Erwachsener, und (damals) als ich dich die Schrift, die Weisheit, die Tora und das Evangelium lehrte, und (damals) als du mit meiner Erlaubnis aus Lehm etwas schufst, was so aussah wie Vögel, und in sie hineinbliesest, so dass sie mit meiner Erlaubnis (schließlich wirkliche) Vögel waren, und (als du) mit meiner Erlaubnis Blinde und Aussätzige heiltest, und als du mit meiner Erlaubnis Tote (aus dem Grab wieder) herauskommen ließest, und (damals) als ich die Kinder Israels von dir zurückhielt (so dass sie dir nichts anhaben konnten), als du mit den klaren Beweisen zu ihnen kamst ...‹« Über die bereits genannten drei Wunder hinaus ist die Rede von Krankenheilungen und Totenerweckungen. Das erinnert in etwa an ähnliche Summarien im NT (etwa Lk 6, 17–19). Auffällig ist das vierfache »mit meiner Erlaubnis«. Jesus wirkt nach dem Koran diese Wunder nicht aus eigener Kraft, sondern Gott hat ihn dazu befähigt, solche »Beweise« oder »Zeichen« (wie es im Koran heißt) zu vollbringen.

Jesus steht aber trotz dieser Taten und der Wundererweise Gottes bei seiner Geburt (Jungfrauengeburt, Stärkung Marias durch den Palmenbaum) und seiner Erhöhung (Errettung vor den Feinden anlässlich der Kreuzigung) – wie jeder Mensch (und wie *alle* Propheten und Gesandten) – eindeutig auf der Seite der Menschen. Er ist nicht der Sohn Gottes, sondern sein Diener (Sure 19, 30–35): »Er (= Jesus; Anm. W. K.) sagte: ›Ich bin der Diener Gottes. Er hat mir die Schrift gegeben und mich zu einem Propheten gemacht. Und er hat gemacht, dass mir, wo immer ich bin (die Gabe des) Segen(s) verliehen ist, und mir das Gebet (zu verrichten) und die Almosensteuer (zu geben) anbefohlen, solange ich lebe, und (dass ich) gegen meine Mutter pietätvoll (sein soll). Und er hat mich nicht gewalttätig und unselig gemacht. Heil sei über mir am Tag, da ich geboren wurde, am Tag, da ich sterbe, und am Tag, da ich (wieder) zum Leben auferweckt werde.‹ Solcher Art (w. Dies) ist Jesus, der Sohn der Maria – um die Wahrheit zu sagen, über die sie (d. h. die Ungläubigen [unter den Christen?]) (immer noch) im Zweifel sind. Es steht Gott nicht an, sich irgendein Kind zuzulegen. Gepriesen sei er! (Darüber ist er erhaben.)«

Jesus wird hier als Muslim dargestellt, der zwei der fünf »Säulen« des Islam praktiziert, nämlich das tägliche Gebet und die Armensteuer. (Die anderen drei, d. h. die Shahada, das islamische Bekenntnis: »Ich bezeuge, dass es keinen Gott gibt außer *dem* Gott und dass Muhammad der Gesandte Gottes ist«, das Fasten im Monat Ramadan und die Pilgerfahrt nach Mekka, sind mit Muhammad verbunden, der nach Jesus kommt.) Ähnlich formuliert diese Überzeugung Sure 4,172: »Christus (andere Übersetzung: Der Messias; Anm. W. K.) wird es nicht verschmähen, ein (bloßer) Diener Gottes zu sein, auch nicht die Gott nahestehenden Engel.«[45]

Die Polemik gegen die christliche Aussage, Jesus sei der Sohn Gottes, ist in anderen Suren enthalten. Zwei Beispiele:

Sure 43,57–60: »Und als (Jesus) der Sohn der Maria als Beispiel angeführt wurde, gingen deine Volksgenossen gleich laut und eifrig diskutierend darauf ein. Sie sagten: ›Was ist (als Gegenstand der Verehrung) vorzuziehen (w. Was ist besser), unsere Götter oder er?‹ Sie führten ihn (d. h. Jesus; oder: es, d. h. das Beispiel) dir aber nur an, um zu debattieren (nicht um die Wahrheit zu erfahren). Nein, sie sind streitsüchtige Leute. Er ist (in Wahrheit) nichts anderes als ein Diener (von uns), dem wir (besondere) Gnade erwiesen, und den wir zu einem Beispiel für die Kinder Israels gemacht haben. Wenn wir wollten, würden wir (so wie wir Jesus durch unser Schöpferwort haben entstehen lassen?) aus euch Engel hervorgehen lassen (?) (w. würden wir aus euch Engel machen), die (euch dann) auf der Erde nachfolgen würden.«

Ähnlich Sure 3,59–63:

»Jesus ist (was seine Erschaffung angeht) vor Gott gleich wie Adam. Den schuf er aus Erde. Hierauf sagte er zu ihm nur: sei!, da war er. (Das, was dir geoffenbart worden ist, ist) die Wahrheit (die) von deinem Herrn (kommt). Darum sollst du nicht (daran) zweifeln. Und wenn nun nach (all) dem Wissen, das dir (von Gott her) zugekommen ist, (irgend) welche (Gesprächspartner) mit dir darüber streiten, dann sag: ›Kommt her! Wir wollen unsere und eure Söhne, unsere und eure Frauen und uns und euch (Männer) selber (zusammen)rufen und hierauf (jede Partei für sich) einen (gemeinsamen) Eid leisten und den Fluch Gottes auf diejenigen kommen lassen, die lügen.‹ (Dann wird sich zeigen, wer von uns im Besitz der Wahrheit ist.) Dies ist der Bericht, der der Wahrheit entspricht. Und es gibt keinen Gott außer Gott. Er ist der Mächtige und Weise. Wenn sie sich abwenden (sind sie eben ungläubig): Gott weiß Bescheid über die, die Unheil anrichten.« In der islamischen Tradition wird speziell Sure 3,59–63 auf ein angebliches Streitgespräch zwischen Muhammad und einer christlichen Gruppe aus der südarabischen Stadt Nadschran im Jahr 631 zur Christologie bezogen[46]. Ob diese historische Verortung zutrifft, wird in der Forschung durchaus kontrovers diskutiert. Sure 3 und 43 belegen aber, dass der Dissens zwischen Islam und Christentum – nach Auffassung des Koran – grundsätzlich in der Christologie besteht. Die im Koran verwendeten Qualifikationen Jesu (»aus Erde« [Sure 3,59!], »erschaffen«, gleichen Wesens mit Adam) und die dort (zunächst gegenüber dem Polytheismus, aber auch dem Christentum gegenüber[47]) wiederholt artikulierte Warnung, Gott jemanden »beizugesellen« (vgl. Sure 7,190f.; 9,31; 10,18; 16,1–3; 17,42f.; 23,92; 27,63f.; 28,68–70; 30,40; 39,67; 52,43; 59,23) bzw. Gott mit einem Sprössling zu versehen (Sure 2,116f.; 10,68; 19,35.88.92; 21,26; 43,81), die ausdrücklich das christologische Dogma zurückweist (Sure 9,30: »Die Christen sagen: ›Christus ist der Sohn Gottes (ibn Allah)‹«), das der Koran als »Übertreibung« darstellt (Sure 4,171), führen den Koran zu der Konsequenz, dass die Aussage »Jesus Christus ist der Sohn Gottes« Ausdruck (bzw. Bekenntnis) des Unglaubens sei (Sure 5,17.72). Ausgangspunkt ist sicher die monophysitische Christologie, die Christus völlig von seinem Menschsein trennt bzw. eine eigenständige menschliche Natur in Jesus Christus leugnet[48]. Aber die Kritik zielt auch auf das großkirchliche Dogma (vgl. Sure 112,3: »Er (= Gott; Anm. W. K.) hat weder gezeugt, noch ist er gezeugt worden«). Im Visier steht damit natürlich auch die Vorstellung der Trinität (Sure 5,73: »Ungläubig sind diejenigen, die sagen: ›Gott ist einer von dreien.‹ Es gibt keinen Gott außer einem einzigen Gott«; vgl. auch Sure 4,171). Bei der im Koran explizit genannten »Trinität« Gott, Christus und *Maria* (Sure 5,116) steht wohl auch eine Form der christlichen Volksfrömmigkeit im Hintergrund, die in Ägypten oder Syrien (und vielleicht auch in Teilen [Süd-]Arabiens) verbreitet war und die Maria göttliche Verehrung erwies. Zu nennen sind hier die Sekte der »Kollyridianerinnen«, die von Epiphanius von Salamis (gest. 402) erwähnt wird[49], oder eine montanistische Splittergruppe mit dem Namen »Marianiten« (nach der Darstellung einer Schrift, die sich [in der Forschung etwas umstritten] auf den armenischen Bischof Maruta von Maipherkat [gest. 419] beruft[50]). Im Arabischen Kindheitsevangelium erklären die Bewohner einer ägyptischen Stadt nach einem Wunder des Jesuskindes während des Aufenthalts der Heiligen Familie[51]: »Es besteht kein Zweifel: Joseph (!) und Maria und dieser Knabe sind Götter, keine Menschen.«

Der Koran widerspricht also ausdrücklich einem *besonderen* Sohn-Verhältnis Jesu zu Gott, wie es etwa Mt 11,25–27 formuliert. Jesus ist (wie alle Menschen[52]) Diener (oder Knecht, Sklave) Gottes, abd allah. Das gilt auch von Noah (Sure 17,3), David (Sure 38,17), Salomo (Sure 38,30), Hiob (Sure 38,41), Abraham, Isaak und Jakob (Sure 38,45) – und übrigens auch Muhammad.

Von einem christlichen Standpunkt aus ist allerdings interessant Sure 43,81, in der die Wahrheitsfrage gestellt wird: »Sag: Gesetzt den Fall, der Barmherzige hätte (tatsächlich) ein Kind (oder: Kinder), dann wäre ich der erste, der es (bzw. sie) verehren würde.« Bemerkenswert ist weiter eine bekannte Stelle im Koran zu den Christen, die sich ebenfalls (neben der »Summa contra Christianos« in Sure 5,110–120) in Sure 5 findet (Sure 5,82–85):

»Du wirst sicher finden, dass diejenigen Menschen, die sich den Gläubigen gegenüber am meisten feindlich zeigen, die Juden und die Heiden sind. Und du wirst sicher finden, dass diejenigen, die den Gläubigen in Liebe am nächsten stehen, die sind, welche sagen: ›Wir sind Nasara (d. h. Christen).‹ Dies deshalb, weil es unter ihnen Priester und Mönche gibt, und weil sie nicht hochmütig sind.

Wenn sie (bei der Rezitation im Gottesdienst?) hören, was (als Offenbarung) zu dem Gesandten herabgekommen ist, siehst du, wie ihre Augen auf Grund der Kenntnis, die sie (durch ihre eigene Offenbarung) von der Wahrheit (bereits) haben, von Tränen überfließen. Sie sagen: ›Herr! Wir glauben. Verzeichne uns unter der Gruppe derer, die (die Wahrheit) bezeugen! Warum sollten wir nicht an Gott glauben und an das, was von der Wahrheit (der göttlichen Offenbarung) zu uns gekommen ist, und danach verlangen, dass unser Herr uns (dereinst) zusammen mit den Rechtschaffenen (ins Paradies) einführe?‹ Und nun belohnt sie Gott (w. Gott hat sie belohnt) für das, was sie (da) gesagt haben, mit Gärten, in deren Niederungen (w. unter denen) Bäche fließen, dass sie (ewig) darin weilen. Das ist der Lohn derer, die fromm sind.«[53] Die gleiche Sure (Sure 5,48) entfaltet eine Vision des Wettstreits der Religionen, die fast an die Ringparabel der Aufklärung erinnert: »Für jeden von euch (die ihr verschiedenen Bekenntnissen angehört) haben wir ein (eigenes) Brauchtum (?) und einen (eigenen) Weg bestimmt. Und wenn Gott gewollt hätte, hätte er euch zu einer einzigen Gemeinschaft gemacht. Aber er (teilte euch in verschiedene Gemeinschaften auf und) wollte euch (so) in dem, was er euch (d.h. jeder Gruppe von euch) (von der Offenbarung) gegeben hat, auf die Probe stellen. Wetteifert nun nach den guten Dingen! Zu Gott werdet ihr (dereinst) allesamt zurückkehren. Und dann wird er euch Kunde geben über das, worüber ihr (im Diesseits) uneins wart.«

Schlusswort

Was ist nun das Fazit dieser Gegenüberstellung? Ein biographisches Interesse an der jeweiligen Stifterpersönlichkeit besteht im Christentum wie im Islam. In beiden Fällen ist die Quellenlage zur Kindheit und zur Jugendzeit wenig ergiebig. Etwas besser stellt sich die Quellensituation für die Zeit des jeweiligen öffentlichen Auftretens dar. Eine eigentliche *Geschichte* der Erforschung des Lebens Muhammads, die in Ansätzen der Geschichte der Leben-Jesu-Forschung vergleichbar wäre, lässt sich bisher (noch) nicht konstatieren. Die jüdische Verortung der Person und der Botschaft Jesu ist in der heutigen christlichen Theologie unstrittig und in der katholischen Kirche auch lehramtlich anerkannt. In der Erklärung über das Verhältnis der Kirche zu den nichtchristlichen Religionen »Nostra Aetate« des Vaticanum II heißt es in Artikel 4,3, dass die Kirche sich stets die Worte des Apostels Paulus vor Augen halte, dass Jesus, »der Sohn der Jungfrau Maria«, »dem Fleisch nach« (Röm 9,5) dem jüdischen Volk entstamme. Die entsprechende Kontextualisierung des arabischen Menschen Muhammad in das jüdische Religionsdenken, das unter Umständen durch arabische »Gott-Sucher« vermittelt wurde, und in die christliche Vorstellungswelt, die dem Propheten wohl in einer vorwiegend judenchristlich geprägten Form begegnet ist, durch muslimische Autoren ist ein noch uneingelöstes Desiderat der Forschung und des Dialogs der Religionen. Der Islam als die einzige »nachchristliche« Religion unter den großen »Weltreligionen« stellt sich selbst dar als die Reaffirmierung des ursprünglichen Monotheismus, der durch die Verkündigung der Jünger Jesu, die ihren eigenen Propheten mißverstanden hätten, bis zur Unkenntlichkeit verdunkelt werde. Die Schilderung der Person und der Botschaft Jesu im Koran dient dieser Polemik gegen die christliche Lehre. Die muslimische Tradition hat deshalb unter Bezugnahme auf

Verheißungen des AT (Dtn 18,18: Künftiges Auftreten eines Parakleten wie Mose) oder des NT (Joh 16,7.13: Ankündigung eines »Beistands« oder Parakleten nach dem Fortgang Jesu) von der Notwendigkeit der geschichtlichen Erscheinung Muhammads gesprochen. Nach christlicher Überzeugung besteht jedoch kein Widerspruch zwischen der Botschaft Jesu und der christlichen Verkündigung. Die Reduktion Jesu auf einen Propheten, der einen vorgegebenen Text übermittelt, verfehlt überdies nach christlichem Verständnis seine spezifische Bedeutung im Heilsplan Gottes. In der Person Jesu Christi hat sich Gott *selbst* den Menschen mitgeteilt. Die Offenbarungskonstitution »Dei Verbum« des Vaticanum II bezieht sich in Artikel 4,1 auf das Johannesevangelium (Joh 14,9: »Wer mich gesehen hat, hat den Vater gesehen«) und beschreibt Jesus als den »Sohn«, »der durch sein ganzes Dasein und seine ganze Erscheinung, durch Worte und Werke, durch Zeichen und Wunder, vor allem aber durch seinen Tod und seine herrliche Auferstehung von den Toten, schließlich durch die Sendung des Geistes der Wahrheit die Offenbarung erfüllt und abschließt und durch göttliches Zeugnis bekräftigt, dass Gott mit uns ist, um uns aus der Finsternis von Sünde und Tod zu befreien und zum ewigen Leben zu erwecken«. Gott hat seinen Willen nach christlichem Verständnis nicht allein in einem Text kundgetan, sondern er hat sich selbst in Jesus von Nazaret geoffenbart. Jesus ist demnach nicht nur der Übermittler des göttlichen Willens, sondern der Begegnungsort Gottes selbst. Das gilt vom irdischen Jesus wie vom auferstandenen Herrn. In diesem Sinn ist Jesus Christus als Person nach christlicher Lehre der hermeneutische Schlüssel und die maßgebliche Interpretationsinstanz der Heilsgeschichte Gottes mit den Menschen wie auch des literarischen Textes des NT. Das Christentum ist darum nur in einem abgeleiteten Sinn eine Schriftreligion bzw. eine Religion des »Buches«. Das eigentliche »Wort Gottes« und die Offenbarung Gottes ist Jesus Christus, während das Neue Testament die Antwort der maßgebenden Glaubenszeugen (in menschlicher Ausdrucksform) auf die grundlegende Selbstmitteilung Gottes in Jesus Christus enthält. Die beiden Ansprüche (Muhammad als »Siegel der Propheten« und Jesus Christus als »Fülle der ganzen Offenbarung«) stehen sich unvermittelt gegenüber und bezeugen auch ein je unterschiedliches Verständnis von Offenbarung. In der Tat handelt es sich hier um eine Glaubensentscheidung, die dann allerdings ganz konkrete Konsequenzen für den Umgang mit dem Text der jeweiligen heiligen Schrift nach sich zieht.

Anmerkungen

Hinführung

[1] S. 7 Roman Heiligenthal, Der Lebensweg Jesu von Nazareth. Eine Spurensicherung, Stuttgart 1994, 1.
[2] S. 8 Zitiert bei Josef Dirnbeck, Die Jesusfälscher. Ein Original wird entstellt, (Augsburg 1994) Taschenbuchausgabe: München 1996, 226.
[3] S. 8 Zu dieser religiösen Weltsicht: Kurt Rudolph, Die Gnosis. Wesen und Geschichte einer spätantiken Religion, Göttingen 1978.
[4] S. 8 Vgl. auch: Joh 1,41; 4,24f.29; 7,26f.41f. u.ö.
[5] S. 9 Jürgen Becker, Jesus von Nazaret, Berlin 1996; Günther Bornkamm, Jesus von Nazareth, Stuttgart [15]1995; Herbert Braun, Jesus – der Mann aus Nazareth und seine Zeit, um zwölf Kapitel erw. Ausgabe (GTBS 1422), Köln [2]1989; John Dominic Crossan, Jesus. Ein revolutionäres Leben, München 1996; Wolfgang Feneberg, Jesus – der nahe Unbekannte, München [2]1991; Joachim Gnilka, Jesus von Nazaret. Botschaft und Geschichte (HThK.S 3), Freiburg [4]1995; Horst Georg Pöhlmann, Wer war Jesus von Nazareth?, Gütersloh [7]1991; Edward Schillebeeckx, Jesus. Die Geschichte von einem Lebenden, Freiburg 1975 u.ö. Überblick: Gerd Theißen – Annette Merz, Der historische Jesus. Ein Lehrbuch, Göttingen [2]1997; Wolfgang Klausnitzer, Jesus von Nazaret. Lehrer – Messias – Gottessohn, Regensburg 2001.
[6] S. 10 Karl Rahner, Probleme der Christologie von heute, in: Schriften zur Theologie, Bd. 1, Einsiedeln [7]1964, 169–222, 176–178.201; Zur Theologie der Menschwerdung, in: Schriften zur Theologie, Bd. 4, Einsiedeln [5]1967, 137–155, 150–152.
[7] S. 10 Hans Waldenfels, Kontextuelle Fundamentaltheologie, Paderborn [2]1988, 199–203, hat als weitere Unterscheidungen noch eine »Christologie von innen« und eine »Christologie von außen« ins Gespräch gebracht. Der Ausdruck »Christologie von innen« stammt von Eugen Biser (Der Helfer und die Hilfe. Plädoyer für eine Christologie »von innen«, in: Wer ist Jesus Christus, hrsg. v. Joseph Sauer, Freiburg 1977, 165–200). Er meint damit das Sich-Betreffen-Lassen des *heutigen* Menschen (der schon ein Christ ist) durch den Anspruch Jesu – im Sinne der »Gleichzeitigkeit« Jesu mit dem *heutigen* Jünger, für die z.B. Sören Kierkegaard so vehement eingetreten ist.
Die »Christologie von innen« ist die subjektive Antwort des jetzt lebenden

Menschen, der den Anspruch Jesu für sich heute als verpflichtend erkennt, auf die berühmte Jesusfrage z. B. in Mk 8, 27: »Ihr aber, für wen haltet ihr mich?« »Christologie von außen« ist demgegenüber die Anerkennung der Bedeutsamkeit Jesu für heute – artikuliert von Menschen *außerhalb* des großkirchlichen Milieus.
Ob diese beiden letzten Unterscheidungen gar so hilfreich sind, möchte ich offenlassen. Dass eine Christologie – als Bekenntnis des Glaubens – immer auch auf eine subjektive Glaubensrezeption drängt, muss nicht groß diskutiert werden, denke ich. Eine »Christologie von innen« markiert eben schlicht diese Eigenschaft, die an sich schon durch den Begriff Christologie ausgedrückt ist. Eine »Christologie von außen« muss wohl zunächst einmal definieren, was denn hier exakt »drinnen« und »draußen« bezeichnet – nach dem berühmten Diktum des Augustinus: Es gibt viele drinnen, die sind eigentlich draußen, und es gibt viele draußen, die sind in Wahrheit drinnen.

[8] S. 10 Ibn Ishaq, Das Leben des Propheten (Bibliothek arabischer Klassiker 1), aus dem Arabischen übertragen und bearbeitet v. Gernot Rotter, Stuttgart [3]1986, 184. Vgl. dazu die quellenkritische Analyse von Gregor Schoeler, Charakter und Authentie der muslimischen Überlieferungen über das Leben Muhammads, Berlin 1996.

Quellen

[1] S. 13 Frederick F. Bruce, Außerbiblische Zeugnisse über Jesus und das frühe Christentum, hrsg. v. Eberhard Güting, Gießen (1991) [3]1993.

[2] S. 13 Justin, 1. Apologie 34, 2; Tertullian, Adv. Marcionem IV 7, 19.

[3] S. 13 Justin, 1. Apologie 48, 1–3.

[4] S. 13 Tertullian, Apologeticum 5.

[5] S. 13 Felix Scheidweiler, Nikodemusevangelium, Pilatusakten und Höllenfahrt Christi, in: Neutestamentliche Apokryphen in deutscher Übersetzung, hrsg. v. Wilhelm Schneemelcher, Bd. 1: Evangelien, Tübingen [5]1987, 395–424, 395–399. Das gilt auch von dem bei Eusebius von Caesarea, h.e. 1, 13; 2, 1, 6–8, erwähnten Briefwechsel zwischen Jesus und dem König Abgar V. Ukama von Edessa (»Abgarlegende«) (vgl. Han J. W. Drijvers, Abgarsage, in: ebd., 389–395) oder dem so genannten Brief des Lentulus (angeblich Prokonsul in Judäa zur Zeit Jesu) an den römischen Senat über Wesen und äußere Gestalt Jesu, der wahrscheinlich im 13./14. Jahrhundert verfertigt wurde (vgl. Anette Rudolph, Art. Lentulus, in: LThK[3] 6, 813 f.).

[6] S. 14 Johannes B. Aufhauser, Antike Jesus-Zeugnisse (KlT 126), Bonn [2]1925, 5–11, 9; Friedrich Schulthess, Der Brief des Mara bar Sarapion. Ein Beitrag zur Geschichte der syrischen Litteratur, in: ZDMG 51 (1897) 365–391, 371 f.

[7] S. 15 Zu ihm: Jakob Speigl, Art. Plinius d. J.., in: LThK[3] 8, 357 f. Sein Onkel,

Plinius der Ältere (gest. 79 n.Chr.), der Verfasser einer »Naturgeschichte«, starb beim Ausbruch des Vesuvs auf einer Erkundungstour.

[8] S. 15 Hintergrund: Rudolf Freudenberger, Das Verhalten der römischen Behörden gegen die Christen im 2. Jahrhundert dargestellt am Brief des Plinius an Trajan und den Reskripten Trajans und Hadrians (MBPF 52), München 1967.

[9] S. 16 Tacitus, Annalen, übersetzt und erläutert v. Erich Heller, mit einer Einführung v. Manfred Fuhrmann, München (1982) Taschenbuchausgabe: 1991, 457 (= 15,44).

[10] S. 16 Gaius Suetonius Tranquillus, Leben der Caesaren, übersetzt und hrsg. v. André Lambert, München ³1980, 219 (= Vita Claudii 25,4).

[11] S. 17 Für die Datierung des Judenedikts des Claudius auf 49: Klaus Rosen, Art. Claudius, in: LThK³ 2, 1215f., 1215. Für das Jahr 41 argumentiert Gerd Lüdemann, Paulus, der Heidenapostel, Bd. 1: Studien zur Chronologie (FRLANT 123), Göttingen 1980, 18.183–195 (mit Literatur).

[12] S. 17 Theißen – Merz, Der historische Jesus (Anm. 5, S. 175), 91.

[13] S. 18 Flavius Josephus, Jüdische Altertümer, übersetzt und mit Einleitung und Anmerkungen versehen v. Heinrich Clementz, 2 Teile in 1 Bd., Wiesbaden ⁶1985. Die Zitate: Teil 2, 667 (= Jüdische Altertümer 20,9,1) und Teil 2, 515f. (= Jüdische Altertümer 18,3,3).

[14] S. 19 Eusebius von Caesarea, h.e. 1,11,7f.

[15] S. 20 Origenes, Contra Celsum I 47. Vgl. insgesamt: Wolfgang A. Bienert, Das Zeugnis des Josephus (Testimonium Flavianum), in: Neutestamentliche Apokryphen in deutscher Übersetzung (Anm. 5, S. 176), 387–389.

[16] S. 20 Flavius Josephus, Vom jüdischen Kriege, Buch 1–4, nach der slavischen Übersetzung dtsch. hrsg. und mit dem griech. Text verglichen von Alexander Berendts und Konrad Grass, 2 Tle., Dorpat 1924.1927 (Nachdruck: 1979).

[17] S. 21 Nach 70 n.Chr. erfolgte die Kodifizierung kasuistischer Gesetze (religiöser Art), die bis ca. 200 n.Chr. abgeschlossen war. Die gesamte so zusammengefasste religiöse Gesetzgebung trägt den Namen Mischna. Eine parallele Zusammenfassung der Tradition aus demselben Zeitraum ist die so genannte Tosefta (wörtlich: »Ergänzung«). In den rabbinischen Schulen Palästinas und Babylons entstanden Kommentare (Gemara) zur Mischna. Mischna und Gemara zusammen heißen Talmud. Der Jerusalemer bzw. Palästinische Talmud (= die Mischna mit der Gemara der palästinischen Schulen) wurde etwa 350 n.Chr. abgeschlossen. Der umfangreichere Babylonische Talmud wurde etwa 500 n.Chr. schriftlich fixiert. Die Zeit zwischen 70 und 200 n.Chr. wird als tannaitische Periode bezeichnet, weil die Rabbiner jener Jahre »Tannaiten« (Lehrer bzw. Repetitoren oder Tradenten) genannt wurden. Aus der tannaitischen Periode sind die zuverlässigsten Nachrichten über Jesus zu erwarten.

[18] S. 21 Johann Maier, Jesus von Nazaret in der talmudischen Überlieferung (EdF 82), Darmstadt 1978, 219–237.

[19] S. 21 Der Babylonische Talmud, 12 Bde., neu übertragen v. Lazarus Gold-

schmidt, Berlin 1929–1936. Der Traktat Synhedrin ist abgedruckt in Bd. 8, 469–794; Bd. 9, 1–148. Der zitierte Text: Sanhedrin 43a (Bd. 8, 631 f.); auch: Maier, Jesus von Nazaret in der talmudischen Überlieferung (Anm. 18, S. 177), 219–237.

[20] S. 21 Joseph Klausner, Jesus von Nazareth. Seine Zeit, sein Leben und seine Lehre, hebräisch Jerusalem 1922; deutsch (Berlin 1934) Jerusalem ³1952, findet in der Überlieferung des jüdischen Talmud in polemischer Seitenverkehrtheit (wenige) Hinweise auf Ereignisse, die in den Evangelien positiv dargestellt werden. Ausdrücklich nennt er den Vorwurf der Volksverführung, der Zauberei, der geringen Zahl der Jünger (fünf!) und der Hinrichtung (am Vorabend des Passah). Wenn die Historizität der Evangelienberichte gesichert ist, können die Talmudberichte zur Bestätigung dienen. Die Thesen des Buches »Toledot Jeschu« dagegen enthielten keine historischen Informationen, sondern nur Hinweise, »wie die Juden vom 5. bis zum 10. christlichen Jahrhundert über Jesus, sein Leben und seine Lehre gedacht haben« (ebd., 65).

[21] S. 22 Günter Schlichting, Ein jüdisches Leben Jesu. Die verschollene Toledot-Jeschu-Fassung. Tam u-muᵉad. Einl., Text, Übers., Komm., Motivsynopse (WUNT 24), Tübingen 1982.

[22] S. 22 Vgl. Origenes, Contra Celsum I 32. Nach Origenes war »Panthera« bzw. »Panther« ein Beiname von Jakob, dem Großvater Jesu. Vielleicht ist Panthera (bzw. sind die vergleichbaren anderen Formen Pandera oder Panderi) eine Verballhornung des griechischen »parthenos« (junge Frau, Jungfrau) (vgl. Klausner, Jesus von Nazareth [Anm. 20, S. 178], 24 f.).

[23] S. 24 Walter Bauer, Das Leben Jesu im Zeitalter der neutestamentlichen Apokryphen, (Tübingen 1909) Nachdruck: Darmstadt 1967, 311–328.

[24] S. 24 Ebd., 319–323.

[25] S. 24 Act. Io. 73 f.; Act. Thom. 80.149. Vgl. Bauer, Das Leben Jesu im Zeitalter der neutestamentlichen Apokryphen (Anm. 23, S. 178), 311–313.

[26] S. 24 Origenes, Contra Celsum VI 75.

[27] S. 25 Klaus Berger, Im Anfang war Johannes. Datierung und Theologie des vierten Evangeliums, Stuttgart 1997.

[28] S. 26 Eine lehramtliche Festschreibung des Kanon des NT (und des christlichen AT) und der Verwerfung apokrypher Schriften findet sich im »Decretum Gelasianum«, das teilweise vielleicht auf Papst Damasus (366–384) zurückgeht, aber auch Schriften des ausgehenden 5. Jahrhunderts erwähnt. Vgl. Georg Röwekamp, Art. Decretum Gelasianum, in: Lexikon der antiken christlichen Literatur, hrsg. v. Siegmar Döpp und Wilhelm Geerlings, Freiburg ²1999, 160.

[29] S. 27 Gewöhnlich werden ein Fragment des Quadratus (bei Eusebius von Caesarea, h.e. 4,3,1 überliefert) und ein nur in Bruchstücken erhaltenes Werk des Papias (»Darstellung der Herrenworte«) ebenfalls zu den Apostolischen Vätern gerechnet. Vgl. Georg Schöltgen, Art. Apostolische Väter, in: LThK³ 1, 875. Zu Fragen der Verfasserschaft, der Datierung und des Inhalts dieser Schriften: Philipp Vielhauer, Geschichte der urchristlichen Literatur. Einlei-

tung in das Neue Testament, die Apokryphen und die Apostolischen Väter, Berlin (1975) ⁴1978; Lexikon der antiken christlichen Literatur (Anm. 28, S. 178).

[30] **S. 27** Tatian, Diatessaron, aus dem Arabischen übersetzt v. Erwin Preuschen, mit einer einleitenden Abhandlung und textkritischen Anmerkungen hrsg. v. Erwin Pott, Heidelberg 1926. Vgl. Marie-Emile Boismard, Le Diatessaron: De Tatian à Justin (Etudes bibliques 15), Paris 1992; William L. Petersen, Tatian's Diatessaron. Its Creation, Dissemination, Significance, and History in Scholarship (Svig Chr 25), Leiden 1994.

[31] **S. 27** James H. Charlesworth, Tatian's Dependence upon Apocryphal Traditions, in: HeyJ 15 (1974), 5–17.

[32] **S. 27** Textausgabe: Neutestamentliche Apokryphen in deutscher Übersetzung, hrsg. v. Wilhelm Schneemelcher, 2 Bde., Tübingen 5. Aufl. 1987.1989. Eine Einführung in die Literatur: Hans-Josef Klauck, Neutestamentliche Apokryphen. Eine Einführung, Stuttgart 2002.

[33] **S. 28** Die literarische Form »Dialog« ist typisch für gnostische Offenbarungsschriften. Vgl. Georg Röwekamp, Art. Apokryphe Schriften, in: Lexikon der antiken christlichen Literatur (Anm. 28, S. 178), 38–41, 39.

[34] **S. 28** Zu unterscheiden davon ist das »Heilige Buch des großen unsichtbaren Geistes« (in zwei Codices von Nag Hammadi) eines angeblichen Autors Seth. Vgl. Georg Röwekamp, Art. Ägypterevangelium, in: Lexikon der antiken christlichen Literatur (Anm. 28, S. 178), 6. Die Schrift stammt aus dem 2./3. Jahrhundert.

[35] **S. 28** Entdeckt 1958 in einer Handschrift des 17. Jahrhunderts aus dem Mar-Saba-Kloster bei Jerusalem; vgl. Georg Röwekamp, Art. Marcus-Literatur, in: Lexikon der antiken christlichen Literatur (Anm. 28, S. 178), 423.

[36] **S. 28** Eusebius, h.e. 3,3,2; 3,25,6; 6,12,3–6. Dazu: Georg Röwekamp, Petrus-Literatur, in: Lexikon der antiken christlichen Literatur (Anm. 28, S. 178), 495–498, 495.

[37] **S. 29** Oxyrhynchos-Papyrus 840, Papyrus Egerton 2, Oxyrhynchos-Papyrus 1224, Papyrus Cairensis 10735, das so genannte Fajjumfragment, der Straßburger koptische Papyrus, Fragmente des »Geheimen Evangeliums nach Markus«. Vgl. Joachim Jeremias und Wilhelm Schneemelcher, Fragmente unbekannter Evangelien, in: Neutestamentliche Apokryphen in deutscher Übersetzung (Anm. 5, S. 176), Bd. 1, 80–92.

[38] **S. 29** Georg Röwekamp, Art. Ebionäerevangelium, in: Lexikon der antiken christlichen Literatur (Anm. 28, S. 178), 185.

[39] **S. 29** Georg Röwekamp – Peter Bruns, Art, Hebräerevangelium, in: ebd., 276.

[40] **S. 29** Roman Hanig, Art. Nazoräerevangelium, in: ebd., 448 f. Ein Überblick über die Hinweise auf diese judenchristliche Evangelienliteratur in der Patristik: Albertus F. J. Klijn, Jewish Christian Gospel Tradition (SVigChr 17), Leiden 1992.

Anmerkungen

⁴¹ **S. 29** Evangelia infantiae apocrypha. Apokryphe Kindheitsevangelien (FC 18), übersetzt und eingeleitet v. Gerhard Schneider, Freiburg 1995.
⁴² **S. 29** Vgl. Peter Bruns, Jakobus (d. J.)-Literatur, in: Lexikon der antiken christlichen Literatur (Anm. 28, S. 178), 325–327, 325.
⁴³ **S. 29** Peter Bruns, Art. Thomas-Literatur, in: ebd., 604 f., 605.
⁴⁴ **S. 30** Peter Bruns, Art. Arabisches Kindheitsevangelium, in: ebd., 48.
⁴⁵ **S. 30** Peter Bruns, Art. Marien-Literatur, in: ebd., 425 f. Dazu gehören »Transitus sive Dormitio Mariae«, »Lamentatio Mariae«, »Geschichte der seligen Jungfrau Maria« und »Genna Marias«.
⁴⁶ **S. 31** Joachim Jeremias, Unbekannte Jesusworte (GTB 376), Gütersloh ³1963. Er erwähnt aus der jüdischen Talmudliteratur eine mögliche ursprüngliche aramäische Fassung von Mt 5, 17 (ebd., 30[122]) und aus der muslimischen Tradition das Jesuswort von der Welt als Brücke, das sehr alt, aber wohl nicht authentisch ist (ebd., 105–110). Einige Agrapha, die Jeremias für authentisch hält:
»Wer mir nahe ist, ist dem Feuer nahe; und wer mir fern ist, ist dem Königreich fern« (ebd., 65).
»Niemand kann das Himmelreich erlangen, der nicht durch Versuchung ging« (ebd., 71).
»Es wird Spaltungen geben und Parteihader« (ebd., 74).
»Die mit mir sind, haben mich nicht verstanden« (ebd., 87).
»Und nur dann sollt ihr fröhlich sein, wenn ihr auf euren Bruder mit Liebe blickt« (ebd., 88).
»Und betet für eure Feinde. Denn wer nicht gegen euch ist, ist für euch. Wer heute fern steht, wird morgen nahe sein« (ebd., 91).
Beispiele von Worten, die Jesus im Islam zugeschrieben werden (und sich nicht im NT finden): Michael Asin y Palacios, Logia et agrapha domini Jesu apud moslemicos scriptores, asceticos praesertim, usitata, in: PO 13, 3 (1919) 327–431; 19, 4 (1926) 528–624. Tarif Khalidi, Der muslimische Jesus. Aussprüche Jesu in der arabischen Literatur, Düsseldorf 2002. Ein Exempel aus einer muslimischen Sammlung des 9. Jahrhunderts (ebd., 109) (= Nr. 91):
»Jesus begegnete einem Mann und fragte ihn: ›Was tust du?‹ ›Ich gebe mich Gott hin‹, gab dieser zur Antwort. Jesus fragte: ›Wer kümmert sich um dich?‹ ›Mein Bruder‹, erwiderte er. Jesus sagte: ›Dein Bruder ist Gott ergebener als du.‹« Vgl. auch Johannes B. Bauer, Art. Agrapha, in: LThK³ 1, 246 f.
⁴⁷ **S. 32** Gustaf Dalman, Jesus – Jeschua. Die drei Sprachen Jesu. Jesus in der Synagoge, auf dem Berge, beim Passahmahl, am Kreuz, (Leipzig 1922) Nachdruck: Darmstadt 1967.
⁴⁸ **S. 33** Gnilka, Jesus von Nazaret (Anm. 5, S. 175), 28–34.
⁴⁹ **S. 33** Diskussion: David S. du Toit, Der unähnliche Jesus. Eine kritische Evaluierung der Entstehung des Differenzkriteriums und seiner geschichts- und erkenntnistheoretischen Voraussetzungen, in: Der historische Jesus. Tendenzen und Perspektiven der gegenwärtigen Forschung (BZNW 114), hrsg. v. Jens Schröter und Ralph Brucker, Berlin 2002, 88–129.

Anmerkungen

⁵⁰ **S. 36** Nils A. Dahl, Der historische Jesus als geschichtswissenschaftliches und theologisches Problem (KuD), Göttingen 1955, 104–132.
⁵¹ **S. 38** Im Grunde feiert heute nur die Kirche der Chaldäer im Irak in der (aramäischen) Sprache Jesu die Liturgie!
⁵² **S. 39** Vgl. Rudi Paret, Mohammed und der Koran. Geschichte und Verkündigung des arabischen Propheten (Kohlhammer Urban-Taschenbücher 32), Stuttgart (1957) ⁹2005, 9.
⁵³ **S. 39** Ist das der Geburtsname oder – vergleichbar mit Buddha (der »Erleuchtete«) oder Christus (der »Gesalbte«) – ein späterer Würdename, der zum Eigennamen wurde?
⁵⁴ **S. 39** Eine kritische Reflexion: Ibn al-Rawandi, Origins of Islam: A Critical Look at the Sources, in: The Quest for the Historical Muhammad, edited and translated by Ibn Warraq, Amherst, N.Y. 2000, 89–124.
⁵⁵ **S. 40** The Kitab al-maghazi al-Waqidi, hrsg. v. Marsden Jones, 3 Bde., Oxford 1966. Vgl. Muhammed in Medina. Das ist Vakidi's Kitab al-Maghazi in verkürzter deutscher Wiedergabe, hrsg. v. Julius Wellhausen, Berlin 1882.
⁵⁶ **S. 40** Muhammad ibn Sa'd, Kitab al-tabaqat al-kabir, hrsg. v. Eduard Sachau u. a., 9 Bde., Leiden 1904–1917.
⁵⁷ **S. 41** Abu Djafar Mohammed ibn Djarir at-Tabari, Ta'rikh al-rusul wa-almuluk, hrsg. v. Michael Jan de Goeje u. a., 16 Bde., Leiden 1879–1901; Nachdruck: 1964–1965. Eine Geschichtsdarstellung in ständiger kritischer Auseinandersetzung mit Tabari: Julius Wellhausen, Das arabische Reich und sein Sturz, Berlin ²1960.
⁵⁸ **S. 43** Sahih al-Buhari, Nachrichten von Taten und Aussprüchen des Propheten Muhammad (Reclam Universal-Bibliothek 4208), ausgewählt, aus dem Arabischen übersetzt und hrsg. v. Dieter Ferchl, Stuttgart 1991. Zur Überlieferung der Hadithen: Hartmut Bobzin, Mohammed, München 2000, 22–31.
⁵⁹ **S. 44** Zurückhaltend gegenüber der Einschätzung des Koran als Geschichtsquelle: Andrew Rippin, Muhammad in the Qur'an: Reading Scripture in the 21ˢᵗ Century, in: The Biography of Muhammad. The Issue of the Sources (Islamic History and Civilization. Studies and Texts 32), hrsg. v. Harald Motzki, Leiden 2000, 298–309.
⁶⁰ **S. 44** Hintergrund: John Burton, The Collection of the Qur'an, Cambridge 1977. Ein Standardwerk: Theodor Nöldeke, Geschichte des Qorans, 2. Auflage bearbeitet von Friedrich Schwally u. a., 3 Bde., (Leipzig 1909.1919.1938) Nachdruck: Hildesheim 1961. Vgl. auch Rudi Paret, Der Koran als Geschichtsquelle, in: Der Koran (WdF 326), hrsg. v. dems., Darmstadt 1975, 137–158; Tilmann Nagel, Der Koran. Einführung – Texte – Erläuterungen, München 1983, bes. 86–171 (= »Der Koran und die Geschichte«). Überblick: Kurt Rudolph, Neue Wege der Qoranforschung?, in: ThLZ 105 (1980) 1–19.
⁶¹ **S. 44** Maxime Rodinson, Mohammed, Luzern 1975, 130, leitet das Wort vom syrischen kerjana (qeryana) ab, das die »Schrift« bzw. das Lektionar der syrischen Kirche bezeichnet bzw. bezieht beide Ausdrücke aufeinander.

⁶² S. 44 Sure 1: Die Eröffnung: »1 Im Namen des barmherzigen und gnädigen Gottes. 2 Lob sei Gott, dem Herrn der Menschen in aller Welt, 3 dem Barmherzigen und Gnädigen, 4 der am Tag des Gerichts regiert! 5 Dir dienen wir, und dich bitten wir um Hilfe. 6 Führe uns den geraden Weg, 7 den Weg derer, denen du Gnade erwiesen hast, nicht (den Weg) derer, die d(ein)em Zorn verfallen sind und irregehen!«

⁶³ S. 44 Bei den Kommentatoren Tabari und Ibn Sa^cd ist eine Version von Sure 53, 19–22 überliefert, in der ein Bittgebet an drei mekkanische Göttinnen empfohlen wird. Das sind die berühmten »Satanischen Verse«.

⁶⁴ S. 45 Zitiert wird nach: Der Koran, Übersetzung v. Rudi Paret, Stuttgart (1979) ⁹2004. Eine neuere Ausgabe auch: Der Koran, Übersetzung v. Adel Theodor Khoury unter Mitwirkung v. Muhammad Salim Abdullah, Gütersloh (1987) ³2001; Neuausgabe (zweisprachig): 2004. Kurzbesprechung der wichtigsten Koranübersetzungen ins Deutsche: Stefan Jakob Wimmer – Stephan Leimgruber, Von Adam bis Muhammad. Bibel und Koran im Vergleich, mit einem Geleitwort v. Isa Günzel hrsg. v. Deutschen Katecheten-Verein e. V. München, Stuttgart 2005.

⁶⁵ S. 45 Hans Bauer, Über die Anordnung der Suren und über die geheimnisvollen Buchstaben im Koran, in: Der Koran (WdF 326) (Anm. 60, S. 181), 311–335; Eduard Goosens, Ursprung und Bedeutung der koranischen Siglen, in: ebd., 336–373; Morris S. Seale, The Mysterious Letters in the Qur'an, in: ebd., 374–378; Alan Jones, The Mystical Letters of the Qur'an, in: ebd., 379–385.

⁶⁶ S. 45 Zur Einführung: 'Abd al-Quadir as-Sufi, Was ist Sufismus? Eine Einführung in Geschichte, Wesen und meditative Praxis der islamischen Mystik, Bern 1996; Reinhard Gramlich, Der eine Gott. Grundzüge der Mystik des islamischen Monotheismus (Akademie der Wissenschaften und der Literatur. Veröffentlichungen der Orientalischen Kommission 114), Wiesbaden 1998; Alexander Knysh, Islamic Mysticism. A Short History (Themes in Islamic Studies 1), Leiden 2000; Annemarie Schimmel, Mystische Dimensionen des Islam, Aalen 1979.

Biographie

¹ S. 47 Albert Schweitzer, Geschichte der Leben-Jesu-Forschung. Tübingen (²1913) (¹1906 Titel: Von Reimarus zu Wrede. Eine Geschichte der Leben-Jesu-Forschung) (UTB 1302) ⁹1984, 620.

² S. 48 Vgl. Dirnbeck, Die Jesusfälscher (Anm. 2, S. 175); Roman Heiligenthal, Der verfälschte Jesus. Eine Kritik moderner Jesusbilder, Darmstadt 1997.

³ S. 48 In der Literatur werden verschiedene Phasen, gewöhnlich vier oder fünf, der Leben-Jesu-Forschung unterschieden. Beispiele: Jörg Frey, Der historische Jesus und der Christus der Evangelien, in: Der historische Jesus (Anm. 49, S. 180), 273–336, 275⁹. Am prägnantesten ist wohl Stanley E. Por-

ter, The Criteria for Authenticity in Historical-Jesus Research. Previous Discussion and New Proposals (JSNT.S 191), Sheffield 2000, 60–62 (»Old [bzw. First] Quest«, »No Quest«, »New [bzw. Second] Quest«, »Third Quest«). Ähnlich unterscheidet Frey (276–293): Von Reimarus bis Schweitzer, Verzicht auf Rückfrage: Rudolf Bultmann, Die »neue Frage«: Ernst Käsemann und die Folgen, Die »dritte Frage« bzw. die neueste Phase der Jesuforschung.

[4] S. 48 Vollständig und unter dem Namen des Autors wurden die Thesen erst 1972 (!) in einer zweibändigen Ausgabe herausgegeben: Hermann Samuel Reimarus, Apologie oder Schutzschrift für die vernünftigen Verehrer Gottes, im Auftrag der Joachim-Junius-Gesellschaft der Wissenschaften Hamburg hrsg. v. Gerhard Alexander, 2 Bde., Frankfurt 1972.

[5] S. 49 Bruno Bauer, Kritik der paulinischen Briefe, In drei Abteilungen, Berlin 1850–52; Kritik der Evangelien und Geschichte ihres Ursprungs, 2 Bde., Berlin 1850.1851.

[6] S. 49 Arthur Drews, Die Christusmythe, Jena 1909; ^{3}1910; Die Christusmythe, 2. Teil, Jena 1911.

[7] S. 50 George A. Wells, The Jesus Myth, Chicago 1999.

[8] S. 51 Nikos Kazantzakis hat aus dieser Schlussidee ein Buch gemacht: Die letzte Versuchung, Reinbek 1984.

[9] S. 51 Heinrich Julius Holtzmann, Die synoptischen Evangelien. Ihr Ursprung und geschichtlicher Charakter, Leipzig 1863.

[10] S. 51 Ähnlich sehen das: Vincent Taylor, The Life and Ministry of Jesus, London 1955; R. H. Fuller, The Life and Achievement of Jesus, London ^{2}1956; Ernst Barnikol, Das Leben Jesu in der Heilsgeschichte, Halle 1958.

[11] S. 52 Schweitzer, Geschichte der Leben-Jesu-Forschung (Anm. 1, S. 182), 620: »Der Jesus von Nazareth, der als Messias auftrat, die Sittlichkeit des Gottesreiches verkündete, das Himmelreich auf Erden gründete und starb, um seinem Werke die Weihe zu geben, hat nie existiert.« Darauf hatte schon 1892 Martin Kähler, Der sogenannte historische Jesus und der geschichtliche, biblische Christus (1892) (TB 2), neu hrsg. v. Ernst Wolf, München ^{2}1956, aufmerksam gemacht. Ebd., 16: »Der Jesus der ›Leben Jesu‹ ist nur eine moderne Abart von Erzeugnissen menschlicher erfindender Kunst, nicht besser als der verrufene dogmatische Christus der byzantinischen Christologie; sie stehen beide gleich weit von dem wirklichen Christus.« Ebd., 30: »Es ist zumeist der Herren eigner Geist, in dem Jesus sich spiegelt.«

[12] S. 52 Charles Harold Dodd, The Founder of Christianity, London 1971, hat der These von Weiß mit dem Gedanken der schon verwirklichten Eschatologie (realized eschatology) widersprochen. Die Reich-Gottes-Aussagen sind seiner Auffassung nach auf die Gegenwart zu beziehen und symbolisch zu deuten. Nicht erst seit Dodd, aber sicher verstärkt durch ihn, setzt sich der Sprachgebrauch durch, schon die Jetztzeit des Christentums eschatologisch zu nennen, nicht erst eine künftige Zeit (außerhalb der Geschichte.).

[13] S. 54 Julius Wellhausen, Einleitung in die drei ersten Evangelien, Berlin ^{2}1911, 102.

Anmerkungen

[14] S. 54 Rudolf Bultmann, Theologie des Neuen Testaments, Tübingen 1953, 1.

[15] S. 54 Werner Georg Kümmel, Vierzig Jahre Jesusforschung 1950–1990 (BBB 91), hrsg. v. Helmut Merklein, Bonn ²1994, 1f.

[16] S. 55 Jetzt in: Ernst Käsemann, Exegetische Versuche und Besinnungen, Bd. 1, Göttingen 1960, 187–214.

[17] S. 57 So schon Käsemann, Das Problem des historischen Jesus (ebd., 206): »Die einzige Kategorie, die seinem Anspruch gerecht wird, ist völlig unabhängig davon, ob er sie selber benutzt oder gefordert hat oder nicht, diejenige, welche seine Jünger ihm dann auch beigemessen haben, nämlich die des Messias.«

[18] S. 58 Pinchas E. Lapide, Ist das nicht Josephs Sohn? Jesus im heutigen Judentum, Stuttgart 1976, 42.

[19] S. 62 Bd. 1: 1922; Bd. 2: 1924; Bd. 3: 1926; Bd. 4,1 und 4,2: 1928; Bd. 5, hrsg. v. Joachim Jeremias, bearbeitet v. Kurt Adolph, (= Rabbinischer Index): 1956; Bd. 6, hrsg. v. Joachim Jeremias in Verbindung mit Kurt Adolph (= Verzeichnis der Schriftgelehrten. Geographisches Register): 1961. Kritisch zur Rezeption des Kommentars in der christlichen Theologie: Maier, Jesus von Nazaret in der talmudischen Überlieferung (Anm. 26), 30.

[20] S. 64 Richard W. Southern, Das Islambild des Mittelalters, Stuttgart 1981; William Montgomery Watt, Der Einfluss des Islam auf das europäische Mittelalter (Kleine kulturwissenschaftliche Bibliothek 4), Berlin 1989; zur neueren Forschung (bis Anfang des 20. Jahrhunderts): Gustav Pfannmüller, Handbuch der Islam-Literatur, Berlin 1923, 115–198. Vgl. auch Ludwig Hagemann, Christentum contra Islam. Eine Geschichte gescheiterter Beziehungen, Darmstadt 1999.

[21] S. 64 Francesco Gabrieli, Mohammed und die arabische Welt, München 1968, 72–84.

[22] S. 64 Pfannmüller, Handbuch der Islam-Literatur (Anm. 20, S. 184), 133–164. Für die ersten christlichen Reaktionen: Robert G. Hoyland, The Earliest Christian Writings on Muhammad. An Appraisal, in: The Biography of Muhammad (Anm. 59, S. 181), 276–297. Ein Überblick vom 7.–16. Jahrhundert: Clinton Bennett, In Search of Muhammad, London 1998, 69–92. Die muslimische Gegenfolie: Erdmann Fritsch, Islam und Christentum im Mittelalter. Beiträge zur Geschichte der muslimischen Polemik gegen das Christentum in arabischer Sprache (BSHT 18), Breslau 1930.

[23] S. 66 Nikolaus von Kues, Cribratio Alkorani. Sichtung des Korans, drei Bücher (PhB 20), lateinisch-deutsch, auf der Grundlage des Textes der kritischen Ausgabe neu übersetzt und mit Einleitung und Anmerkungen hrsg. v. Ludwig Hagemann und Reinhold Glei, Hamburg 1989–1993. Der Autor interpretiert den Islam als eine christliche Häresie. Er habe sich aus dem Nestorianismus entwickelt (vgl. ebd., Bd. 1, XI-XIII). In der Schrift »De pace fidei« entfaltet er dagegen eine Vision vom Frieden im Glauben, der fast die Aufklärung vorwegnimmt. Vgl. Ludwig Hagemann, Der Ku'ran in Verständnis und Kritik bei

Nikolaus von Kues. Ein Beitrag zur Erhellung islamisch-christlicher Geschichte (FTS 21), Frankfurt 1976.

[24] S. 67 Zitat: Louis Massignon, La légende »De tribus impostoribus« et ses origines islamiques, in: RHR 82 (1920) 74–78, 77. Vgl. Jesus der Offenbarer, Bd. 1: Altertum bis Mittelalter. (Texte zur Theologie. Fundamentaltheologie 5, 1), bearbeitet v. Franz-Josef Niemann, Graz 1990, 117 (= Nr. 67).

[25] S. 67 Pfannmüller, Handbuch der Islam-Literatur (Anm. 20, S. 184), 164–177; Bennett, In Search of Muhammad (Anm. 22, S. 184), 93–107.

[26] S. 67 Youakim Moubarac, Recherches sur la pensée chrétienne et l'Islam dans les temps modernes et à l'époque contemporaine (Publications de l'Université Libanaise. Section des études historiques 22), Beirut 1977, 8f. Vgl. Petrus Venerabilis, Schriften zum Islam, hrsg., übers. und komm. v. Reinhold Glei, Altenberge 1985. Die (nur in Fragmenten erhaltene) Hauptschrift: Tractatus adversus nefandam sectam Saracenorum, in: PL 189, 659–720. Petrus Venerabilis stellt sich die Frage, ob der Islam eine heidnische Religion oder eine christliche Häresie sei, und gibt die Antwort, dass er dies nicht wisse. Moubarac sieht Franz von Assisi, der das *Gespräch* mit dem Islam suchte, auf den Spuren des Benediktinerabtes (10).

[27] S. 67 James Kritzeck, Peter the Venerable and Islam, unveröffentlichte Dissertation, Princeton 1954 (Microfilm: Ann Arbor, Michigan 1984).

[28] S. 68 Vgl. Voltaire, Le Fanatisme ou Mahomet le prophète, Paris 1741. In diesem Drama, das zum ersten Mal in Lille aufgeführt wurde, beschreibt er Muhammad als Heuchler, Betrüger und blutlüsternen Tyrannen, zielt aber eigentlich (über den Propheten hinaus) auf die christlich-katholische Religion (und den in ihr enthaltenen Priesterbetrug und Aberglauben).

[29] S. 68 Thomas Carlyle, On Heroes, Hero-Worship, and the Heroic in History, notes and introduction by Michael K. Goldberg, text established by Michael K. Goldberg, Joel J. Brattin, and Mark Engel, Oxford 1993, 37–66 (= »The Hero as Prophet. Mahomet: Islam«). Carlyle war mit seiner Liste (unter anderem Dante, Shakespeare, Luther, Knox, Rousseau, Cromwell und Napoleon) durchaus darauf aus, einige Gestalten, die seiner Meinung nach in der zeitgenössischen Darstellung nicht angemessen gewürdigt wurden, historisch zu rehabilitieren. Dass dies für das zeitgenössische englische Publikum eine Provokation sein konnte, war ihm bewusst. Zwei Zitate: Muhammad »is by no means the truest of Prophets; but I do esteem him a true one« (ebd., 38). »Our current hypothesis about Mahomet, that he was a scheming Impostor, a Falsehood incarnate, that his religion is a mere mass of quackery and fatuity, begins really to be now untenable to any one« (ebd.).

[30] S. 69 Southern, Das Islambild des Mittelalters (Anm. 20, S. 184).

[31] S. 70 Pfannmüller, Handbuch der Islam-Literatur (Anm. 20, S. 184), 115–198. Wegen der Auskunft über das Quellenmaterial ist immer noch unverzichtbar Leone Caetani, Annali dell'Islam, besonders Bd. 1, Mailand 1905; Bd. 2/1, Mailand 1907.

[32] S. 70 Bobzin, Mohammed (Anm. 58, S. 181), 116–119. Er nennt neben

Weil Aloys Sprenger, William Muir, Hubert Grimme, Henri Lammens, Frants Buhl, Tor Andrae, Johann Fück, William Montgomery Watt, Maxime Rodinson, Albrecht Noth und Uri Rubin.

[33] S. 70 Vgl. Paret, Mohammed und der Koran (Anm. 52, S. 181), 170f.; Bobzin, Mohammed (Anm. 58, S. 181), 116–119.

[34] S. 70 Eine Ergänzung dazu: William Montgomery Watt, Muhammad's Mecca. History in the Qur'an, Edinburgh 1988.

[35] S. 70 Eine muslimische Reaktion (auch auf Watt): Jabal Muhammad Buaben, Image of the Prophet Muhammad in the West. A Study of Muir, Margoliouth and Watt, Leicester 1996. Er bezieht sich neben Watt auf zwei Biographien, die in der englischsprachigen Welt einflussreich waren, nämlich William Muir, The Life of Mahomet from Original Sources, 4 Bde., London 1857–1861, und David Samuel Margoliouth, Mohammed and the Rise of Islam, London 1905.

[36] S. 71 Andere Bücher von ihr: Karen Armstrong, The Gospel According to Woman: Christianity's Creation of the Sex War in the West, London, 1986; Holy War, The Crusades and their Impact on Today's World, London 1988.

[37] S. 74 Zur Diskussion: Wolfgang A. Bienert, Jesu Verwandtschaft, in: Neutestamentliche Apokryphen in deutscher Übersetzung (Anm. 5, S. 176), Bd. 1, 373–386; Lorenz Oberlinner, Art. Brüder und Schwestern Jesu, in: LThK³ 2, 713f. Richard Bauckham, Jude and the Relatives of Jesus in the Early Church, Edinburgh 1990, 19–32, unterscheidet (nach den Protagonisten der Debatte des 4. Jahrhunderts zu dieser Frage) die »Helvidian« (Kinder Josefs und Maria), die »Epiphanian« (Stiefgeschwisterhypothese) und die »Hieronymian« (Cousins und Cousinen) Sicht.

[38] S. 81 Philipp Vielhauer, Gottesreich und Menschensohn in der Verkündigung Jesu (1957), in: ders., Aufsätze zum Neuen Testament (TB 31), München 1965, 55–91, 68–71.

[39] S. 81 Gnilka, Jesus von Nazaret (Anm. 5, S. 175), 188f.

[40] S. 82 Ebd., 190.

[41] S. 82 Vgl. Gerhard Lohfink, Jesus und die Kirche, in: Handbuch der Fundamentaltheologie, hrsg. v. Walter Kern, Hermann J. Pottmeyer und Max Seckler, Tübingen ²2000, Bd. 3, 49–96 (trotz gewisser Vorbehalte gegen Lohfinks These zur *Kirchengründung*, der ich widersprechen möchte).

[42] S. 83 Abwägend (mit Literatur): Ulrich Luz, Warum zog Jesus nach Jerusalem?, in: Der historische Jesus (Anm. 49, S. 180), 408–427.

[43] S. 83 Robert Eisler, Iesous basileus ou basileusas, 2 Bde., Heidelberg 1929.1930, Bd. 2, 469–475.

[44] S. 87 Zu ihm: Hans-Josef Klauck, Judas – ein Jünger des Herrn (QD 111), Freiburg 1987.

[45] S. 88 Walther Hinz, Chronologie des Lebens Jesu, in: ZDMG 139 (1989) 302–309. Er korrigiert sich in: Jesu Sterbedatum, in: ZDMG 142 (1992) 53–56, 56, auf den 27. April 28 (Freitag).

[46] S. 89 Hier ist eigentlich von dem Propheten Schuᶜaib und seinen heid-

nischen Gegnern die Rede: »Sie sagten: ›Schuᶜaib! Wir verstehen kaum etwas (w. nicht viel) von dem, was du sagst. Wie wir sehen, bist du innerhalb unserer Gemeinschaft machtlos (w. unter uns schwach). Wenn deine Gruppe (von Männern) nicht wäre, würden wir dich bestimmt steinigen (d. h. mit Steinwürfen verjagen). Du (selber) imponierst uns nicht!‹« Es könnte ein Indiz für die Reaktion der Mekkaner auf Muhammad sein (vgl. Paret, Mohammed und der Koran [Anm. 52, S. 181], 38).

[47] S. 89 Peter Heine, Art. Kaᶜba, in: Adel Theodor Khoury – Ludwig Hagemann – Peter Heine, Islam-Lexikon. Gedichte – Ideen – Gestalten, Bd. 2, Freiburg 1991, 425–428.

[48] S. 90 Ibn Ishaq, Das Leben des Propheten (Anm. 8, S. 176), 34–36.

[49] S. 90 Günther Riße, »Gott ist Christus, der Sohn der Maria«. Eine Studie zum Christusbild im Koran (Begegnung 2), Bonn 1989, 87 f.

[50] S. 90 De haeresibus liber c. 101: PG 94, 765 A. Vgl. Adel Theodor Khoury, Polémique byzantine contre l'Islam (VIIIᵉ – XIIIᵉ siècle), Leiden ²1972, 76–87.

[51] S. 90 Ludwig Hagemann, Der Ku'ran in Verständnis und Kritik bei Nikolaus von Kues. Ein Beitrag zur Erhellung islamisch-christlicher Geschichte (FTS 21), Frankfurt 1976, 74–79.

[52] S. 91 Ibn Ishaq, Das Leben des Propheten (Anm. 8, S. 176), 77.

[53] S. 91 Eine gründliche Diskussion der Quellen zum Alter und zu den Kindern der ersten Frau Muhammads: Meir J. Kister, The Sons of Khadija, in: The Life of Muhammad (The Formation of the Classical Islamic World 4), hrsg. v. Uri Rubin, Aldershot 1998, 57–93.

[54] S. 91 Zur Schia: Heinz Halm, Die Schia, Darmstadt 1988; Kontext: Henri Laoust, Les schismes dans l'Islam. Introduction à une étude de la religion musulmane, Paris 1983.

[55] S. 92 Paret, Mohammed und der Koran (Anm. 52, S. 181), 42–61; Bobzin, Mohammed (Anm. 58, S. 181), 73–78.

[56] S. 92 Richard Bell, Introduction to the Qur'an, completely revised and enlarged by William Montgomery Watt, Edinburgh (1970) Taschenbuchausgabe: 1977, 19; Bobzin, Mohammed (Anm. 58, S. 181), 73 f.

[57] S. 93 Ibn Ishaq, Das Leben des Propheten (Anm. 8, S. 176), 43–45.

[58] S. 93 Vgl. Ernst Zbinden, Die Djinn des Islam und der altorientalische Geisterglaube, Bern 1953; Senay Yola, Art. Dschinn, in: Lexikon der Islamischen Welt, hrsg. v. Klaus Kreiser und Rotraud Wielandt, Stuttgart 1992, 79 f.

[59] S. 94 Der Koran, in der Übersetzung v. Friedrich Rückert, hrsg. v. Hartmut Bobzin, mit erklärenden Anmerkungen v. Wolfdietrich Fischer, Würzburg 1995, XIX.

[60] S. 95 Ebd., 467 (die Schreibung ist an den heutigen Gebrauch angepasst).

[61] S. 96 Ibn Saᶜd (Anm. 56, S. 181), Bd. 1, 130.

[62] S. 96 Ibn Saᶜd; zitiert nach Tor Andrae, Mohammed, sein Leben und sein Glaube, (Göttingen 1932) Nachdruck: Hildesheim 1977, 39 f. Vgl. auch Adel

Theodor Khoury, Wer war Muhammad? Lebensgeschichte und prophetischer Anspruch (HerTB 1719), Freiburg 1990, 22.

[63] **S. 96** Ibn Ishaq, Das Leben des Propheten (Anm. 8, S. 176), 47.

[64] **S. 97** Das arabische Wort »khalifa« lässt sich mit Stellvertreter oder Nachfolger übersetzen. Gemeint ist in der Regel »Stellvertreter« des Propheten Muhammad (Heinz Halm, Art. Kalif, in: LThK³ 5, 1148). Manchmal ist auch die Stellvertretung Gottes im Blick. Diese Bedeutung findet sich wohl in Sure 2, 28 (Adam als »Kalif« Gottes auf Erden) und 38, 25 (David als Gottes »Kalif«). Zur Geschichte dieses Titels und zur wissenschaftlichen Diskussion: Patricia Crone – Martin Hinds, God's Caliph. Religious Authority in the First Centuries of Islam, Cambridge 1986, bes. 4–23.

[65] **S. 97** Ein Versuch, Muhammad im Kontext der (alt-)arabischen Stammesstruktur (einschließlich ihrer geistig-religiösen Vorstellungswelt) zu verstehen: Jacqueline Chabbi, Le Seigneur des tribus. L'Islam de Mahomet, Paris 1997.

[66] **S. 98** Zum Ablauf des Kultrituals: Paret, Mohammed und der Koran (Anm. 52, S. 181), 21 f.

[67] **S. 98** Sure 29, 67: »Haben sie denn nicht gesehen, dass wir (im Gebiet von Mekka) einen heiligen Bezirk gemacht haben, der sicher ist, während die Leute in ihrer Umgebung (mit Gewalt) weggeholt werden?« Vgl. auch 27, 91!

[68] **S. 98** Hubert Grimme, Mohammed (DNCRG 7), Bd. 1: Das Leben nach den Quellen, Münster 1892, 14–17.

[69] **S. 99** Der Koran stellt dies als das Geschick der Propheten dar, dass die »Oberen« sich ihnen verweigern und allenfalls Menschen ohne Rang sich ihnen anschließen: Sure 11, 27 (Noah); 7, 75 (Salih).

[70] **S. 99** Manche Autoren sprechen von zwei Auswanderungsbewegungen nach Äthiopien, um 615 (elf Familien) und um 616 (etwa 100 Personen) (Khoury, Wer war Muhammad? [Anm. 62, S. 187], 35). Die Quellen sind hier nicht sehr eindeutig. Vielleicht verlief auch dieser Wegzug aus Mekka in verschiedenen Schüben. In dieser Zeit (um 620?) – nach dem Tod seines Onkels und seiner Frau – ereignet sich auch die Episode der Flucht Muhammads in die Nachbarstadt Ta'if und der Versuch, die dortigen Einwohner auf seine Seite zu ziehen. Das Projekt endet in einem völligen Misserfolg. Vgl. Paret, Mohammed und der Koran (Anm. 52, S. 181), 111.

[71] **S. 100** Das Zitat lautet: »Wenn ihr (= die Juden; Anm. W. K.) behauptet, dass (gerade) ihr, im Gegensatz zu den (anderen) Menschen, Freunde Gottes seid ...«.

[72] **S. 100** Martin Hengel – Anna Maria Schwemer, Paulus zwischen Damaskus und Antiochien. Die unbekannten Jahre des Apostels, mit einem Beitrag von Ernst Axel Knauf (WUNT 108), Tübingen 1998; Martin Hengel, Paulus in Arabien, in: ders., Paulus und Jakobus. Kleine Schriften III (WUNT 141), Tübingen 2002, 193–212.

[73] **S. 101** Vgl. Sozomenus, Kirchengeschichte, hrsg. v. Joseph Bidez, eingeleitet, zum Druck besorgt und mit Registern versehen v. Günther Christian Hansen, Berlin 1960, 291.299; auch ebd. 297 f. Eusebius von Caesarea nennt in

seiner Kirchengeschichte aber auch Kontakte etwa von Origenes nach Arabien: h.e. 6,19,15; 6,20,2; 6,37. Vgl. Georg Kretschmar, Origenes und die Araber, in: ZThK 50 (1953) 260–272. Auf dem Konzil von Nikaia nahmen schon Bischöfe aus Arabien teil (Eusebius, Über das Leben des Kaisers Konstantin [Werke I/1] [GCS], hrsg. v. Friedhelm Winkelmann, Berlin 1975, 84 [= III 7,1]).

[74] S. 101 Wenn allerdings gesagt wird, der Koran sei ein sprachlich-stilistisches Meisterwerk, unübertroffen in der arabischen Literatur, dann erklärt sich dies zu einem großen Teil durch die Vertrautheit mit ihm. Von Kindheit an rezitieren die Muslime täglich Texte des Koran. Im Grunde ist dies der islamische Gottesdienst: die Rezitation der Koransuren. Das schafft natürlich Gewöhnung und Identität – so wie früher das Lateinische für Katholiken und heute noch das Altslawische in der russischen Liturgie, die King-James-Bible für Anglikaner und die Luther-Übersetzung der Deutschen Bibel für Lutheraner. Vgl. Navid Kermani, Gott ist schön. Das ästhetische Erleben des Koran, München 1999.

[75] S. 101 Vgl. Riße, »Gott ist Christus, der Sohn der Maria« (Anm. 49, S. 187), 58–62.

[76] S. 101 Vgl. ebd., 63–85.

[77] S. 101 Sure 85,4–7, in der die Rede von einem »(Feuer-)Graben« bzw. von »Leuten des Grabens« ist, spielt vielleicht auf die Hinrichtung christlicher Märtyrer in Nadschran durch einen jüdischen König an. So interpretiert es jedenfalls die islamische Tradition (vgl. ebd., 72, bes. Anm. 151). Vgl. Irfan Shahid, The Martyrs of Najran. New Documents (SHG 49), Brüssel 1971.

[78] S. 101 J. Koch, Die Siebenschläferlegende, ihr Ursprung und ihre Verbreitung, Leipzig 1883; M. Huber, Die Wunderlegende von den Siebenschläfern, Leipzig 1910; Arthur Allgeier, Untersuchungen zur syrischen Überlieferung der Siebenschläferlegende, in: OrChr NS 4 (1915) 279–297; ebd., 5 (1915) 262–270; ders., Die älteste Gestalt der Siebenschläferlegende, in: OrChr NS 6 (1916) 1–43; ebd., 7/8 (1918) 33–87. Vgl. Louis Massignon, Les »Sept Dormants«, apocalypse de l'Islam, in: AnBoll 68 (1950) 245–260.

[79] S. 102 William Montgomery Watt, Muhammad at Mecca, Oxford 1953, 100–153.

[80] S. 103 Arent van Wensinck, Muhammad and the Jews of Medina, with an excursus Muhammad's constitution of Medina by Julius Wellhausen, translated and edited by Wolfgang H. Behn, Berlin ²1982.

[81] S. 104 Die spätere Hadith-Tradition (Bukhari, Muslim) listet dagegen zwölf Wunder auf, die Muhammad zugeschrieben werden (Bennett, In Search of Muhammad [Anm. 22, S. 184], 50).

[82] S. 104 Johan Bouman, Der Koran und die Juden. Die Geschichte einer Tragödie, Darmstadt 1990, 85 f.

[83] S. 105 Sure 33,25–27 führt das Geschehen auf Gottes Urteil zurück. Abwägend: Paret, Mohammed und der Koran (Anm. 52, S. 181), 122–124.

[84] S. 105 Vgl. ebd., 155 f.

⁸⁵ S. 105 Das Todesdatum 634 nennt Julian Baldick, Early Islam, in: The World's Religion: Islam, hrsg. v. Peter Clarke, London (1988) ²1990, 7–22, 11.
⁸⁶ S. 105 Vgl. Paret, Mohammed und der Koran (Anm. 52, S. 181), 156–159. Hinweise auf das Verhältnis Muhammads zu den Frauen (als Ausdruck »arabisch-fremden Wesens«): Joachim Gnilka, Bibel und Koran. Was sie verbindet, was sie trennt, Freiburg ³2004, 27 f.191 (= Anm. 35–38).
⁸⁷ S. 106 Ebd.,159.
⁸⁸ S. 106 Dazu: Annemarie Schimmel, Und Muhammad ist Sein Prophet. Die Verehrung des Propheten in der islamischen Frömmigkeit, Köln 1981.
⁸⁹ S. 106 Kontext: Fred McGraw Donner, The Early Islamic Conquests, Princeton, N.J. 1981.

Abhängigkeiten vom jeweiligen Kontext

¹ S. 109 Zu denken ist hier an die ca. 380 christlichen Kirchen von heute, die sich zwar alle auf den Grundtext der 27 Schriften des NT beziehen, diesen Grundtext aber selber doch sehr unterschiedlich gewichten und ihn durch die jeweiligen Bekenntnisschriften sehr gegensätzlich interpretieren.
² S. 109 Johann Maier, Antikes Judentum, in: Georg Strecker – Johann Maier, Neues Testament – Antikes Judentum (Grundkurs Theologie 2), Stuttgart 1989, 137–184.
³ S. 110 Maier, Antikes Judentum (Anm. 2, S. 190), 165.
⁴ S. 110 Rudolf Schweickhardt, Jesus von Nazareth oder Jesus von Qumran. Basisinformation und kritischer Literaturführer, Stuttgart 1995 (eine Besprechung von 20 Veröffentlichungen zum Thema Jesus/Qumran/Essener seit 1991). Zur Einführung: Hartmut Stegemann, Die Essener, Qumran, Johannes der Täufer und Jesus. Ein Sachbuch, Freiburg ³1994.
⁵ S. 110 Maier, Antikes Judentum (Anm. 2, S. 190), 173; schon: Hans-Joachim Schoeps, Das Judenchristentum. Untersuchungen über Gruppenbildungen und Parteikämpfe in der frühen Christenheit (DTb 376), Bern 1964, 96.
⁶ S. 111 Die wichtigsten Schriften: Dam: Damaskusschrift; 1QS: Gemeinderegel; 1QM: Kriegsrolle (= Schilderung des 40jährigen Endkrieges, den die Gemeinde mit Hilfe der himmlischen Mächte siegreich besteht). Abdruck: Die Texte aus Qumran, Hebräisch und Deutsch, hrsg. v. Eduard Lohse, Darmstadt (1971) ⁴1986; Johann Maier – Kurt Schubert, Die Qumran-Essener, München (1982) ³1992; Qumran-Texte zum Streit um Jesus und das Urchristentum, ausgewählt, erl. und übers. v. Michael Krupp, Gütersloh 1993.
⁷ S. 112 John Kampen, The Hasideans and the Origin of Pharisaism. A Study in 1 and 2 Maccabees (SBL Septuagint and Cognate Studies Series 24), Atlanta 1988; Jakob Neusner, The Rabbinic Traditions about the Pharisees before 70, 3 Bde, Leiden 1971; ders., Das pharisäische und das talmudische Judentum. Neue Wege zu seinem Verständnis, Tübingen 1984. Zur Forschungsgeschichte: Roland Deines, Die Pharisäer. Ihr Verständnis im Spiegel der christlichen und

jüdischen Forschung seit Wellhausen und Graetz (WUNT 101), Tübingen 1997.
[8] S. 114 William E. Phipps, Jesus, the Prophetic Pharisee, in: JES 14 (1977) 17–31; Herbert Leroy, Jesus. Überlieferung und Deutung (EdF 95), Darmstadt 1978, 66f.
[9] S. 114 Klaus Berger, Jesus als Pharisäer und frühe Christen als Pharisäer, in: NT 30 (1988) 231–262.
[10] S. 114 Martin Hengel, Die Zeloten. Untersuchungen zur jüdischen Freiheitsbewegung in der Zeit Herodes I. bis 70 n.Chr. (AGSU 1), Leiden (1961) ²1976.
[11] S. 114 Vgl. Lothar Wehr, Art. Quirinius, in: LThK³ 8, 776. Die Erwähnung des »Census« in der lukanischen Weihnachtsgeschichte (Lk 2,2) steht in Spannung zur Angabe der Geburt Jesu »unter Herodes« (Mt 2,1; Lk 1,5), der 4 v.Chr. gestorben war. Offensichtlich hat Lukas den »Census« vordatiert.
[12] S. 114 Bell. 2,118.
[13] S. 114 Hengel, Die Zeloten (Anm. 10, S. 191), 277–296.
[14] S. 115 Ebd., 76.289.
[15] S. 115 Jean Le Moyne, Les Sadducéens, Paris 1972; vgl. Otto Schwankl, Die Sadduzäerfrage (Mk 12,18–27 parr). Eine exegetisch-theologische Studie zur Auferstehungserwartung (BBB 66), Frankfurt 1987.
[16] S. 116 Gerhard Bodendorfer-Langer, Art. Therapeuten, in: LThK³ 9, 1484. Vgl. auch Rudolf Ohle, Die Essäer des Philo. Ein Beitrag zur Kirchengeschichte, Altenburg 1888.
[17] S. 116 Josef Ernst, Art. Johannes der Täufer, in: LThK³ 5, 871–874. Er erwähnt die Diskussion um die Nähe des Täufers (in der Form eines »kritischen Sympathisanten«) zu Qumran (ebd., 873). Trotzdem bestehen Unterschiede.
[18] S. 116 Maier, Antikes Judentum (Anm. 2, S. 190), 177 (mit Literatur). Vgl. Kurt Rudolph, Antike Baptisten. Zu den Überlieferungen über frühjüdische und –christliche Taufsekten (SSAW.PH Bd. 121, H. 4), Berlin 1981.
[19] S. 117 Raymund Schwager, Brauchen wir einen Sündenbock? Gewalt und Erlösung in den biblischen Schriften. München 1978, 189–196, hat – bei allen Vorbehalten gegenüber der Position von Schwager und René Girard, die man haben mag – zu Recht auf das sehr bemerkenswerte Faktum hingewiesen, dass der Tod Jesu durch eine Koalition von Gruppen zustande kam, die sich vorher befehdet hatten: Pilatus und Herodes wurden über den Prozess Jesu zu Freunden (Lk 23,12).
[20] S. 117 Walter Kasper, Jesus der Christus, Mainz 1977, 77.
[21] S. 118 Julius Wellhausen, Reste arabischen Heidentums. Gesammelt und erläutert, Berlin ³1961; Gonzague Ryckmans, Les religions arabes préislamiques, Louvain ²1951; Maria Höfner, Die vorislamischen Religionen Arabiens, in: Hartmut Gese – Maria Höfner – Kurt Rudolph, Die Religionen Altsyriens, Altarabiens und der Mandäer (Die Religionen der Menschheit 10/2), Stuttgart 1970, 234–402.
[22] S. 119 Das arabische Wort »ilah« entspricht dem hebräischen »eloah«, der

Gott. Wellhausen, Reste arabischen Heidentums (Anm. 21, S. 191), 218, weist daraufhin, dass im Alltagsgespräch der dem jeweiligen Gottesnamen hineingefügte Begriff »allah« (der manchmal an die Stelle des Namens trat) de facto den Monotheismus verbreitete: »Die Sprache ist es wohl überhaupt gewesen, die Allah zunächst geschaffen hat, ich meine nicht bloß das Wort, sondern den Gott selber.« Tilmann Nagel, Geschichte der islamischen Theologie. Von Mohammed bis zur Gegenwart, München 1994, 17, spricht von einem »affektiven Monotheismus« im Vollzug des altarabischen Ritus (speziell im Umfeld der Ka'ba). Da mag ein Wahrheitskern enthalten sein. Nicht zu unterschätzen sind aber auch die Einflüsse aus monotheistischen Umweltreligionen.

[23] S. 119 Sure 45,24: »Und sie (d. h. die Ungläubigen) sagen: ›Es gibt nur unser diesseitiges Leben. Wir sterben und leben (in diesem Rahmen), und nur die Zeit (die allem, was existiert, den Stempel der Vergänglichkeit aufdrückt) lässt uns zugrunde gehen.‹« Vgl. auch 23,37.

[24] S. 119 Der Text findet sich in Tabaris Kommentar zum Koran. Zitat und Diskussion: Bobzin, Mohammed (Anm. 58, S. 181), 44 f.

[25] S. 119 Der Text heißt heute (Sure 53,19–22): »19 Was meint ihr denn (wie es sich) mit al-Lat und al-Ussa (verhält) 20 und weiter mit Manat, der dritten (dieser weiblichen Wesen) (w. und mit Manat, der dritten, anderen)? (Sind sie etwa als Töchter Gottes anzusprechen?) 21 Sollen euch die männlichen Wesen zukommen, und Gott die weiblichen (die ihr Menschen für euch nicht haben wollt?) 22 Das wäre eine ungerechte Verteilung.« Der Text argumentiert (im Blick auf die damalige Gesellschaft) soziologisch: Die Araber präferieren männliche Nachkommen, wie sollte man dann Gott weibliche zuschreiben? Tabari überliefert, dass nach Vers 19 f. der Text ursprünglich hieß: »Das sind die erhabenen (?) Kraniche. Auf ihre Fürbitte darf man hoffen.« Andere Varianten: »Ihre Fürbitte ist Gott genehm« und »Auf ihre Fürbitte darf man hoffen. Ihresgleichen wird nicht vergessen.« Vgl. dazu: Paret, Mohammed und der Koran (Anm. 52, S. 181), 19.66–68.103 f.

[26] S. 120 Salman Rushdie, Die satanischen Verse, o. O. 1989, 105–131. Die englische Erstfassung: The Satanic Verses, London 1988.

[27] S. 120 Bouman, Der Koran und die Juden (Anm. 82, S. 189); auch: Wilhelm Rudolph, Die Abhängigkeit des Qorans von Judentum und Christentum, Stuttgart 1922. Ein Überblick: Gordon Darnell Newby, A History of the Jews of Arabia. From Ancient Times to their Eclipse under Islam, Columbia, South Carolina 1988.

[28] S. 121 Der Vers geht weiter: »Und du wirst sicher finden, dass diejenigen, die den Gläubigen in Liebe am nächsten stehen, die sind, welche sagen: ›Wir sind Nasara (d. h. Christen).‹« »Nasara« ist vielleicht ursprünglich eine Umschreibung von »Nazoräer« (als Bezeichnung für Judenchristen?). Die ersten Christen hießen vor allem im syrischen Raum für einige Zeit »Nazoräer« oder »Nazarener« (vgl. Apg 24,5). Zu den »Judenchristen« (als Parteiname einer christlichen Gruppe, die durch einen ausgeprägten Antipaulinismus und die Verbindung von jüdischer Gesetzesbeobachtung und Christusglauben charak-

terisiert ist), deren theologiegeschichtliches Verdienst der frühe Kampf gegen die Gnosis war, die aber sehr bald nach dem Diktum des Hieronymus (MPL 22, 924: »Sed dum volunt et Judaei esse et Christiani, nec Judaei sunt nec Christiani«) sowohl im Judentum wie im großkirchlichen Christentum isoliert ist (wenn auch Spuren in Ostsyrien bis ins 5. Jahrhundert nachweisbar sind und im Nestorianismus fortwirken): Hans-Joachim Schoeps, Theologie und Geschichte des Judenchristentums, Tübingen 1949; ders., Das Judenchristentum (Anm. 5, S. 190); Ray A. Pritz, Nazarene Jewish Christianity. From the End of the New Testament Period Until its Disappearance in the Fourth Century (StPB 37), Jerusalem 1988; vgl. Albertus F. J. Klijn und Gerrit J. Reinink, Patristic Evidence for Jewish-Christian Sects (NT.S 36), Leiden 1973. Eine populärwissenschaftliche Darstellung: Terrance Callan, Forgetting the Rest. The Emergence of Christianity from Judaism, New York 1986. Zuletzt erschien: J. Gnilka, Die Nazarener und der Koran. Eine Spurensuche. Freiburg 2007.

[29] **S. 122** Zum Problem der Geschichtlichkeit im Denken des Islam: Hans Zirker, Christentum und Islam. Theologische Verwandtschaft und Konkurrenz, Düsseldorf 1989, 156–162.

[30] **S. 122** Vgl. Sure 2, 136 (selber Text); Sure 4, 163; auch: Sure 5, 59.

[31] **S. 123** Karl-Heinz Ohlig, Weltreligion Islam. Eine Einführung, mit einem Beitrag v. Ulrike Stölting, Mainz 2000, 79. Ein Vergleich: Johann-Dietrich Thyen, Bibel und Koran. Eine Synopse gemeinsamer Überlieferungen (KVRG 19), Köln ³2000.

[32] **S. 123** Dazu: Heinrich Speyer, Die biblischen Erzählungen im Qoran, (Gräfenrheinichen 1931) Nachdruck: Darmstadt ³1988. Etwa Sure 7, 148–150: »Und die Leute Moses nahmen sich, nachdem er weggegangen war, ein leibhaftiges Kalb, aus ihrem Schmuck (verfertigt), das (wie wenn es lebendig wäre) muhte (zum Gegenstand ihrer Anbetung). Sahen sie denn nicht, dass es nicht mit ihnen sprechen und sie keinen rechten Weg führen konnte. Sie nahmen es sich (zum Gegenstand ihrer Anbetung) und frevelten (damit). Und als ihnen die Sache klar wurde (?) und sie sahen, dass sie irregegangen waren, sagten sie: ›Wenn unser Herr sich nicht unser erbarmt und uns vergibt, werden wir (dereinst?) zu denen gehören, die den Schaden haben.‹ Und als Moses zornig und voller Gram (über das, was geschehen war) zu seinem Volk zurückkam, sagte er ...« Vgl. dazu die Erzählung von Adam (Sure 2, 30–34): »Und (damals) als dein Herr zu den Engeln sagte: ›Ich werde auf der Erde einen Nachfolger einsetzen!‹ Sie sagten: ›Willst du auf ihr jemand (vom Geschlecht der Menschen) einsetzen, der auf ihr Unheil anrichtet und Blut vergießt, wo wir (Engel) dir lobsingen und deine Heiligkeit preisen?‹ Er sagte: ›Ich weiß (vieles), was ihr nicht wisst.‹ Und er lehrte Adam alle Namen (d. h. er lehrte ihn, jedes Ding mit seinem Namen zu bezeichnen). Hierauf legte er sie (d. h. die einzelnen Dinge) den Engeln vor und sagte: ›Tut mir ihre Namen kund, wenn (anders) ihr die Wahrheit sagt!‹ Sie sagten: ›Gepriesen seist du! Wir haben kein Wissen außer dem, was du uns (vorher) vermittelt hast. Du bist der, der Bescheid weiß und Weisheit besitzt.‹ Er sagte: ›Adam! Nenne ihnen ihre

Namen!‹ Als er sie ihnen kundgetan hatte, sagte Gott (w. er): ›Habe ich euch nicht gesagt, dass ich die Geheimnisse von Himmel und Erde kenne! Ich weiß (gleichermaßen), was ihr kundgebt, und was ihr (in euch) verborgen haltet.‹ Und (damals) als wir zu den Engeln sagten: ›Werft euch vor Adam nieder!‹« Da warfen sie sich (alle) nieder, außer Iblis (= Satan, Diabolos; Anm. W. K.). Der weigerte sich und war hochmütig. Er gehörte nämlich zu den Ungläubigen.«

33 **S. 123** Die Gebetsrichtung nach Mekka ist vorgeschrieben in Sure 2, 142–145.149 f. Die Kultätiologie des Koran führt die Ka'ba auf Abraham und Ismael zurück (Sure 2, 127).

34 **S. 123** Bouman, Der Koran und die Juden (Anm. 82, S. 189), 61. Ohlig, Weltreligion Islam (Anm. 31, S. 193), 116 f., findet in den Suren 20, 130, 17, 78 f. und 73, 20 »Anklänge an die Gebetspraxis christlicher Mönche«. Die islamische Tradition heute besitzt fünf Gebetszeiten.

35 **S. 124** Rudolph, Die Abhängigkeit des Qorans von Judentum und Christentum (Anm. 27, S. 192); Tor Andrae, Der Ursprung des Islams und das Christentum, in: KHA 23 (1923) 155–180; ebd., 180–206; 25 (1925) 45–112; J. Spencer Trimingham, Christianity Among the Arabs in Pre-Islamic Times, London 1979; Jürgen Kuberski, Mohammed und das Christentum. Das Christentum zur Zeit Mohammeds und die Folgen für die Entstehung des Islam (Disputationes religiones orbis 1), Bonn 1987.

36 **S. 124** Riße, »Gott ist Christus, der Sohn der Maria« (Anm. 49, S. 187), 97–114.

37 **S. 124** Alois Grillmeier, Mit ihm und in ihm. Christologische Forschung und Perspektiven, Freiburg ²1978, 231.

38 **S. 125** Zum Streit zwischen Julian von Halikarnaß und Severus von Antiochien: Riße, »Gott ist Christus, der Sohn der Maria« (Anm. 49, S. 187), 143–148. Ein Text mit doketischer Tendenz findet sich in Nag-Hammadi (Der zweite Logos des großen Seth). Über die Passion Jesu Christi heißt es da: »Ich aber war im Rachen von Löwen, (aber) ich wurde ihnen nicht ausgeliefert ... Jene bestraften mich (mit dem Tode), doch ich starb nicht wirklich, sondern (nur) dem Anschein nach ... Ich aber litt (nur) in ihrer Vorstellung und ihrer Meinung nach ... während sie in ihrem Irrtum und ihrer Blindheit ihren Menschen an(s Kreuz) nagelten (und so) an ihren Tod (auslieferten) ... Wahrlich (nicht) mich sahen und bestraften sie, ein anderer ... war jener, der die Galle und den Essig trank; nicht ich war es, der mit dem Rohr geschlagen wurde; ein anderer war es, der das Kreuz auf seiner Schulter trug, nämlich Simon. Ein anderer war es, dem die Dornenkrone aufs Haupt gesetzt wurde. ... Und ich lachte über ihren Unverstand.« Zitat: Karl Wolfgang Tröger, Doketistische Christologie in Nag-Hammadi-Texten. Ein Beitrag zum Doketismus in frühchristlicher Zeit, in: Kairos 19 (1977) 45–52, 50 f.

39 **S. 125** Der Nestorianismus lehnt also die Zwei-Naturen-Lehre der Großkirche und der trinitarischen Gottesvorstellung ab (und steht damit der Mentalität der Judenchristen nahe). Vgl. Gilles Quispel, Makarius, das Thomasevangelium und das Lied von der Perle (NT.S 15), Leiden 1967, 118: Das semitische (syrische) Christentum »lebt nicht nur fort im Nestorianismus, der während tausend Jahren eine der Hauptreligionen Asiens war, sondern auch, unterirdisch, im Islam, im Manichäismus und in der orientalischen Mystik«. Zur Herkunft der christlichen Tradition des Koran aus der (ost-)syrischen (und »nestorianischen«) Theologie: Claus Schedl, Muhammad und Jesus. Die christologisch relevanten Texte des Koran, neu übersetzt und erklärt, Wien 1978, 562–566.

[40] S. 125 Thyen, Bibel und Koran (Anm. 31, S. 193), 188–207.233–235.
[41] S. 125 Vgl. Sure 2,116; 5,72f.; 9,30. Der Koran unterscheidet zwischen »wahren« Christen (einer Minderheit) und den anderen Christen, die die »wahre« Lehre Jesu dadurch verfälscht haben, dass sie Jesus Gott »beigesellen«. Ein »wahrer« Christ in diesem Sinn wird zum Muslim, wenn er mit der Botschaft des Propheten konfrontiert wird (Jane Dammen McAuliffe, Qur'anic Christians. An Analysis of Classical and Modern Exegesis, Cambridge 1991, 290).
[42] S. 125 Anton Schall, Art. Islam I. Religionsgeschichtlich, in: TRE 16, 315–336, 317f. Auffällig sind besonders die Parallelen im prophetischen Selbstverständnis und in der Sicht der Vorgängerpropheten (bzw. Gottgesandten) zwischen Mani und Muhammad. Speziell zum Manichäismus: Der Manichäismus (WdF 168), hrsg. v. Geo Widengren, Darmstadt 1977; Eugen Rose, Die manichäische Christologie (STOR 5), Wiesbaden 1979.

Botschaft

[1] S. 131 Günther Bornkamm, Jesus von Nazareth (Kohlhammer Urban-Taschenbücher 19), Stuttgart [15]1995, 65.
[2] S. 135 Dogmatische Konstitution »Dei Filius« über den katholischen Glauben, Kap. 3 (Dekrete der ökumenischen Konzilien, Bd. 3, hrsg. v. Josef Wohlmuth, Paderborn 2002, 807).
[3] S. 135 Vgl. Gotthold Ephraim Lessing, Über den Beweis des Geistes und der Kraft (1777), in: ders., Werke, hrsg. v. Herbert G. Göpfert, 8 Bde., München 1970–1979, Bd. 8 (1979), 9–14, 12: »... zufällige Geschichtswahrheiten können der Beweis von notwendigen Vernunftwahrheiten nie werden.«
[4] S. 139 Die sechs Antithesen der Bergpredigt, die Mt überliefert, stellen jeweils einem alttestamentlichen Gebot die Weisung Jesu gegenüber.
1. Mt 5,21f.:
»Ihr habt gehört, dass zu den Alten gesagt worden ist: *Du sollst nicht töten* (Ex 20,13); wer aber jemand tötet, soll dem Gericht verfallen sein. Ich aber sage euch: Jeder, der seinem Bruder auch nur zürnt, soll dem Gericht verfallen sein; und wer zu seinem Bruder sagt: Du Dummkopf!, soll dem Spruch des Hohenrates verfallen sein; wer aber zu ihm sagt: Du Narr!, soll dem Feuer der Hölle verfallen sein.«

2. Mt 5,27:
»Ihr habt gehört, dass gesagt worden ist: *Du sollst nicht die Ehe brechen* (Ex 20,14). Ich aber sage euch: Wer eine Frau auch nur lüstern ansieht, hat in seinem Herzen schon Ehebruch mit ihr begangen.«
3. Mt 5,31 f.:
»Ferner ist gesagt worden: *Wer seine Frau aus der Ehe entlässt, muss ihr eine Scheidungsurkunde geben* (Dtn 24,1). Ich aber sage euch: Wer seine Frau entlässt, obwohl kein Fall von Unzucht vorliegt, liefert sie dem Ehebruch aus; und wer eine Frau heiratet, die aus der Ehe entlassen worden ist, begeht Ehebruch.« Die Parallelstelle in Mk 10,11 f., die älter ist und (nach dem »Kriterium der anstößigen Überlieferung«) auf den historischen Jesus zurückgeht, nennt keine Ausnahme des Gebotes:
»Wer seine Frau aus der Ehe entlässt und eine andere heiratet, begeht ihr gegenüber Ehebruch. Auch eine Frau begeht Ehebruch, wenn sie ihren Mann aus der Ehe entlässt und einen anderen heiratet.«
4. Mt 5,33 f.37:
»Ihr habt gehört, dass zu den Alten gesagt worden ist: *Du sollst keinen Meineid schwören* (Ex 20,7; Num 30,3; Dtn 23,22), und: Du sollst halten, was du dem Herrn geschworen hast. Ich aber sage euch: Schwört überhaupt nicht ... Euer Ja sei ein Ja, euer Nein ein Nein; alles andere ist vom Bösen.«
5. Mt 5,38 f.:
»Ihr habt gehört, dass gesagt worden ist: *Auge für Auge* und *Zahn für Zahn* (Ex 21,24). Ich aber sage euch: Leistet dem, der euch etwas Böses antut, keinen Widerstand, sondern wenn dich einer auf die rechte Wange schlägt, dann halte ihm auch die andere hin.«
6. Mt 5,43 f.:
»Ihr habt gehört, dass gesagt worden ist: *Du sollst deinen Nächsten lieben* (Lev 19,18). Ich aber sage euch: Liebt eure Feinde und betet für die, die euch verfolgen ...«

[5] S. 140 Gnilka, Jesus von Nazaret (Anm. 5, S. 175), 234.
[6] S. 144 Vgl. Nöldeke, Geschichte des Qorans (Anm. 60, S. 181); neuer: Richard Bell, The Qur'an, translated, with a critical re-arrangement of the Surahs, 2 Bde., Edinburgh (1937) Nachdruck: 1960.
[7] S. 144 Paret, Mohammed und der Koran (Anm. 52, S. 181), 167.
[8] S. 147 Vgl. ebd., 95 f.
[9] S. 149 Sure 105 spielt auf einen misslungenen Kriegszug aus dem Süden gegen Mekka in der präislamischen Geschichte an, der durch Gottes Eingreifen (als Gnadenakt) abgewendet wurde.
[10] S. 150 Die christliche Vorstellung, dass die Menschen »Kinder« Gottes seien, ist dem Islam fremd. Sie erweckt die Assoziation, dass hier Gott etwas »beigesellt« werde. Entsprechende Haltungen des wahren Glaubens seien Gottesfurcht (nicht vor den Menschen sollen die Glaubenden sich fürchten, sondern allein vor Gott) (vgl. Sure 23,57) und der (liturgische) Gestus der Verbeugung und Niederwerfung (Sure 22,77), die zu wesentlichen Bestandteilen

des muslimischen Gottesdienstes werden. Die Glaubenden sollen bei Gott zwei Eigenschaften erkennen, seine Güte, aber auch seine Strenge (Sure 32, 16; vgl. 7, 56).

[11] S. 150 Vgl. Sure 80, 17: »Der verfluchte Mensch (w. Getötet sei der Mensch)! Wie undankbar (gleichbedeutend mit ungläubig) ist er!« In Sure 55 heißt es dreißigmal in einem Refrain: »Welche von den Wohltaten eures Herrn wollt ihr denn leugnen?«

[12] S. 151 Er macht nach der islamischen Überzeugung die Größe Muhammads aus, dass er der Gesandte Gottes ist. Muhammad ist allerdings nur ein Mensch, keine Inkarnation Gottes. In Sure 41,6 heißt es (an den Propheten gerichtet): »Sprich: Ich bin nur ein Mensch wie ihr ...« Gott ermahnt ihn, sich richtig einzuschätzen und darzustellen (Sure 46,9): »Sag: Ich bin kein Wunder von einem Gesandten(?) (der über alles und jedes Auskunft geben könnte). Und ich weiß nicht, was mit mir und was mit euch geschehen wird. Ich folge nur dem, was mir (als Offenbarung) eingegeben wird, und ich bin nichts als ein deutlicher Warner.« Er kann auch keine Wunder wirken. Als seine Gegner in Mekka ihn auffordern, er solle doch zum Beweis der Wahrheit seiner Lehre Wunder vorzeigen, z. B. eine Wasserquelle aus der Erde hervorbrechen lassen, da kann er nur antworten (Sure 17,93): »Preis sei meinem Herrn! Bin ich denn etwas anderes als ein Mensch und Gesandter?« Der Standardvorwurf der zeitgenössischen Gegner Muhammads bestand genau in der Kritik, dass er keine Wunder wirkte und dass Gott ihn deshalb nicht bestätige. Die Antwort des Koran heißt (Sure 29,50f.): »Und sie (d.h. die Ungläubigen) sagen: ›Warum sind (denn) auf ihn (zur Bestätigung seiner Sendung) keine Zeichen von seinem Herrn herabgesandt worden?‹ Sag: Über die Zeichen verfügt Gott allein (w. Die Zeichen sind ausschließlich bei Gott). Ich bin nur ein deutlicher Warner. Genügt es ihnen dann nicht, dass wir die Schrift auf dich herabgesandt haben, damit sie ihnen verlesen wird? Darin liegt (ein Erweis unserer) Barmherzigkeit und eine Mahnung für Leute, die glauben.«

[13] S. 151 Vgl. Paret, Mohammed und der Koran (Anm. 52, S. 181), 70 (unter Hinweis auf die Chronologie des Koran bei Theodor Nöldeke).

[14] S. 153 Josef van Ess, in: Hans Küng – Josef van Ess, Christentum und Weltreligionen –Islam, München ²1997, 119.

[15] S. 153 Ebd.

[16] S. 153 Vgl. Sure 36,82: »Und Er ist der, der alles erschafft und Bescheid weiß. Sein Befehl, wenn Er etwas will, ist dazu nur zu sagen: Sei!, und es ist!«

[17] S. 154 Etwas anderes ist die Situation der Schia, in der fast so etwas wie eine Art »theologia crucis« Gestalt annimmt.

[18] S. 154 Vgl. Sure 4, 157f.

[19] S. 154 Josef van Ess, in: Gott im Spiegel der Weltreligionen. Christliche Identität und interreligiöser Dialog, hrsg. v. Elmar Klinger, Regensburg 1997, 38f.

[20] S. 154 Vgl. ebd., 49.

[21] S. 154 Vgl. Josef Horovitz, Koranische Untersuchungen, Berlin 1926, 10–32.
[22] S. 154 Vgl. auch Sure 29,40.
[23] S. 154 Vgl. Paret, Mohammed und der Koran (Anm. 52, S. 181), 46–98, bes. 97.
[24] S. 155 Etwa Sure 11,60.99; 41,16. Vgl auch Sure 17,58; 39,25f.
[25] S. 155 Manche Aussagen des Koran zur Neigung der Menschen diesen Glauben zu bekennen, klingen allerdings eher skeptisch. Vgl. Sure 12,103: »Die meisten Menschen sind nicht gläubig, du magst noch so sehr darauf aus sein.«

Das Jesusbild des Koran

[1] S. 157 Geoffrey Parrinder, Jesus in the Qur'an, London (1965) Nachdruck: 1982; Riße, »Gott ist Christus, der Sohn der Maria« (Anm. 49, S. 187); Neal Robinson, Christ in Islam and Christianity. The Representation of Jesus in the Qur'an and the Classical Muslim Commentaries, London 1991; Martin Bauschke, Jesus im Koran, Köln 2001. Für die Rezeption der koranischen »Christologie« (besser wäre: des Jesusbildes im Koran) in der Theologie des deutschen Sprachraumes: ders., Jesus – Stein des Anstoßes. Die Christologie des Koran und die deutschsprachige Theologie (KVRG 29), Köln 2000.
[2] S. 157 Mit »Imran« ist Amran gemeint, der in Num 26,59 als Vater Moses, Aarons und Mirjams genannt wird und als Vorfahre Jesu (Sure 3,33) zählt.
[3] S. 157 Anders das NT! Vgl. Lk 3,23; Joh 1,45; 6,42 (»Sohn Josephs«) oder Mt 13,55 (»Sohn des Zimmermanns«). Allerdings auch Mk 6,3 (»Sohn Marias«).
[4] S. 157 Es ist die Rede von Losstäben, die geworfen werden, um zu entscheiden, welcher Mann Maria »betreuen solle«.
[5] S. 157 Vgl. Neutestamentliche Apokryphen in deutscher Übersetzung (Anm. 5, S. 176), Bd. 1, 334–349.
[6] S. 158 Schedl, Muhammad und Jesus (Anm. 39, S. 194), 404f.
[7] S. 158 Neutestamentliche Apokryphen in deutscher Übersetzung (Anm. 5, S. 176), Bd. 1, 364f. Riße, »Gott ist Christus, der Sohn Marias« (Anm. 49, S. 187), 183–187, spekuliert darüber, ob eine koptische Sklavin namens Mariya, die Muhammed als Gemahlin genommen hat, ihm die Kindheitserzählung Jesu (die in diesen apokryphen Schriften überliefert sind), übermittelt hat bzw. ob Einflüsse auf diese Erzählung durch Pseudo-Ephraem (Zwei Reden auf die Gottesgebärerin) übermittelt wurden. Von dieser koptischen Sklavin ist in Sure 66,1f. die Rede.
[8] S. 158 Neutestamentliche Apokryphen in deutscher Übersetzung (Anm. 5, S. 176), Bd. 1, 349–360, 353f.
[9] S. 158 Bauschke, Jesus im Koran (Anm. 1, S. 198), 32. In Parallele zu Lk 1,34 heißt es in Sure 3,45: »Herr! Wie sollte ich ein Kind bekommen, wo mich

(noch) kein Mann (w. Mensch) berührt hat?« Ähnlich auch Sure 19,16–21. Zur neuen innerislamischen Diskussion der Jungfrauengeburt: Johannes M. S. Baljon, Modern Muslim Koran Interpretation (1880–1960), Leiden 1961, 69f.

[10] **S. 158** Dies versuchen Ignazio di Matteo, La divinità di Christo e la dottrina della trinità in Maometto e nei polemisti musulmani (BibOr 8), Rom 1938, 6 (den Begriff »Wort« Gottes habe Muhammad im Wissen um die christliche Bedeutung aus christlichen Quellen übernommen), und Denise Masson, Le Coran et la révélation judéo-chrétienne. Études comparées, Bd. 1, Paris 1958, 205.213. Vgl. Heikki Räisänen, Das koranische Jesusbild. Ein Beitrag zur Theologie des Korans (Schriften der Finnischen Gesellschaft für Missiologie und Ökumenik 20), Helsinki 1971, 32. Kritisch dazu: Ludwig Hagemann – Ernst Pulsfort, Maria, die Mutter Jesu, in Bibel und Koran (WFMR.R 19), Würzburg 1992, 116–119.

[11] **S. 160** Vgl. Sure 3,54 mit Sure 8,30; auch Sure 20,40; 21,68–71; 29,24; 37,97f.

[12] **S. 160** Sure 3,54 (zu Jesus): »Und sie (d.h. die Kinder Israels) schmiedeten Ränke. Aber auch Gott schmiedete Ränke. Er kann es am besten.« Genauso Sure 8,30 (zu Muhammad): »Und (damals) als die Ungläubigen gegen dich Ränke schmiedeten, um dich festzunehmen (?) oder zu töten oder (aus Mekka) zu vertreiben! Sie schmiedeten Ränke. Aber auch Gott schmiedet Ränke. Er kann es am besten.«

[13] **S. 160** Vgl. Bauschke, Jesus im Koran (Anm. 1, S. 198), 87f.

[14] **S. 160** Vgl. etwa: Gnosis-Texte der Ismailiten (AAWG.PH 28), hrsg. v. Rudolf Strothmann, Göttingen 1943, 43. Vgl. dazu auch die Johannesakten (Act. Io.) (Kap. 97–101) (in: Neutestamentliche Apokryphen in deutscher Übersetzung [Anm. 32, S. 179], Bd. 2, 168–171) und die Apokalypse des Petrus (ApcPt) (Nag-Hammadi Codex [NHC] IV 3,81–83) (in: Neutestamentliche Apokryphen in deutscher Übersetzung, Bd. 2, 642f.). In eine ähnliche Richtung argumentiert Schedl, Muhammad und Jesus (Anm. 39, S. 194), 469f.: »Der Irrtum der Juden bestand damals nicht darin, dass sie anstelle 'Isa's einen Doppelgänger kreuzigten, sondern darin, dass sie im Menschen 'Isa nicht den gekommenen Messias anerkannten. Sie konnten zwar den Leib des Messias, d.i. den Menschen 'Isa kreuzigen, den Geist-Messias selber aber konnten die Nägel nicht mehr erreichen, da ihn Allah zu sich erhöhte (3,55).«

[15] **S. 160** Vgl. Johannes M. S. Baljon, The Reforms and Religious Ideas of Sir Sayyid Ahmad Khan, Leiden 1949, 82. Dazu: Günter Grönbold, Jesus in Indien. Das Ende einer Legende, München 1985, 15f. 43–48.

[16] **S. 160** Bauschke, Jesus im Koran (Anm. 1, S. 198), 88.

[17] **S. 160** Diese Meinung schreibt Irenäus von Lyon dem Gnostiker Basilides (gest. 160) zu (Adversus haereses I 24,4). Vgl. Irenäus von Lyon, Epideixis. Adversus haereses. Darlegung der apostolischen Verkündigung. Gegen die Häresien, Bd. 1 (FC 8/1), übersetzt und eingeleitet v. Norbert Brox, Freiburg 1993, 301: Christus habe nicht die Passion erlitten, »sondern ein gewisser Simon von Zyrene, den man zwang, sein Kreuz für ihn zu tragen (vgl. Mt

27,32). Der wurde dann aus Unwissenheit und Irrtum gekreuzigt, nachdem er von ihm (Christus) so verwandelt worden war, dass man ihn für Jesus hielt; Jesus selbst hatte die Gestalt Simons angenommen, stand dabei und machte sich über sie lustig.« Vgl. auch den Text des »Zweiten Logos des Großen Seth« (Anm. 38, S. 194).

[18] S. 161 So stellt es etwa das apokryphe Barnabas-Evangelium (entstanden im 14. oder im 16./17. Jahrhundert) dar. Vgl. Das Barnabas-Evangelium. Wahres Evangelium Jesu, genannt Christus, eines neuen Propheten, von Gott der Welt gesandt gemäß dem Bericht des Barnabas, seines Apostels, ins Deutsche übersetzt und hrsg. v. Safiyya M. Linges, Bonndorf 1994, 298–304 (= Kap. 215–217).

[19] S. 161 Vgl. Sure 19,56f.: »Und gedenke in der Schrift des Idris! Er war ein Wahrhaftiger (?) und ein Prophet. Und wir haben ihn an einen hohen Ort erhoben.« In manchen Kommentaren wird Idris mit Henoch identifiziert, der in Gen 5,24 zu Gott emporgehoben wurde. Ähnlich Sir 44,16 (zu Henoch); Weis 4,10 (zu dem »Gerechten«)! Das Motiv der »Entrückung« ist aber schon in der vorislamischen Tradition (und im Islam auch außerhalb des Exempels Jesu) bekannt.

[20] S. 161 Vgl. Bauschke, Jesus im Koran (Anm. 1, S. 198), 107f.

[21] S. 161 Ibn Ishaq, Das Leben des Propheten (Anm. 8, S. 176), 85.

[22] S. 161 Belegt wird dieses Sterben Jesu *nach* seiner Wiederkunft mit Sure 4,159: »Und es gibt keinen unter den Leuten des Buches, der nicht noch vor seinem Tod an ihn glauben würde.«

[23] S. 161 Vgl. allerdings eine abweichende Stimme: Charles C. Adams, A Fatwa on the »Ascension of Jesus«, in: MW 34 (1944) 214–217.

[24] S. 161 Anderer Meinung ist Schedl, Muhammad und Jesus (Anm. 39, S. 194), 469, der Einflüsse gnostischer Christologie voraussetzt.

[25] S. 161 Riße, »Gott ist Christus, der Sohn der Maria« (Anm. 49, S. 187), 194.

[26] S. 162 Sure 5,116–119 hat eine ausgesprochen christentumskritische Tendenz. Vgl. dazu Sure 21,26–29; 3,79f. (mit der Kritik an der christlichen Christologie)

[27] S. 162 Riße, »Gott ist Christus, der Sohn der Maria« (Anm. 49, S. 187), 204.

[28] S. 162 Ebd.

[29] S. 162 Das orthodox-islamische Verbot, den Koran in eine andere Sprache zu übersetzen (oder wenigstens eine jeweils muttersprachliche Fassung in der Liturgie zu verwenden) meint nicht, dass der Ur-Koran auf Arabisch verfasst worden ist (und Gott deshalb arabisch spricht), sondern will Änderungen des Inhalts vermeiden, die mit jeder Übersetzung unvermeidlich verbunden sind.

[30] S. 162 Sure 4,163–165: »Wir haben dir (Offenbarungen) eingegeben (ebenso) wie (früher) dem Noah und den Propheten nach ihm: Abraham (w. und wir haben dem Abraham [Offenbarungen] eingegeben), Ismael, Isaak, Jakob und den Stämmen (Israels), Jesus, Hiob, Jonas, Aaron und Salomo.

Und dem David haben wir einen Psalter gegeben. Und über einige Gesandte haben wir dir (schon) früher berichtet, über andere (bisher überhaupt noch) nicht – und mit Mose hat Gott wirklich gesprochen –, Gesandte (die) als Verkünder froher Botschaft und als Warner (kamen), damit die Menschen, nachdem sie aufgetreten waren, keinen Beweisgrund gegen Gott haben sollten (indem sie behaupten könnten, von nichts zu wissen). – Gott ist gewaltig und weise.« Ähnlich Sure 26, 195–197: »(Er [der Koran; Anm. W. K.] ist) in deutlicher arabischer Sprache (geoffenbart) und (bereits) in den Büchern der früheren (Generationen) (enthalten?) (oder: angekündigt?). War es ihnen (d. h. den zeitgenössischen Arabern) denn nicht ein Zeichen (für die Wahrheit der koranischen Offenbarung), dass die Gelehrten der Kinder Israels darüber Bescheid wissen?«

[31] S. 162 Gott äußert – nach dem Verständnis des Islam – seinen Willen in einem *Buch*. Analog zum Begriff der Inkarnation im Christentum spricht man deshalb manchmal von der »Inlibration« Gottes im Islam.

[32] S. 162 Zur Verwendung des Prophetentitels im NT für Jesus: Mk 6, 4.15; 8, 28; Lk 13, 33; Joh 4, 19. Im Koran gibt es verschiedene Propheten (unter Einschluss Jesu), nämlich Sure 42, 13 (Noah, Muhammad, Abraham, Mose, Jesus), Sure 2, 136 (Abraham, Ismael, Isaak, Jakob und die Stämme [Israels], Mose, Jesus und die Propheten), Sure 3, 84 (Abraham, Ismael, Isaak, Jakob und die Stämme [Israels], Mose, Jesus und die Propheten), Sure 4, 163 f. (Muhammad, Noah, Abraham, Ismael, Isaak, Jakob und die Stämme [Israels], Jesus, Hiob, Jonas, Aaron, Salomo, David, Mose), Sure 6, 83–86 (Abraham, Isaak, Jakob, Noah, David, Salomo, Hiob, Joseph, Mose und Aaron, Zacharias, Johannes, Jesus, Elias [Elia], Ismael, Elisa [Elischa], Jonas [Jona], Lot) und Sure 33, 7 (Muhammad, Noah, Abraham, Mose und Jesus). Solche Prophetenreihen finden sich auch im Talmud: Adam, Seth, Methusalem, Abraham, Jakob, Mose, David (= die Sieben-Hirten-Reihe), im (frühen) Judenchristentum: Henoch, Noah, Abraham, Isaak, Jakob, Mose, Jesus, oder im Manichäismus: Adam, Buddha, Zarathustra, Jesus, Mani (vgl. Bauschke, Jesus im Koran [Anm. 231], 39). Ein Vergleich der Sicht der Prophetengestalten Abraham, Mose, Jesus und Muhammad im Koran mit der biblischen Darstellung der drei Erstgenannten: Ludwig Hagemann, Propheten – Zeugen des Glaubens. Koranische und biblische Deutungen, Altenberge 1993.

[33] S. 163 Bauschke, Jesus im Koran (Anm. 1, S. 198), 40.

[34] S. 163 Ebd.

[35] S. 163 Eine allzu große Systematik in der Differenzierung zwischen »Prophet« und »Gesandter« ist dem Koran fremd. Abraham wird im *Koran* (im Unterschied zur islamischen Tradition) nur Prophet genannt (Sure 19, 41). Vgl. Willem A. Bijlefeld, A Prophet and more than a Prophet? Some observations on the Qur'anic use of the terms »prophet« and »apostle«, in: MW 59 (1969) 1–28. Nach der Auffassung der Mehrheit der islamischen Ausleger können nur Männer Propheten sein. Es ist eine Minderheitenmeinung (etwa Ibn Hazm von Cordoba, gest. 1064), dass auch Frauen (konkret Maria, die

Mutter Jesu) Prophetinnen sein können (vgl. Jane I. Smith – Yvonne Y. Haddad, The Virgin Mary in Islamic Tradition and Commentary, in: MW 79 [1989] 161–187, 177–179). Gesandte sind ausschließlich Männer.

36 S. 164 Bauschke, Jesus im Koran (Anm. 1, S. 198), 42.

37 S. 164 In Sure 5,47 heißen die Christen »Leute des Evangeliums«.

38 S. 164 Vgl. die Frage Jesu mit der Antwort der Jünger (Sure 3,52f.): »›Wer sind meine Helfer (auf dem Weg?) zu Gott?‹ Die Jünger sagten: ›Wir sind die Helfer Gottes. Wir glauben an ihn. Bezeuge, dass wir (ihm) ergeben sind. Herr! Wir glauben an das, was du (als Offenbarung) herabgesandt hast, und folgen dem Gesandten. Verzeichne uns unter der Gruppe derer, die (die Wahrheit) bezeugen!‹« Vgl. Sure 61,14.

39 S. 164 Im Islam wird die Stelle Dtn 18,15.18f. (Ankündigung eines Propheten wie Mose) auf Muhammad bezogen. Apg 3,22; 7,37 bezieht sie auf Jesus.

40 S. 164 Die islamische Exegese verweist gewöhnlich auf Joh 15,26 (die Verheißung des Parakleten). Das wohl aus der Endzeit des maurischen Spanien stammende Barnabasevangelium (Anm. 18, S. 200; 165) enthält in Kap. 12 die Ankündigung Muhammads durch Jesus.

41 S. 164 Thyen, Bibel und Koran (Anm. 31, S. 193), findet Anklänge an Worte der Bergpredigt (Mt 5–7) (216–221) und an Gerichtsworte Jesu (238f.) in verschiedenen Suren.

42 S. 165 Das Motiv, dass das Jesuskind auf dem Arm der Mutter redet, begegnet in den Petrusakten (Kap. 15) und im Arabischen Kindheitsevangelium (Kap. 1).

43 S. 165 In Sure 2,260 findet sich ein Vogelwunder *Abrahams*: Vier getötete Vögel fliegen aufgrund des Rufes Abrahams. Das Vogelwunder Jesu findet sich im Kindheitsevangelium des Thomas, Kap. 2, sowie im Arabischen Kindheitsevangelium, Kap. 46; Armenisches Kindheitsevangelium, Kap. 18; Pseudo-Matthäusevangelium, Kap. 27.

44 S. 165 Motivgeschichtlich sind hier vielleicht Anklänge an Ps 78,18–29 (wo wiederum das Manna- und Wachtelwunder in Ex 16 memoriert wird), vielleicht auch an die Brotbitte im Vaterunser (Mt 6,1; Lk 11,3) (vgl. Sure 5,114) oder an Joh 6,30–35 (»Brot vom Himmel«) (vgl. Mt 6,11) zu finden. Ein Bezug auf die christliche Mahlfeier am »Tisch des Herrn« (1 Kor 10,21) ist wohl eher unwahrscheinlich.

45 S. 166 Die Suren 4,171f. und 19,33–36 sind als Inschrift auf der berühmten Moschee am Tempelberg zu Jerusalem festgehalten (Bauschke, Jesus im Koran [Anm. 1, S. 198], 67). Vgl. Heribert Busse, Monotheismus und islamische Christologie in der Bauinschrift des Felsendoms in Jerusalem, in: ThQ 161 (1981) 168–178, 173–176.

46 S. 167 In dieselbe Richtung geht auch die Fortsetzung der Sure 3,64: »Sag: Ihr Leute der Schrift! Kommt her zu einem Wort des Ausgleichs zwischen uns und euch! (Einigen wir uns darauf) dass wir Gott allein dienen und ihm nichts (als Teilhaber an seiner Göttlichkeit) beigesellen, und dass wir (Menschen) uns nicht untereinander an Gottes Statt zu Herren nehmen. Wenn sie sich aber abwenden, dann sagt: ›Bezeugt, dass wir (Gott) ergeben sind.‹«

47 S. 167 In einer merkwürdigen Stelle wird auch von den Juden gesagt, sie hätten Gott beigesellt. Vgl. Sure 9,30: »Die Juden sagen: ›Uzair (d. h. Esra) ist der Sohn Gottes.‹ Und die Christen sagen: ›Christus ist der Sohn Gottes.‹ Das sagen sie nur so obenhin. Sie tun es (mit dieser Aussage) denen gleich, die früher ungläubig waren. Diese gottverfluchten (Leute) (w. Gott bekämpfe sie)! Wie können sie nur so verschroben sein!«

48 S. 167 Vgl. Alois Grillmeier, Jesus der Christus im Glauben der Kirche, Bd. II/4, Freiburg 1990, 343–386, bes. 358 (mit Belegen aus der Äthiopischen Kirche). Auch: ders., Bd. II/2, Freiburg 1989, 161–183 (zur Christologie des Severus von Antiochia, gest. 538). Einige monophysitische Theologen vertreten fast einen Tritheismus (vgl. ders., Bd. II/4, Freiburg 1990, 109–149, bes. 137). Noch heute proklamiert die Äthiopische Kirche (gegen den Monotheismus des Islam) ausdrücklich eine sehr massive Trinität, die auch von einer Art von Inkarnation der dritten göttlichen Person spricht: Friedrich Meyer, Die Kirche Äthiopiens. Eine Bestandsaufnahme, Berlin 1971, 253. In diesem Zusammenhang ist das Argument des Koran zu verstehen, dass Jesus (wie seine Mutter Maria) Speise zu sich genommen habe (Sure 5,75).

49 S. 168 Die Gruppe nannte sich selber »Philomarianiten«: Theodor Klauser, Art. Gottesgebärerin, in: RAL 11 (1981) 1071–1103, 1079. Vgl. Franz Joseph Dölger, Die eigenartige Marienverehrung der Philomarianiten oder Kollyridianer in Arabien, in: Antike und Christentum. Kultur- und religionsgeschichtliche Studien, Bd. 1 Münster 1929, 107–142, bes. 117f. Kritisch zur These, dass diese Sekte für Muhammad von Bedeutung war: Josef Henninger, Spuren christlicher Glaubenswahrheiten im Koran (SNZM 10), Schöneck/Beckenried 1951, 54.

50 S. 168 Klauser, Art. Gottesgebärerin (Anm. 49, S. 203), 1080. Von dieser Gruppe spricht auch Euthychius von Alexandria (gest. 944): MPG 111, 1006, 440C.

51 S. 168 Neutestamentliche Apokryphen in deutscher Übersetzung (Anm. 5, S. 176), Bd. 1, 365.

52 S. 168 Vgl. Sure 25,63; 34,9; 39,17.

53 S. 169 Andererseits heißt es kurz zuvor (Sure 5,51): »Ihr Gläubigen! Nehmt euch nicht die Juden und Christen zu Freunden! Sie sind untereinander Freunde (aber nicht mit euch). Wenn einer von euch sich ihnen anschließt, gehört er zu ihnen (und nicht mehr zu der Gemeinschaft der Gläubigen).«

Ausgewählte Literatur

Allgemeine Einführungen

Jesus

Evans, Craig A., Life of Jesus Research. An Annotated Bibliography (New Testament Tools and Studies), Leiden ²1996.
Klausnitzer, Wolfgang, Jesus von Nazaret. Lehrer – Messias – Gottessohn, Regensburg 1999.
Theißen, Gerd – Merz, Annette, Der historische Jesus. Ein Lehrbuch, Göttingen ²1997.

Muhammad

Ammann, Ludwig, Die Geburt des Islam. Historische Innovation durch Offenbarung, Göttingen 2001.
Bobzin, Hartmut, Mohammed, München 2000.
Küng, Hans, Der Islam. Geschichte, Gegenwart, Zukunft, Taschenbuchausgabe: München 2006.
Paret, Rudi, Mohammed und der Koran. Geschichte und Verkündigung des arabischen Propheten (Kohlhammer Urban-Taschenbücher 32), Stuttgart (1957) ⁹2005.

Quellen

Jesus

Bauer, Walter, Das Leben Jesu im Zeitalter der neutestamentlichen Apokryphen, (Tübingen 1909) Nachdruck: Darmstadt 1967.
Bruce, Frederick F., Außerbiblische Zeugnisse über Jesus und das frühe Christentum, hrsg. v. Eberhard Güting, Gießen (1991) ³1993.
Evangelia infantiae apocrypha. Apokryphe Kindheitsevangelien (FC 18), übersetzt und eingeleitet v. Gerhard Schneider, Freiburg 1995.
Jeremias, Joachim, Unbekannte Jesusworte, Gütersloh (³1963) Taschenbuchausgabe: ²1983.

Klauck, Hans-Josef, Neutestamentliche Apokryphen. Eine Einführung, Stuttgart 2002.
Lexikon der antiken christlichen Literatur, hrsg. v. Siegmar Döpp und Wilhelm Geerlings, Freiburg ²1999.
Maier, Johann, Jesus von Nazaret in der talmudischen Überlieferung (EdF 82), Darmstadt 1978.
Neue Jerusalemer Bibel. Einheitsübersetzung mit dem Kommentar der Jerusalemer Bibel, neu bearbeitete und erweiterte Ausgabe deutsch hrsg. v. Alfons Deissler und Anton Vögtle in Verbindung mit Johannes M. Nützel, Freiburg 1985.
Neutestamentliche Apokryphen in deutscher Übersetzung, hrsg. v. Wilhelm Schneemelcher, 2 Bde., 5. Aufl. Tübingen 1987.1989.

Muhammad

The Biography of Muhammad. The Issue of the Sources (Islamic History and Civilization. Studies and Texts 32), hrsg. v. Harald Motzki, Leiden 2000.
Der Koran, Übersetzung v. Rudi Paret, Stuttgart (1979) ⁹2004.
Nöldeke, Theodor, Geschichte des Qorans, 2. Auflage bearbeitet v. Friedrich Schwally u. a., 3 Bde., (Leipzig 1909.1919.1938) Nachdruck: Hildesheim 1961.
The Quest for the Historical Muhammad, edited and translated by Ibn Warraq, Amherst, N.Y. 2000.

Biographie

Jesus

Gnilka, Joachim, Jesus von Nazaret. Botschaft und Geschichte (HThK.S 3), Freiburg ⁴1995.
Jaroš, Karl, Jesus von Nazareth. Geschichte und Deutung, Mainz 2000.
Schweitzer, Albert, Geschichte der Leben-Jesu-Forschung (UTB 1302), Tübingen ⁹1984.
Weaver, Walter P., The Historical Jesus in the Twentieth Century 1900–1950, Harrisburg, Pennsylvania 1999.

Muhammad

Bennett, Clinton, In Search of Muhammad, London 1998.
Dermenghem, Émile, Mohammed, in Selbstzeugnissen und Bilddokumenten dargestellt (RoMo 47), Reinbek 1960.
Gabrieli, Francesco, Mohammed und die arabische Welt, München 1968.

Hagemann, Ludwig, Christentum contra Islam. Eine Geschichte gescheiterter Beziehungen, Darmstadt 1999.
Holma, Harri, Mahomet. Prophète de l'Islam. Esquisses de la vie de Mahomet et des origines de l'Islam, Paris 1947.
Ibn Ishaq, Das Leben des Propheten, aus dem Arabischen übertragen und bearbeitet v. Gernot Rotter, Stuttgart ³1986.
Khoury, Adel Theodor, Wer war Muhammad? Lebensgeschichte und prophetischer Anspruch, Freiburg 1990.
Lings, Martin, Muhammad. Sein Leben nach den frühesten Quellen, Kandern 2000.
Pfannmüller, Gustav, Handbuch der Islam-Literatur, Berlin 1923.
Southern, Richard W., Das Islambild im Mittelalter, Stuttgart 1981.
Watt, William Montgomery, Muhammad at Mecca, Oxford 1953.
Ders., Muhammad at Medina, Oxford 1956.

Abhängigkeit vom jeweiligen Kontext

Jesus

Hengel, Martin, Die Zeloten. Untersuchungen zur jüdischen Freiheitsbewegung in der Zeit von Herodes I. bis 70 n. Chr. (AGSU 1), Leiden ²1976.
Le Moyne, Jean, Les Sadducéens, Paris 1972.
Maier, Johann, Antikes Judentum, in: Strecker, Georg – Maier, Johann, Neues Testament – Antikes Judentum (Grundkurs Theologie 2), Stuttgart 1989.
Maier, Johann – Schubert, Kurt, Die Qumran-Essener. Texte der Schriftrollen und Lebensbild der Gemeinde, München ³1992.
Neusner, Jacob, Das pharisäische und das talmudische Judentum. Neue Wege zu seinem Verständnis, Tübingen 1984.
Schweickhardt, Rudolf, Jesus von Nazareth oder Jesus von Qumran. Basisinformation und kritischer Literaturführer, Stuttgart 1995.

Muhammad

Bouman, Johan, Der Koran und die Juden. Die Geschichte einer Tragödie, Darmstadt 1990.
Newby, Gordon Darnell, A History of the Jews of Arabia. From Ancient Times to their Eclipse under Islam, Columbia, South Carolina 1988.
Rudolph, Wilhelm, Die Abhängigkeit des Qorans von Judentum und Christentum, Stuttgart 1922.
Ryckmann, Gonzague, Les religions arabes préislamiques, Louvain ²1951.
Schoeps, Hans-Joachim, Theologie und Geschichte des Judenchristentums, Tübingen 1949.

Wellhausen, Julius, Reste arabischen Heidentums. Gesammelt und erläutert, Berlin ³1961.

Botschaft

Jesus

Kasper, Walter, Jesus der Christus, Mainz (1974) ⁶1977.

Muhammad

Klausnitzer, Wolfgang, Gott und Wirklichkeit. Lehrbuch der Fundamentaltheologie für Studierende und Religionslehrer, Regensburg 2000.
Küng, Hans – van Ess, Josef, Christentum und Weltreligionen – Islam, München 1994.

Das Jesusbild des Koran

Bauschke, Martin, Jesus im Koran, Köln 2001.
Rißе, Günther, »Gott ist Christus, der Sohn der Maria«. Eine Studie zum Christusbild im Koran (Begegnung 2), Bonn 1989.
Schedl, Claus, Muhammad und Jesus. Die christologisch relevanten Texte des Korans neu übersetzt und erklärt, Wien 1978.

Personenregister

A'ischa (Ehefrau Muhammads) 10–11, 41, 91
Aaron 111, 158, 198, 201
'Abd al-Quadir as-Sufi 182
Abdallah (Vater Muhammads) 88
Abdalmuttalib (Großvater Muhammads) 89
Abdullah, Muhammad Salim 182
Abgar V. Ukama von Edessa 176
Abraham 65, 103–104, 122–123, 145, 148, 162–163, 168, 200–202
Abu Bakr 97
Abu Dawud 43
Abu Tahir 67
Abu Talib (Onkel Muhammads) 89–90, 97
Adam 153, 164, 166–167, 193–194, 201
Adams, Charles C. 200
Adolph, Kurt 184
Agobard von Lyon 22
al-Basri, Hasan (Hasan von Basra) 105
al-Bukhari (al-Buhari), Sahih 43, 164, 181
Albinus 19
Alexander der Große 68
Alexander, Gerhard 183
Ali (Sohn des Abu Talib) 97
Allgeier, Arthur 189
Ambrosius 74
Amina (Mutter Muhammads) 88
Amos 59
Amran (Imran) 157, 198
Andrae, Tor 70, 186, 194
Andreas 23, 32, 80, 82
Anna 29

Antiochos IV. Epiphanes 108
Antisthenes 79
Apollonios von Tyana 77
Aquila 17
Aretas IV. 100
Armstrong, Karen 71, 186
Asin y Palacios, Michael 180
Athanasius 26
Aufhauser, Johannes B. 176
Augustinus 176
Augustus (Kaiser) 75–76, 88

Bahir (Sergius/Nestorius/Georgius) 90
Bahrdt, Carl Friedrich 50, 135
Baldick, Julian 190
Baljon, Johannes M. S. 199
Barnabas (›Evangelist‹) 200
Barnikol, Ernst 183
Bartholomäus von Edessa 66
Bartsch, Gerhard 67
Basilides 199
Bauckham, Richard 186
Bauer, Bruno 49, 183
Bauer, Hans 182
Bauer, Johannes B. 180
Bauer, Walter 178
Baur, Ferdinand Christian 48, 51
Bauschke, Martin 198–202
Becker, Jürgen 175
Behn, Wolfgang H. 189
Bell, Richard 187, 191, 196
Ben Dosa, Hanina 77
Ben Hyrkanos, Eliezer 77
Ben-Chorin, Schalom 61
Bennett, Clinton 184–185, 189
Berendts, Alexander 20–21, 177

Berger, Klaus 25, 114, 178, 191
Bidez, Joseph 188
Bienert, Wolfgang A. 177, 186
Bijlefeld, Willem A. 201
Billerbeck, Paul 62
Biser, Eugen 175
Blachère, Régis 70
Bobzin, Hartmut 70–71, 181, 186–187, 192
Bodendorfer-Langer, Gerhard 191
Boismard, Marie-Emile 179
Bornkamm, Günther 57, 131, 175, 195
Boulainvilliers, Henri (Comte) de 68
Bouman, Johan 189, 192, 194
Brandon, Samuel G. F. 61
Brattin, Joel J. 185
Braun, Herbert 58, 175
Brox, Norbert 199
Bruce, Frederick F. 176
Brucker, Ralph 180
Bruns, Peter 179–180
Buaben, Jabal Muhammad 186
Buber, Martin 61
Buddha 79, 81, 181, 201
Buhl, Frants 70, 186
Bultmann, Rudolf 8, 38, 53–57, 62, 71, 78, 128, 135, 183–184
Burton, John 181
Busse, Heribert 202

Caetani, Leone 186
Callan, Terrance 193
Carlyle, Thomas 68, 185
Chabbi, Jacqueline 188
Charlesworth, James H. 179
Clarke, Peter 190
Claudius (Kaiser) 16–17, 177
Clementz, Heinrich 177
Cook, Michael 70
Crone, Patricia 70, 188
Crossan, John Dominic 31, 63, 175

Dahl, Nils A. 181
Dalman, Gustaf 180
Dante Alighieri 66, 185

David 76, 115, 123, 168, 201
Deines, Roland 191
Dibelius, Martin 53, 136
Dionysius Exiguus 75
Dionysos 136
Dirnbeck, Josef 175, 182
Dodd, Charles Harold 128, 183
Dölger, Franz Joseph 203
Domitian (Kaiser) 16
Donner, Fred McGraw 190
Döpp, Siegmar 178
Drews, Arthur 49–50, 183
Drijvers, Han J. W. 176
Dschabr 90
du Toit, David S. 180

Ebeling, Gerhard 58
Eisler, Robert 60–61, 83, 115, 186
Elia 77–78, 93, 123, 163, 201
Elischa 77–78, 123, 136, 163, 201
Engel, Mark 185
Ephraem der Syrer 124
Epiphanius von Salamis 74, 168
Ernst, Josef 191
Esra 123, 203
Ess, Josef van 197
Eusebius von Caesarea 7, 19, 28, 176–179, 189
Euthychius von Alexandria 203
Euthymios Zigabenos 66
Ezechiel 76

Fatima (Tochter Muhammads) 91
Feneberg, Wolfgang 175
Ferchl, Dieter 181
Festus 18
Fischer, Wolfdietrich 187
Flavius Josephus 18–21, 72, 76, 108–111, 114, 177
Flussner, David 61
Franz von Assisi 102, 185
Freudenberger, Rudolf 177
Frey, Jörg 182–183
Fritsch, Erdmann 184
Fuchs, Ernst 58
Fück, Johann 186

Personenregister

Fuhrmann, Manfred 177
Fuller, R. H. 183

Gabriel 44, 92–93, 96, 162
Gabrieli, Francesco 184
Gaudefroy-Demombynes, Maurice 71
Geerlings, Wilhelm 178
Gese, Hartmut 191
Gibbon, Edward 68
Girard, René 191
Glei, Reinhold 184–185
Gnilka, Joachim 81, 133, 136, 140, 142, 175, 180, 186, 190, 193, 196
Goeje, Michael Jan de 181
Goldberg, Michael K. 185
Goldschmidt, Lazarus 178
Goosens, Eduard 182
Göpfert, Herbert G. 195
Gramlich, Reinhard 182
Grass, Konrad 20–21, 177
Grillmeier, Alois 194, 203
Grimme, Hubert 98–99, 102, 186, 188
Grönbold, Günter 199
Guardini, Romano 9
Günzel, Isa 182
Güting, Eberhard 176

Haddad, Yvonne Y. 202
Hadrian (Kaiser) 177
Hafza (Ehefrau Muhammads) 91
Hagemann, Ludwig 184–185, 187, 199, 201
Halm, Heinz 187–188
Hanig, Roman 179
Hannas d. Jüngere 18
Hansen, Günther Christian 189
Harnack, Adolf von 13, 127
Hegel, Georg Wilhelm Friedrich 48–49
Heiligenthal, Roman 7, 175, 182
Heine, Peter 187
Heller, Erich 177
Helvidius 74
Hengel, Martin 188, 191
Hennecke, Edgar 26
Henninger, Josef 203
Henoch 200–201

Herodes Antipas 75
Herodes I. (d. Große) 75–76, 79, 191
Hieronymus 74, 193
Hilarius von Poitiers 74
Hillel 78, 113
Hinds, Martin 188
Hinz, Walter 88, 186
Hiob 123, 168, 201
Höfner, Maria 191
Holtzmann, Heinrich Julius 51, 183
Horovitz, Josef 198
Hosea 59, 142
Hoyland, Robert G. 184
Hubal 89, 119
Huber, M. 189

Ibn al-Rawandi 181
Ibn Harith, Zayd 96–97, 106
Ibn Hazm von Cordoba 202
Ibn Hisham, ßgr2ßAbd al-Malik 40–41, 69
Ibn Ishaq, Muhammad 10, 40–42, 69, 90, 98, 161, 176, 187–188, 200
Ibn Madja 43
Ibn Naufal, Waraqa 91
Ibn Sacd, Muhammad 40–41, 96, 181–182, 187–188
Ibn Salam, Abdullah 103
Ibn Umar al-Waqidi, Muhammad 40–41
Ibn Warraq 181
Idris 200
Irenäus von Lyon 199
Isaak 122, 168, 200–201
Ismael 104, 122, 200–201

Jakob 122, 168, 201
Jakob (Großvater Jesu) 178
Jakob Baradäus von Edessa 125
Jakobus (›Protevangelist‹) 29, 74, 101, 125, 157
Jakobus (Herrenbruder) 18–19, 29, 74, 82, 84, 188
Jeremia 142
Jeremias, Joachim 31, 129, 142, 179–180, 184

Personenregister

Jesaja 59, 73, 129
Joachim 29
Johanna 79
Johannes (NT) 82, 112
Johannes (Presbyter) 8
Johannes Andreas 66
Johannes d. Täufer 23, 35, 60, 75–76, 111, 116, 190–191, 201
Johannes Damascenus 66, 90
Johannes Kantazukenos 66
Jona 137, 163, 201
Jonathan Makkabäus 111
Jones, Alan 182
Jones, Marsden 181
Josef (AT) 76, 123, 201
Josef (NT) 13, 29, 74–75, 157–158, 168, 186, 198
Josef Panderi 22
Josef von Arimathäa 25
Joses/Josef (Herrenbruder) 74
Josua 123
Judas (Herrenbruder) 74
Judas (Sohn, Bruder des Jakobus?) 81
Judas aus der Gaulanitis (Judas d. Galiläer) 114
Judas Iskariot 80–82, 87, 115, 161
Judas Makkabäus 108–109
Julian von Halikarnaß 194
Jülicher, Adolf 129
Julius Africanus 17
Julius Caesar 16, 68
Justin d. Märtyrer 13, 176, 179

Kähler, Martin 183
Kajafas 25
Kampen, John 190
Käsemann, Ernst 7, 33, 55–57, 62, 141, 183–184
Kasper, Walter 191
Kautsky, Karl 61
Kazantzakis, Nikos 183
Kelsos (Celsus) 20, 22, 24, 77–78, 177–178
Kermani, Navid 189
Kern, Walter 186

Khadidscha (Ehefrau Muhammads) 91, 93, 96, 105
Khalidi, Tarif 180
Khoury, Adel Theodor 71, 182, 187–188
Kierkegaard, Sören 175
Kister, Meir J. 187
Klauck, Hans-Josef 179, 186
Klauser, Theodor 203
Klausner, Joseph 21, 59–60, 178
Klausnitzer, Wolfgang 172, 175
Klemens von Alexandria 28, 74
Klijn, Albertus F. J. 179, 193
Klinger, Elmar 197
Knauf, Ernst Axel 188
Knox, John 185
Knysh, Alexander 182
Koch, J. 189
Konstantin (Kaiser) 189
Kornelius 132
Kreiser, Klaus 187
Kretschmar, Georg 189
Kritzeck, James 185
Krupp, Michael 190
Kuberski, Jürgen 194
Kümmel, Werner Georg 54, 128, 184
Küng, Hans 197
Kuschel, Karl-Josef 48

Lambert, André 177
Lammens, Henri 186
Laous, Henri 187
Lapide, Pinchas E. 58, 61, 184
Lat 89, 118–119, 192
Lazarus 60
Le Moyne, Jean 191
Leimgruber, Stephan 182
Lentulus 176
Leroy, Herbert 191
Lessing, Gotthold Ephraim 48, 135, 195
Levi 158
Linges, Safiyya M. 200
Lings, Martin 41
Lohfink, Gerhard 186
Lohse, Eduard 190

Personenregister

Lot 201
Lüdemann, Gerd 31, 177
Luther, Martin 26, 58, 66, 185
Luz, Ulrich 186

Maier, Johann 21, 177–178, 184, 190–191
Manat 89, 118–119, 192
Mani 195, 201
Margoliouth, David Samuel 186
Maria 13, 22, 29, 32, 74, 99, 101, 125, 146, 157–159, 164–166, 168, 171, 186–187, 189, 194, 198–200, 202–203
Maria von Bethanien 50
Maria von Magdala 28, 50–51, 79–80
Mariya/Mirjam (Ehefrau Muhammads) 91, 198
Markus 8
Maruta von Maipherkat 168
Massignon, Louis 185, 189
Masson, Denise 199
Matteo, Ignazio di 199
Matthias 81
McAuliffe, Jane Dammen 195
Merklein, Helmut 184
Merz, Annette 142, 175, 177
Methusalem 201
Meyer, Friedrich 203
Mirjam 198
Montefiore, Claude Goldsmid 59
Mose 24, 67, 73, 108, 111, 122, 145, 162–163, 171, 193, 198, 201–202
Motzki, Harald 181
Moubarac, Youakim 185
Muir, William 186
Muslim 43, 164

Nagel, Tilmann 181, 192
Napoleon Bonaparte 185
Napoleon, Bonaparte 185
Nasa'i 43
Natanael 73, 133
Nero (Kaiser) 16
Neusner, Jakob 190–191
Newby, Gordon Darnell 192

Niemann, Franz Josef 185
Nikodemus 73
Nikolaus von Kues 66, 90, 184–185, 187
Noah 168, 200–201
Nöldeke, Theodor 181, 196–197
Noth, Albrecht 186

Oberlinner, Lorenz 186
Ohle, Rudolf 191
Ohlig, Karl-Heinz 193–194
Origenes 11, 20, 24, 28, 74, 177–178, 189

Panthera/Pandera/Panderi 22, 178
Papias von Hierapolis 7, 178
Päpste:Damasus I. 178
Päpste:Gregor I. (d. Große) 79
Päpste:Johannes I. 75
Paret, Rudi 71, 146, 181–182, 187–188, 190, 192, 196–198
Parrinder, Geoffrey 198
Paulus 8, 17, 23, 30–31, 38, 51, 54, 56, 79–80, 82, 87, 100, 113, 125, 133, 139, 143, 168, 177, 188
Paulus, Heinz Eberhard Gottlob 135
Petersen, William L. 179
Petrus 8, 23, 32, 49, 51, 79–82, 112, 132
Petrus Venerabilis 64, 67, 185
Pfannmüller, Gustav 70, 184–185
Philippus 23, 32, 73, 80
Philon von Alexandria 116
Phipps, William E. 191
Pinchas 114
Platon 14
Plinius d. Ältere 111, 177
Plinius d. Jüngere 15, 176–177
Pöhlmann, Horst Georg 175
Pontius Pilatus 13, 16, 19–20, 23, 25, 77, 87–88, 191
Porter, Stanley E. 183
Pott, Erwin 179
Pottmeyer, Hermann Josef 186
Preuschen, Erwin 179
Prideaux, Humphrey 67

213

Priscilla 17
Pritz, Ray A. 193
Proteus 50
Pseudo-Ephraem 198
Pseudo-Matthäus 29
Ptolemäus 118
Pulsfort, Ernst 199
Pythagoras (Bildhauer) 14
Pythagoras (Philosoph) 14, 77

Quadratus 178
Quirinius 13, 114, 191
Quispel, Gilles 195

Rahner, Karl 10, 175
Räisänen, Heikki 199
Ramsey, Ian 93
Ratzinger, Joseph (Benedikt XVI.) 9
Reimarus, Hermann Samuel 48, 60, 83, 182–183
Reinink, Gerrit J. 193
Renan, Ernest 50–51
Riße, Günther 187, 189, 194, 198, 200
Ricoldus de Monte Crucis 66
Rippin, Andrew 181
Ritschl, Albert 127
Robert von Ketton 67
Robinson, Neal 198
Rodinson, Maxime 71, 181, 186
Rose, Eugen 195
Rosen, Klaus 177
Rotter, Gernot 40, 176
Rousseau, Jean-Jacques 185
Röwekamp, Georg 178–179
Rubin, Uri 186–187
Rückert, Friedrich 94, 187
Rudolph, Anette 176
Rudolph, Kurt 175, 181, 191
Rudolph, Wilhelm 192, 194
Rushdie, Salman 119–120, 192
Ryckmans, Gonzague 191

Sachau, Eduard 181
Sadduk (Zadduk) 114
Sadok (Zadok) 115
Salome 28

Salomo 123, 168, 201
Sanders, Ed P. 63
Sarapion (Serapion), Mara bar 14–15, 176
Sauer, Joseph 175
Saul 123
Schall, Anton 195
Schammai 78, 113
Schedl, Claus 195, 198–200
Scheidweiler, Felix 176
Schillebeeckx, Edward 175
Schimmel, Annemarie 182, 190
Schlichting, Günther 178
Schmidt, Karl Ludwig 53
Schnackenburg, Rudolf 80
Schneemelcher, Wilhelm 26, 176, 179
Schneider, Gerhard 180
Schoeler, Gregor 176
Schoeps, Hans-Joachim 190, 193
Schöltgen, Georg 178
Schröter, Jens 180
Schubert, Kurt 190
Schucaib 187
Schulthess, Friedrich 176
Schürmann, Heinz 62
Schwager, Raymund 191
Schwally, Friedrich 181
Schwankl, Otto 191
Schweickhardt, Rudolf 190
Schweitzer, Albert 47–48, 52, 63, 127–128, 182–183
Schwejk (Soldat) 140
Schwemer, Anna Maria 188
Seale, Morris S. 182
Seckler, Max 186
Seth 179, 194, 200–201
Severus von Antiochia 194, 203
Shahid, Irfan 189
Shakespeare, William 185
Simon (Herrenbruder) 74
Simon d. Zelot 115
Simon Iskariot 82
Simon Magus 77
Simon von Cyrene 25, 160, 200
Smith, Jane I. 202

Sokrates 14, 79
Southern, Richard W. 69, 184–185
Sozomenus 101, 188
Speigl, Jakob 176
Speyer, Heinrich 193
Sprenger, Aloys 186
Stegemann, Hartmut 190
Stephanus 84
Stölting, Ulrike 193
Strack, Hermann L. 62
Strauß, David Friedrich 48–50, 135
Strecker, Georg 190
Strothmann, Rudolf 199
Suetonius 16–17, 177
Susanna 79

Tabari 41, 119, 181–182, 192
Tacitus 16–17, 177
Tatian 27, 164, 179
Taufiq al-Bakri, Muhammad 68
Taylor, Vincent 183
Tertullian 13, 17, 74, 176
Thaddäus 81
Thallus (Thallos) 17–18
Theißen, Gerd 62, 77, 137–138, 142, 175, 177
Theodor 28
Thomas (›Evangelist‹) 29, 125, 158, 202
Thyen, Johann-Dietrich 193, 195, 202
Tiberius (Kaiser) 13, 16, 75, 87–88
Timotheos I. 65
Tirmidhi 43
Titayus (Titanus) 161
Titus (Kaiser) 61, 100
Torquemada, Juan de 66
Trajan (Kaiser) 15, 177
Trimingham, J. Spencer 194
Tröger, Karl Wolfgang 194

Uzza (Ussa) 89, 118–119, 192

Venturini, Karl Heinrich 50
Vermes, Geza 61–62
Vespasian (Kaiser) 18
Via, Dan Otto 130
Vielhauer, Philipp 178, 186
Voltaire (Arouet, François-Marie) 22, 68, 185

Waldenfels, Hans 175
Watt, William Montgomery 70, 102, 184, 186–187, 189
Weaver, Walter P. 48
Wehr, Lothar 191
Weiß, Johannes 52, 63, 127–128, 183
Weiße, Christian Hermann 51
Weil, Gustav 69–70, 186
Wellhausen, Julius 54, 181, 184, 189, 191–192
Wells, George A. 50, 183
Wensinck, Arent van 189
Widengren, Geo 195
Wielandt, Rotraud 187
Wilke, Gottlob 51
Wimmer, Stefan Jakob 182
Winkelmann, Friedhelm 189
Wohlmuth, Josef 195
Wolf, Ernst 183
Wrede, William 52–53, 182
Wüstenfeld, Ferdinand 69

Yola, Senay 187

Zacharias 157, 201
Zarathustra 35, 201
Zbinden, Ernst 187
Zebedäus 80
Zirker, Hans 193